钩沉历史资料

荟萃传统英华

载道启智化人

续写锦绣未来

贤　相　伊　尹

张荣昌等　编著

图书在版编目（CIP）数据

贤相伊尹 / 张荣昌等编著 . -- 北京 : 中国文史出版社，2024.4

（菏泽历史文化丛书 / 韩广洁主编 . 第三辑）

ISBN 978-7-5205-4657-7

Ⅰ . ①贤… Ⅱ . ①张… Ⅲ . ①伊尹（商）—人物研究Ⅳ . ① K827=23

中国国家版本馆 CIP 数据核字（2024）第 080906 号

责任编辑：胡福星

出版发行：中国文史出版社
社　　址：北京市海淀区西八里庄路 69 号　邮编：100142
电　　话：010-81136606 81136602 81136642（发行部）
传　　真：010-81136655
印　　装：菏泽英华彩印有限公司
经　　销：全国新华书店
开　　本：787 × 1092　1/16
印　　张：18
字　　数：260 千字
版　　次：2024 年 12 月北京第 1 版
印　　次：2024 年 12 月北京第 1 次印刷
定　　价：1080.00 元（全 6 册）

伊尹祠牌坊正面

伊尹祠牌坊背面

伊尹祠

伊尹祠甬道

伊尹墓碑

伊尹祠碑林

伊尹钟楼

伊尹井亭

伊尹古井

钟楼远眺

伊尹祠鸟瞰

伊尹公园

目　录

序

历史是城市的记忆，文化是城市的灵魂。菏泽市中华文化促进会策划并组织编纂的《菏泽历史文化丛书》全部付梓，标志着这项历时十一年、填补菏泽文化通史空白的宏大工程圆满收官。这是菏泽文化强市建设的一件盛世喜事，对于挖掘、传承和弘扬菏泽优秀历史文化具有重要意义。

菏泽历史悠久、人文厚重，传说乃伏羲之桑梓、尧舜之故里，先为商汤之京畿，继属曹国之疆土，是中华文明的重要发祥地之一。翻阅历史长卷，步入文化长廊，这片古老美丽的土地孕育了绵延千年的灿烂文化，滋养了灿若星河的名人巨匠，曾数度成为中原地区重要的政治、经济、文化中心。远古至夏商时期，传说中的“三皇五帝”在此留下足迹，伏羲授渔猎、造八卦，帝尧制历法、兴禅让，虞舜耕历山、陶河滨，带领先民族群繁衍生息，开启华夏文明之源。西周至战国时期，菏泽人文荟萃、百家争鸣，齐鲁、荆楚、吴越、中原文化在此交汇融合，涌现出一批著名的思想家、文学家、军事家，被《史记》誉为“天下之中”。秦之后的两千多年封建社会时期，菏泽虽饱经沧桑、几经沉浮，但深厚的历史文脉赓续不辍，孕育了象征繁荣昌盛、幸福和平的牡丹文化，蕴含忠孝仁义、重信守诺的水浒文化，体现风俗人情、先民智慧的非遗文化，奠定了菏泽“一都四乡”的文化根基。近现代，作为冀鲁豫边区的首府，这里发生过彪炳史册的红三村保卫战，见证了刘邓大军强渡黄河的战略转折，更诞生了数不尽的仁人志士，用满腔热血和赤胆忠心浇灌出生生不息的“菏泽红”。

习近平总书记指出，修史立典，存史启智，以文化人，这是中华民族延续几千年的一个传统。《菏泽历史文化丛书》坚持以史为据、依史寻源，集中展现了菏泽历史概貌和文化辉煌时期，系统介绍了菏泽的贤哲志士、民俗风物、非遗艺文、战争史话和“一都四乡”等内容。这套丛书共十四卷十六册800余万字，文风朴实、秉笔直书，采撷英华、荟萃众美，钩沉历史、通贯古今，是一部全面反映菏泽历史文化的资料性文献。细细品读，定会深切感受到菏泽历史文化的厚重与璀璨、曹州大地的苍茫与崇高、先贤圣哲的智勇和才情、风土人文的深邃与隽美……历史是最好的教科书，只有铭记历史，才能深刻了解过去、全面把握现在、正确创造未来。我们要以高度的文化自信，深入挖掘菏泽历史文化，坚持创造性转化、创新性发展，古为今用、推陈出新，让历史文脉融入现代生活，让文化基因代代相传。

回眸来时路，菏泽市委、市政府始终牢记习近平总书记“后来居上”的殷切嘱托，全面贯彻落实党中央决策部署和省委工作要求，坚定不移推动高质量发展，经济总量、财政收入分别突破4000亿元、300亿元大关，均跃居全省第8位，实现了由“全省垫底”到“跻身中游”的历史性跨越。展望前行路，菏泽已站在新的历史起点上，全市广大党员干部群众要坚持以习近平新时代中国特色社会主义思想为指引，用好《菏泽历史文化丛书》，学史明理、以文铸魂，从历史经验中获得启迪，从文化传承中凝聚力量，从先贤实践中汲取智慧，全力加快突破菏泽、后来居上步伐，奋力谱写无愧于先贤、无愧于时代、无愧于后世的辉煌新篇！

是为序。

中共菏泽市委书记 张伦

菏泽市人民政府市长 李春英

二〇二三年十二月

引　言

菏泽市中华文化促进会策划并组织编纂《菏泽历史文化丛书》，始于2013年。菏泽市委、市政府对这套丛书的编纂高度重视，给予了有力支持。本市十几名专家、学者在编纂中付出了辛苦劳动和不懈努力。现在，这套丛书已陆续付梓。该丛书是菏泽历史文化的百科全书，堪为菏泽文化建设的一项重要工程。

菏泽历史悠久，文化底蕴丰厚。

远古至夏商时期，菏泽为中华民族的重要发祥地之一。历史文献、远古遗存显示，这里是华族、夏族和东夷族群社会与文化的交融之地，各部族首领和远古先贤们或诞生于此，或创业于此，开启了广阔深厚的远古文明。

两周时期，这里河网纵横，交通便利，人口繁盛，经济发达，为齐鲁文化、荆楚文化和吴越文化的交汇之地，被称为“天下之中”，曾孕育了影响深远的兵家文化、道家文化和儒商文化。

秦代之后的两千多年封建社会中，菏泽虽饱受黄河水患和战争离乱之祸，几经兴衰变迁，但深厚的文化传统仍脉延长续，历代名家贤达辈出，文化成就彰明昭著。

至近现代，菏泽作为民主思想的较早传播地和一方革命老区，民主运动和武装斗争风起云涌，薪火相传，以鲁西南战役为代表的革命战争文化永载史册。

在漫长的历史发展进程中，菏泽还孕育了灿烂的文化艺术，以牡丹、戏曲、书画、武术、民间艺术为主的特色文化，以诗歌、文赋、风物、民俗为基础的地域文化等，在中华民族的艺术百花园中大放异彩、耀眼夺目。

以上表明，菏泽在齐鲁和华夏文明的史册中，书写了一页页光辉灿烂、源远流长的历史篇章。

基于以上人文背景，我们经过广泛征集和挖掘资料、史料，精心打造了这套《菏泽历史文化丛书》，使之为继承弘扬中华民族的优秀传统文化，为建设美好、文明、富裕的菏泽服务。

《菏泽历史文化丛书》，是奉献给菏泽人民的精神食粮。这套丛书计 14 卷 16 册，分三辑先后编纂出版。丛书涵盖的主要内容为：菏泽史上四大文化辉煌时期、菏泽非物质文化遗产、菏泽历史名人、菏泽历代科举登科录、菏泽“一都（牡丹之都）四乡（戏曲书画武术等）”、菏泽水浒文化、菏泽艺文、菏泽风物、菏泽民俗和商周时期的菏泽杰出人物伊尹、范蠡、庄子、孙膑等。这套丛书的最大特点，一是时间跨度长，从远古至近现代，悠悠五千余年；二是史实涵盖面广，既包括古今重大文化活动、历史事件和名人志士，又包括个性鲜明的地方特色文化，充分展示了菏泽悠久的历史和丰厚的文化底蕴。《菏泽历史文化丛书》宏富博大，出版这套丛书具有重要的现实意义和深远的历史意义。

首先，丛书给人们提供了一份宝贵的文化遗产和精美的爱国主义教材。丛书从纵向和横向多层面、多角度，比较系统完整地记述了菏泽的历史、文化。横观世事知风雨，纵览史实知兴衰。丛书对于我们进一步了解菏泽，以史为鉴，增强自豪感，树立民族自尊心，陶冶热爱家乡、建设家乡的志向和情操，无疑是十分有益的。丛书各卷中许多史料、图片鲜为人知，是经过广泛走访民间，接触各种线索，查阅多种典籍，或与大专院校、研究机构的专家学者交谈、切磋而获得的。书中相当多的史实、成果是挖掘抢救出来的，弥足珍贵。若不是经过这次大规模收集整理和撰写，丢失难以避免，会留下无尽遗憾和不可挽回的损失。可以说，此套丛书的出版，在菏泽历史文化传承中作用极大。随着时间的推移和岁月的流逝，丛书的价值和重要性将会更加凸显。

其次，丛书有助于提高菏泽人民的人文素质、文化品位，因而对菏泽的文化、社会、经济发展都是十分有益的。文化是灵魂，文化是打开人们心扉、打开社会封闭之门的钥匙。这套丛书会让人们增长历史知识和历史智慧，明确文化与社会、经济的互动作用，自觉加快文化建设的步伐；随着文化品位的提升，文化翅膀将会使菏泽飞得更高、更远，让外部世界更多、更快地了解菏泽、认识菏泽，进而助推菏泽的突破、跨越。

对《菏泽历史文化丛书》的编纂，市有关部门和袁焕勇、冯林、陈一东等同志给予了鼎力相助，我们表示衷心的感谢。

历史是凝固的现实，现实是流动的历史，文化则是历史和现实的折射与升华。菏泽的历史文化、特色文化、革命文化底蕴丰厚、博大精深。在本书编写过程中，我们力求实现科学性、知识性与趣味性的统一，尽量做到图文并茂、雅俗共赏。但是，由于年代久远、资料欠缺，加之我们学识所限，在事件和人物选录、内容取舍、文字表述、图片配置，甚至史实等方面，都可能产生错讹或不妥之处，恳请社会各界有识之士批评指正。

菏泽市中华文化促进会主席　**韩广洁**

二〇二三年十二月

前 言

伊尹，名伊，一说名挚，夏末商初人，出生于有莘国（今山东省菏泽市曹县北）。他曾辅佐商汤建立商朝，被后人奉祀为“元圣”。伊尹的一生，在政治、军事、文化、教育等多方面都做出过卓越贡献，是一位杰出的思想家、政治家、军事家，是中国历史上第一个贤能佐相、帝王之师，曾被誉为“中华第一贤相”。

——审时度势的政治家。伊尹作为商代初期的相国，先后辅佐过商汤至太甲五位帝王，为商代早期的政治稳定和国力发展做出了重要贡献，堪称厥功甚伟。中国儒学亚圣孟子在其《孟子·万章》中曾说，伊尹是“思天下之民，匹夫匹妇有不被尧舜之泽者，若己推纳之沟中，自任以天下重如此，故以伐夏救民”。这段评语，揭示了伊尹的价值观，即以和谐为核心，以仁义为灵魂，以天下为己任，济天下之民为目标。这也是以伊尹为代表的中华民族永恒的主流价值观，是支撑中华民族兴旺发展的最稳定、最牢固的价值观脊梁。当代伟人毛泽东十分赞赏伊尹的品德、才识和胆略，认为伊尹是中国历史上推动君王发起改朝换代革命的第一人。1913 年 10 月 3 日，毛泽东在读书笔记《讲堂录》中曾三次提及伊尹，写道：“伊尹道德、学问、经济、事功俱全，可法。伊尹生专制之代，其心实大公也。尹识力大，气势雄，故能抉破五六百年君臣之义，首倡革命。”

——德政施民的思想家。伊尹留下了《伊训》《太甲》上、中、下和《咸有一德》五篇闪耀着智慧和理性之光的传世文献，也给自己留下了永世不灭的纪念碑。这五篇文献实际上是伊尹的政治遗嘱，是他留给后世商王的帝王教科书，是他治国行政理念的集中体现。在伊尹的德治思想中，上天之意是理论依据，天子之德是执政前提，德政是实现途径，民意是价值归宿。这种德治思想，对中国传统文化和国家治理都产生了巨大的影响。

——深谋卓识的军事家。伊尹的军事思想在当时来说是超前的，是一种创举。比如他提出的人心向背决定战争胜负的思想；“上智为间”的智谋；

通过对敌我力量强弱变化的观察来适时抓住有利战机，从而达到消灭敌人的最终目的等，这样的军事思想，指导当时许多战事都取得了胜利，并对于后世孙武和孙膑的军事思想产生了深刻影响，孙武的《孙子兵法》、孙膑的《孙膑兵法》都采纳并吸收了伊尹军事思想的精华，特别是人心向背决定战争胜负的思想，其发展到后来就是得民心者得天下的思想。

——饮食烹饪业的鼻祖。伊尹在商汤家里当过厨师，即所谓“庖人”，烹饪技术高超，并在理论上造诣精辟，曾以负鼎俎调五味为比喻，劝导商汤如何恰如其分地治理好国家。由此影响后来的先秦诸子总把庖宰烹饪与治国之道联系在一起，成为一种共识，如《老子》“治大国若烹小鲜”等。钱钟书先生在《吃饭》中说：“伊尹是中国第一个哲学家厨师，在他眼里，整个人世间好比是做菜的厨房。”钱先生的分析非常精到，伊尹既是一位精通烹调技艺的名厨，又是一位高瞻远瞩的政治家，是兼厨师、政治家和哲学家于一身的人物，特别是他创立的“五味调和说”与“火候论”，至今仍是中国烹饪的不变之规，所以被后世尊为“烹饪之圣”“中华食祖”。

另外，伊尹还是一个农业发明家和药学家。史载商代初期一年大旱，伊尹就教民地头凿井，用以灌田；又教民区田耕作法，便于灌溉、节约用水。商代之前，人们有病靠嚼食中草药疗治，伊尹为方便患者，就教民切碎中草药，用陶器煎煮后服用药液，后世称之为“汤液疗法”，既增强了疗效，又减轻了药物毒性。这种中药汤剂疗法，一直沿用至今天。

总之，伊尹是一位在多方面有着卓越贡献的古代先贤。他的杰出业绩，值得我们缅怀、总结。他的政治、军事等思想理论，值得我们研讨、探究。开展伊尹研究，是深入开展菏泽历史文化研究、进行社会主义文化建设的一项重要内容，将有助于我们古为今用，继承传统，牢固树立社会主义核心价值观、在现代化建设进程中发挥聪明才智，做出更大贡献。

编著者

二〇二三年十二月

第一章　伊尹的人生传奇

第一节　空桑降世

在距今约四千年的夏代末期，地处今天曹县一带的有莘国里，伊尹来到人世间。关于伊尹的出生，《吕氏春秋》云：“有莘氏女子采桑，得婴儿于空桑之中，献之其君，其君令烰人养之……”《史记·殷本纪》引《帝王世纪》云：“伊尹，力牧之后，生于空桑。”这两条记载，透露出伊尹的出生地的两条关键信息：有莘国、空桑地。

那么，夏末商初时期的有莘国在什么地方呢？曹县文史学者徐子红的《有莘国考》，对此论证如下：

> 《世本》谓：“鲧取有莘氏女，谓之女志，是生高密。”高密即禹。《鲁连子》谓：“舜耕历山而友益，舜陶河滨而友禹。”可以看出禹母族之居处有莘，应近于舜陶之河滨，禹在此地或附近活动，舜才能友（结识）禹。河滨，传统说法在定陶西南十里之河滨寺，而曹县西北十八里莘冢集与此相邻，该村有莘国故城遗址莘、莘仲君墓，与舜耕之历山（鄄城东南），渔之雷泽（鄄城东南），就时负夏（濮阳），都蒲坂（长垣），卒鸣条（封丘）地皆相近，为夏之有莘国。
>
> 此有莘，今名莘冢集，遗址规模甚大，为省级重点文物保护单位，旧有莘仲君墓、伊尹祠、伊陟祠。《左传·昭公元年》有“商有莘、邳”反叛的记载。此莘初为有莘国，后为商汤的妻族、伊尹的故国，在仲丁继位迁都后外壬即位时反叛。

《左传·僖公二十八年》记晋，楚城浪之战，“晋侯登有莘之墟以观师”，“晋师陈于莘北”，杜预注：“故国名。”《山东考古录》谓：“晋方灭曹而南救宋，遇楚师避之三舍而次城濮，唯此莘国为宜。”楚人攻晋，自莘北（莘家集北）而至城濮（今鄄城县临濮集）为晋退避之里程，二地间距离正为九十里。（按：“退避三舍”，即晋人避让楚九十里之程）。《续山东考古录》有“莘国故城，在曹县北十八里，今莘仲集。《孟子》伊尹耕于有莘之野；《春秋》城濮之战，晋侯登有莘之墟；又，晋师陈于莘北均在此”。又有以“作战形势论之，晋已伐卫入曹，楚则围宋未下，晋应由曹南下，以解宋围。楚必自宋北上迎战，以救曹、卫，会战之地有莘，自在曹宋两国之交，当以曹县莘墟附近为是”。台湾学者程发轫在《春秋左传地名图考》中引顾栋高谓有莘之虚“在今山东曹县北十八里”。《元和郡县图志》记：“莘国故城在济阴东南三十里。”济阴旧址在今曹县韩集镇堤上范村，莘家集正是在此东南三十里左右。

北宋大中祥符元年（1008），经学大师、济阴人邢昺求知曹州故乡，宋真宗破例许之。真宗祭泰山，根据邢的请求，车驾驻跸曹州（今曹县北境堤上范村南），过有莘之伊尹庙，写《伊尹庙碑赞（有序）》（明清《曹县志》均载），云：“旧礼攸存，明祀新享，朕因驻跸，永用怀贤”，“成汤之仁，溥率来宾。阿衡之忠，天辅成功，民难既平，嘉谟实真。王室不衰，大训可知。蘩之祭，传于水世。金石之刻，表予褒德。”

以上足以证实，禹母之有莘、汤妃之母家、伊尹之耕莘野、晋侯登之莘墟均属一地，即古时的有莘国，在今曹县西北十八里之莘家集。

夏商时期的莘家集一带，有黄沟水流过。《水经注》载，黄沟水为古济水支流，由河南封丘西南出济水东南流，过古陈留北、外黄县故城南，东过葵丘下，东北流，过曹县北、定陶南、曹县东四十里的楚丘北，成武北，从单县北境，东南流，于今单县东境终兴镇的古平乐县城南会包水，东入泗水、入淮、入海。黄沟水河道宽阔，渔业发达，而河岸、丘峦之上树木茂密，尤以桑树长得茁壮。有莘氏临黄沟水而居而渔，采桑养蚕，偶遇洪水，退居堌堆之上，有莘氏族依靠黄沟水过着自给自足的和谐生活，那时，先民还没有给河流命名的习惯，有莘氏先民亲切地称黄沟水为“伊水”，即这条河的意思。后世所谓伊尹出生伊水之旁的空桑，其中的“伊”，即“这”，就是说他出生在流经有莘国的黄沟水“这”河之旁。

伊尹出生地“空桑”，是指桑树林中的空地。在远古时期的有莘国一带，除了普遍低湿的大环境之外，还有很多水间小丘，桑树性喜干燥土地，在这些小丘之上长满了桑树，而小丘之间近水的地方，则被称为“空桑”。空桑以及桑林和远古时期人们的生活息息相关。每到春夏之交的傍晚，来自不同部落的青年男女们都会到附近的空桑之地幽会，寻找自己的伴侣，这种起源于母系氏族社会的风俗一直延续到后世的夏商时代。直到春秋时期，卫国南部、宋国北部还有男女在桑林中约会的习俗。按《左传》所记，宋国国君曾请卫国国君观桑林之舞。今天人们仍有“桑中之喜”“桑中之约”等经久沿袭的成语和词汇，均与男女之情有关。

按照上述《吕氏春秋》《帝王世纪》中的记载，大意是说伊尹的母亲在空桑之地生伊尹时，正遇河水泛滥，母去儿存，被一有莘女子收留，送与国君，命烰人抚养。所谓“烰人”，就是专管宰杀牲畜、烹饪调味的人，其职责相当于现在的屠夫加厨师。

关于伊尹的出生，在曹县流传至今的说法：有莘氏之女去莘野采桑，来到空桑之地，忽然看见一片霞光。有莘氏之女好奇地顺着霞光寻找，发现一只大鹰守护在一个婴儿身边，展开双翼为婴儿遮挡着正午的阳光。有莘氏女四面观望，方圆几里内一个人影也没有，于是明白了，原来这是一名弃婴。这样，她小心翼翼地把弃婴抱回家，交给一名厨师抚养。

第二节 聪慧少年

养父作为厨师，需要外出做工，孩提时代的伊尹不得不整天跟着养母生活。养母为了养家糊口，常常出门挖野菜、采草药。因此，跟随养母挖野菜、采草药成为幼时伊尹的必修课。

伊尹跟随养母等人挖野菜、采草药的过程中，慢慢成长。一日，伊尹跟随养母挖野菜的途中，突降大雨，躲闪不及，淋成了“落汤鸡”，回到家，小伊尹喷嚏不断，鼻涕流得老长。养母伸手摸摸小伊尹发烧的额盖，急忙到野外剜了几棵葱、几块野姜，放在锅里，倒上一点水煮，开后让伊尹喝下。到了晚上，小伊尹烧退了，鼻涕也不流了，喷嚏也不打了。他没想到平日里采摘的这些野菜，还居然有这用途。从此，跟随养母挖野菜不再单调。剜野菜的时候，小伊尹变得勤学好问起来，他知道了如患风寒感冒，用葱、姜汤饮之可解；一般风火牙龈肿疼，用百合、面汤缓解等等。日常生活中的点点滴滴，养母与其他人挖野菜时的谈论，作为有心人，伊尹悄悄地记在心里，“药食同源、补之食养”的理念印在了幼小伊尹的脑海中。

有一天，伊尹的养父生病了，他很担心。穷人家哪有钱治病呢？看到儿子为自己的病情着急，父亲宽慰地说：“孩子，别担心，我很快就会好的。以前你爷爷生病了，也是自己治好的。”“自己治好的？”伊尹瞪大了眼睛。原来，以前爷爷生病时，实在没钱治病，只得硬撑着。后来他却发现有些食物能把病“吃”好。次数多了，就有了经验。“所有的病都可以‘吃’好吗？”伊尹大感兴趣。“不一定，有时吃的食物反而会使病情加重呢！”父亲说。打这以后，伊尹开始留心不同食物对人体的不同作用。

不知不觉，小伊尹长到了十多岁，养母不再把小伊尹整天地带在身边，就让他独自外出剜野菜、拾柴火。整天扤着篮子拾柴火的小伊尹，看到贵族人家的小孩念书，他非常羡慕。人家头前走，他在后边跟，人家进学屋念书，他就爬到窗外学习。在曹县莘冢集，至今还留有伊尹听课送来柴火的故事。小伊尹名义上是出来拾柴火，其实是偷偷地到学校（当时的学校名庠）去听课，但奇怪的是放学后柴火会自动汇聚一起，等伊尹去拿。一天教书先生发现后，问伊尹是干什么的，他说是捡柴的。先生说："这里有柴吗？"伊尹说："有！在你们放学后，没有人的时候，就刮来一阵旋风，旋来一堆柴火，我装满篮子不多不少，就背着回家了。每天这样拾柴、学习两不误。"先生闻听此言非常惊讶。第二天，学生都放学走完了，伊尹还趴在窗台上学写字，先生躲在暗处想看个究竟。不大一会儿，从东边刮来一股小旋风，干柴棍、树叶子什么的，旋一堆，伊尹就弯下腰装柴火，不多不少装一篮子，伊尹就背着回家去了。先生一连观察了三天，都是这样。第四天，先生忍不住又问伊尹："你趴在教室外边窗台上，学会什么啦？"伊尹诚恳地说："凡是先生要求学生会的我都会。"先生惊讶地问："此话当真？"伊尹自信地回答："先生一考便知。"先生口头提问，书面出题，伊尹都对答如流，无一差错。当先生看到窗台上用木棍写的字迹，老砖被刻画得凸凹不平时，惊呆了，非常吃惊地说："我的学生坐在教室里，听得清楚，看得明白，尚有不懂之处，你如此的聪明，真乃神童也！"伊尹谦逊地说："承蒙先生夸奖。"先生说："你想不想上学？"伊尹说："我做梦都想上学！"先生说："好！你姓甚名谁？"姓甚名谁，这可把小伊尹问住了，因为伊尹是被人从莘邑后的黄沟水旁的空桑捡到的，而邑后的黄沟水，莘邑人呼之为伊水，养父母捡到后一直以"伊娃"唤之，没告诉伊尹姓什名谁。老师问明情况后，沉思良久，自言自语地说："伊水（即黄沟水）是咱莘邑的母亲河，是你的再生之地，你养父母又一直叫你伊娃，以之为姓氏，一举三得，好！"老师看看求学心切、态度诚恳的小伊娃，就说："为人要诚恳，你就叫伊挚吧。"

从此，伊尹有了姓名。饭后拾柴火，成为伊尹乐于接受的日常生活，那是去学校学习，是到知识的殿堂遨游。由于伊尹天资聪明，又勤学好问，学习成绩特别优秀，经常受到先生的夸奖。先生说："伊挚是聪明中的最聪明，不平凡中的最不平凡。”这导致一些同学的嫉妒，经常打骂欺负他。侮辱他奴隶出身一穷酸，癞蛤蟆想吃天鹅肉，苦读经书也枉然。他们对伊尹指手画脚，个个得意忘形。一次，先生不在，伊尹被欺负得忍无可忍，就和他们打将起来，用一个小石头子儿砸伤了一个同窗的额角，鲜血直流，贵族人家不愿意，养父知道后，将小伊尹打一顿，不再让他拾柴火，决定带他在身边，跟着自己学厨艺。小伊尹万般不舍地离开学校，开始了跟随养父学厨艺的生活历程。

伊尹的养父是莘邑一流的厨师，专职为有莘氏国君的家庭服务。伊尹来到有莘氏国君的厨房里，跟着养父及烀人们学习，逐渐学成了优秀的厨艺，同时也在对厨艺之道的领悟中丰富了自己的精神世界。他的知识一天天增长，思想一天天成熟。而周围的世界，正发生着巨大的变化，风云变幻，酝酿着一场重大的变革。

从夏朝的第十二帝不降时期开始，西方民族逐渐向东方进发，他们入侵夏王朝的领地，迫使夏朝不得不加强对西部边境的防守。夏桀之前的三代国君，都以防范河洛地区及西方外族的入侵作为国家的主要治国方略。

夏桀秉承了前代的方针政策，重点经营西方，在西方大造宫室，并且经常和西方民族打仗，所需兵力、财力，则从臣服于自己的东夷部族那里抽调。当战事吃紧，夏王朝对物资和人员的需求量增大，因此加重了东夷部族的负担，引起了诸侯的不满，再加上夏桀本人骄奢淫逸、贪婪残暴，不恤人民，导致众叛亲离。

与夏桀的失德相反，商汤及其代表的商部族正在快速崛起。商族属于东夷部族，一直以来都臣服于夏朝，缴纳贡赋、从夏征伐。而商汤作为一名贤明的部族首领，求贤若渴，以德政治民，很快就在诸侯中取得了声望。凡有不义的诸侯，商汤都听从夏桀的命令，从而征之，诛杀其君主，安抚其臣民，前后二十七次征伐，德名遍布诸侯，天下咸服。可以说，商汤在君主夏桀面前是位忠心之臣；在诸侯面前是有德行的榜样，值得信赖；在自己的族人面前则是优秀的领导者。

商汤时，商族的都城本来在商丘，随着夏王朝局势的恶化，东夷部族逐渐与夏桀离心离德，不听征召。在征伐了有施氏、有岷氏等部族之后，夏桀意识到需要加强自己在东方的统治力。于是就将自己信赖的商汤封到了商族故地亳，也就是今曹县城南二十里土山集一带。夏桀想要利用商汤在诸侯中的威望和对自己的忠心，用以安抚躁动的东夷各部。然而他万万没有想到的是，商汤是一只猛虎，出笼之后马上开始自己的反夏大计。

而此时，伊尹跟随养父学得一手好厨艺，十分精明能干。这年冬天，有莘国国王决定让伊尹跟随自己到夏都，去为夏王献上该年的岁贡。伊挚长得瘦弱而清秀，他虽然年龄不大，眼神里却闪着聪颖的光芒。他站在有莘国君身后，随时听从召唤。

夏桀一味贪图城池的华美、个人的享乐，国内的物产早已填不满他欲望的沟壑，他开始对东方各国不停地威逼和恐吓，向他们索要更多的财富。虽然各国的不满逐渐积聚，但没有哪一个部族拥有可以与夏王匹敌的力量。小的部族眼看着自己国力衰微，或被稍大一点的部族吞并，或被失去耐心的姒履癸灭国。稍有实力的部族也不敢造次，只能缩减国内的用度尽量去满足胃口越来越大的夏王。

这年冬天，夏桀刚刚打了一场大胜仗。他的自信与骄纵前所未有地膨胀起来，酒樽从早到晚片刻不停地被斟满，美味珍馐已经让他的味觉麻木，对东方要求的岁贡，则再一次变本加厉了。

有莘国君等在宫城门外，汗珠大颗大颗滚落。“主上，您担心……”伊尹低声问道。“正是，今年收成不好，咱们的岁贡远远没有达到夏王的要求，如果他加以诘问，我实在不知要如何应对。”有莘国君一副诚惶诚恐的模样。

话音未落，殿内小吏已经到了，宣有莘国君觐见。这是伊尹第一次进入长夜宫。小吏引着有莘国君和伊尹从南面门廊的穿堂进入宫城。中央为正门，只有夏王能够出入。伊尹与有莘国君从侧门进入，大殿正在眼前。大殿四周是回廊，回廊东西、南北的距离大体相同。除了西廊为单面之外，其他三面都是双面回廊。往来的宫人在回廊之中匆忙却又静默地穿梭。

“长夜宫的华丽，果然名不虚传。”伊尹心中想着，随有莘国君快步走向正殿。正殿坐北朝南，下方有厚厚的夯土，将宫殿抬得大大高于地面。从外面看，整个宫殿高大恢宏，屋顶为四坡顶、两重檐的“四阿重屋”式样，即在四坡屋顶的檐下，再加上保护夯土台基的防雨坡檐，气度威严，崇高庄重。步行百余步，登上缓阶，即可进入大殿。大殿内有十根木柱，都是百年以上树龄的良材，在阳光的照射下像是披上了一层棕红的光晕。伊尹心中不禁发出了惊叹。在此之前，他从未见过气势如此雄伟、结构如此严整的殿宇。伊尹抬起头，只见梁、檩、椽、柱经纬纵横，倔俛云起。横架的房梁，高悬的曲拱，高高地支撑起殿顶，好像彩虹横贯天空。所有长短梁柱，都涂上丹赭，鳞次栉比，向中央聚集升高。在中央的顶端，乃是画工绘制的中宫三垣。三垣内的星宿，都用金色勾画。天枢星在正中，象征帝王。紧紧围绕着天枢，从里到外三层分别是紫微垣、太微垣、天市垣。大殿四周，二十八宿分为四组，在东、南、西、北四个方位排布，象征着四时。东方代表春天，其色为青，星象为苍龙。南方代表夏天，其色为朱，星象为朱雀。西方代表秋天，其色为白，星象为白虎。北方代表冬天，其色为玄，星象为玄武。短柱上饰着水藻，木椽上也雕刻着蛟龙。各种各样的飞禽走兽，依据不同的木形，展示出各种不同的姿态。有奔驰的猛虎，它身上的花纹清晰可见。有腾飞的虬龙，身体盘旋曲张，好似活的。有展翅的朱鸟，有振翅的飞廉……一时间，伊挚只觉得目力已不为自己支配。恍惚之间，一阵微风吹过，大殿外屋檐下的铜铃响起，叮叮咚咚，在这宽阔的大殿中，发出了清脆的声响。伊尹心中一惊，才将思绪拉了回来。“宫殿雕饰已经如此奢靡，自不必说夏王的饮食起居。难怪东方诸国已经被他盘剥得喘不过气来。”想到这里，伊挚攥紧了拳头。

“莘君，东方各国的岁贡中，数你们进献的最少，你可知罪？”夏桀的声音像是一阵寒风，在大殿里刮过。只见他身材高大魁梧，黑发虬髯，身着黑衣，目光寒炯，面色微微发青。“臣知罪。都是今年收成不好，所以……”“住嘴，休要怪天！你可是忘记了大不敬的有施国的下场了吗？”有莘国君声音颤抖地说：“臣不敢。”大殿之外又刮起一阵大风，坠在屋檐下的风铃叮咚作响，在这大殿之中听来，每一声都动人心魄，使人不寒而栗。

从夏都回来，有莘国君垂头丧气，而伊尹也心灰意冷。夏王的奢侈腐化、醉生梦死让他愤慨，有莘国君的怯弱更令其失望。此次夏都之行，伊尹看清楚了夏王的本质，也对有莘国君有了清醒的认识。

第三节　青年才俊

返回莘邑后，伊尹陷入深思：继续跟随养父在有莘国国君家里为庖，虽然安逸，却事事受人驱使，不能实现自己的志向；不再为庖，又能去干什么？辗转反侧，数夜不眠之后，伊尹决定返家种田，以待时日。当伊尹以养母年老、无力耕田的理由辞去庖厨的想法告诉养父母后，遭到养父的反对。伊尹扶起多病的养母让养父看，养父眼见羸弱不堪的妻子，最终同意了伊尹的要求。从此，伊尹开始了日出而作、日落而息的农耕生活。

在有莘之野，除了耕作，伊尹还干了什么？《汜胜之书》载：汤有旱灾，伊尹作为区田，教民粪种，负水浇稼，收至亩百石。《焦氏易林》载：尹伯智士，去桀耕野。执顺以待，反和无咎。（见西汉焦延寿《焦氏易林·否之第十二）

伊尹躬耕有莘之野，同时想缓解莘民所受疾病之苦。史载伊尹处士居有莘之野，躬耕，植药，采药，尝试百草，始创《汤液经》，治病救人。夏朝末年天灾人祸横行。《清华简·尹至》说：“惟灾虐极暴。”说时有灾殃疾病，特别是胫足肿，当时较为普遍。《上博简·容成氏》亦称：“当是时，强弱不众，寡不听讼，天地四时之事不修，汤乃辅为征籍，以征关市，民乃宜怨，疟疾始生，于是乎，喑、聋、瘿、偻始起。”甲骨文记载的疾病约有二十多种，如疾首、疾目、疾耳、疾口、疾身、疾足、疾止、疾育、疾子、疾言、蛊、龋，还有疾年、雨疾、降疾等。

由此可见，当时的人们除了洪水猛兽与战争外，面临的最大威胁就是疾病。尤其是当伊尹养母因病去世后，养母被疾病折磨的苦痛时常浮现在伊尹的眼前，这更坚定了伊尹寻找解除病痛方法的决心。伊尹有自幼跟随养母挖野菜、采草药的经历，又有跟随养父为庖的历程，加上躬耕有莘之野的耳濡目染，伊尹熟悉了各种食物和药物的性能、功用，掌握了许多以食物治疗疾病的方法。

有一次，商族的首领商汤病了，宫廷医生用药物治疗了半个月仍不见好转。汤王十分生气，让医生如在三天之内治不好他的病，就另请高明。医生无奈，便壮着胆子来找伊尹。伊尹听了病情，建议试用几种食物进行治疗。宫廷医生满腹狐疑地看着充满自信的伊尹,想想没有别的办法,只好冒险一试。没想到，汤王的病情经过食疗大为好转，他高兴地要嘉奖医生。医生不敢欺骗汤王，如实作了汇报。“还有这样聪明的奴隶？立刻叫来见我！”汤王不信。待年轻精干的伊尹出现在他面前，一下博得了他的好感。

伊尹进一步发展食疗法，巧妙地动用独特的烹调技术，对药物进行加工制作，终于制成了中药汤剂。这在中国医药史上是一大创举。后来，伊尹又写成《汤液经法》一书，成为我国第一部药学专著。

《汤液经法》亦称《汤液经》，首见于《汉书·艺文志·经方类》曰“《汤液经法》三十二卷”，无著撰者姓名，后世亦无传本。东晋皇甫谧认为《汤液经法》是伊尹所撰，经张仲景论广为《伤寒论》。其《甲乙经·序》云：“伊尹以元圣之才，撰用《神农本草经》，以为《汤液》。”又云：“仲景论广伊尹《汤液》为十数卷，用之多验。”南朝梁时丹阳秣陵（今江苏南京）人陶弘景（456—536）《辅行诀脏用药法要》云：“商有圣相伊尹，撰《汤液经法》三卷，为方亦三百六十首：上品上药，为服食补益方者百二十首；中品中药，为疗疾祛邪之方，亦百二十首；下品毒药，为杀虫辟邪痈疽等方，亦百二十首。凡共三六十首也。实万代医家之规范，苍生护命之大宝也。”

北宋司马光（1019—1086）《资治通鉴》称伊尹“闵生民之疾，作汤药本草，明寒热温凉之性，酸苦辛甘咸淡之味，轻清浊重，阴阳升降，走十二经络表里之宜”。

伊尹还意外地烧制出了原始瓷器。伊尹跟随养父到有莘国为庖，每天与炊具打交道，那时的锅碗瓢盆还是陶制品。有一天，伊尹把做好的陶器晾干后准备架柴烧时，突然下起了大雨。伊尹看到淋湿的陶器，心疼万分，他不甘心做无用功、白出力，无意中看到了地上的草木灰，他想“何不利用草木灰把陶器整干”。于是他就取了很多草木灰撒在被淋湿的陶器上，湿气很快被草木灰吸干。伊尹非常高兴，这时雨也停了，伊尹就架起木柴开始烧陶器。等这批陶器烧成之后，眼前的一幕让伊尹惊疑万分。因为，这批陶器从色彩上出现青翠耀眼的光芒，伊尹顺手拿起一只碗敲了一下如玉般的脆声悦耳。可把伊尹乐坏了，真是上天的恩赐啊！此后，伊尹每次烧陶器时都要在草木灰中蘸一下，而这就是原始瓷器的釉。

有莘国的公主见伊尹是个品德高尚的人，又有文才，就向他的父王有莘国王请求，让伊尹教她读书识字，学习礼仪，有莘国王就答应了公主的请求。《墨子》记载：伊尹聪明好学，他由一个做饭的奴仆，通过刻苦自学成才，竟做了有莘国国君女儿的老师。伊尹抓住这个有利时机，翻阅了有莘国宫廷里的大量书籍，教学相长，相得益彰，掌握了原来不懂的东西，了解到安邦治国的道理。

当时，商汤有图谋天下之志，梦中都在寻找贤人。有一天晚上，他梦见有人背着一只鼎、肩膀上扛着案板在对他笑，醒来以后赶紧找巫师占卜。据巫师讲，鼎是用来调和滋味的，案板是用来割肉截骨的，梦见有人背负铜鼎、肩扛案板，肯定是有人将要为商汤做宰执，辅佐他推行王政了。于是，商汤就四处打听梦里梦到的那个人。

离有莘国四十里，是后来的商都亳邑，商汤的部落与有莘国一直睦邻友好。有莘国君的女儿是个出名的美女，端庄贤惠。商汤久闻有莘国君的女儿的美名，便派人去求婚。有莘国君深知商汤雄才大略、年青有为，欣然同意了这门婚事，并把伊尹作为陪嫁的奴隶。

到商以后，伊尹被商汤用为司厨，掌管膳事。有一天，商汤来到厨房向伊尹问起饭菜的事。伊尹不仅有高深精湛的烹饪理论和技艺，还能以烹饪之道寓治国之理。他对商汤说：“做菜既不能太咸，也不能太淡，要调好佐料才有味道。治国如同做菜，既不能操之过急，也不能松弛懈怠，只有恰到好处，才能把事情办好。”他还解释说，一位贤明的国君要想治理好国家，一定要善于征求各方面的意见，通过“五味调和”，制定出适应国情的方针，才会使国家兴旺发达。如果只听一面之词，独断专行，国家就要衰败。

伊尹的一席话使商汤很受启发。在以后的多次接触中，他发现伊尹确是自己曾经梦寐以求的治国安邦之才，便想聘为己用。可是，要任用一个奴隶来治理国家，当然会遭到奴隶主贵族们的激烈反对，而伊尹又是个耿耿自介、安分守己的人，也不愿到朝中去做官。不久，伊尹利用一个机会，回到伊水河畔耕作去了。

怎么办呢？商汤首先说服了自己的臣属，并派出使者带着礼品，去有莘国去请伊尹。伊尹回绝使者说：“我是一个耕田栽桑的人，只知道干活出力，不懂国家大事，多谢汤王的高举。”商汤并不灰心，第二次派使者带着更多的礼品，前去聘请伊尹。伊尹见使者又来，仍十分平静地说：“我是一个无德无能的奴隶，没有一点功劳，怎么敢妄收汤王的礼物，平白无故地接受任命呢？”再次推辞不去。两次没有请来伊尹，商汤并没恼怒。他认为请有真本领的人，是不能像使用奴仆一样招之即来的。于是，他又命令使者，带着珍贵礼品，赶着一辆装饰一新的马车，第三次聘请伊尹。伊尹见汤王如此诚心，深受感动，便欣然从命了。商汤为伊尹举行了隆重的接纳仪式。

商汤三聘伊尹的故事，流传后世，成为佳话。“三聘伊尹”的碑刻，今天尚保存在曹县博物馆。

第四节　助汤灭夏

伊尹正式成为商汤的重要辅臣——“小臣”。小臣不小，主要职责是负责祭祀和征伐等国家大事，职务相当于后世的丞相，属于汤王之下主宰百官之人。

不久，商汤给伊尹安排了第一个任务，就是到夏都刺探夏朝情报，为以后推翻夏朝做准备。

夏朝后期，由于西方民族的入侵，迫使夏王不得不将国家的防御重点放到西方，因此加重了对属下东夷部族的盘剥与压榨，引起了东夷人的不满。在对夏不满的东夷部族中，其中一个就是有施氏。

有施氏又叫有喜氏，其领土范围在蒙山，即今“曹县西南”一带。曹县南部古时称“蒙”，有蒙泽，蒙泽岸边自然就有蒙丘，蒙丘即为“蒙山”。因为有施氏不听号令，不交贡赋，夏桀就下令攻伐，有施氏不敌，只好献上自己族内的美女换得氏族生存。这些美女中，有一人成为日后灭亡夏朝的重要人物，她就是末喜。

关于末喜，人们习惯把她和商纣时期的妲己、周朝的褒姒以及春秋时期晋献公的宠妃骊姬相提并论，说她们都是促使国家灭亡的狐狸精。《列女传》上说末喜习惯穿戴男装、佩带宝剑，与夏桀造酒池肉林，夜夜笙歌，穷奢极欲，促进了夏朝的灭亡，最后和夏桀一起被流放，死于南巢之山。

伊尹和末喜是同族——东夷部族，其族人长期受到夏朝统治者的欺压和侵略，都有借助商汤的力量为自己部族报仇的愿望。当伊尹联系到末喜的时候，她大喜过望，双方一拍即合，很快成为联盟。末喜帮助伊尹在夏都站住了脚，取得了夏桀的信任。有了内应，伊尹当间谍的事情就好办多了。在夏都，伊尹充分探听了各阶层人们的想法，与末喜一起将夏朝的真实情况摸得一清二楚。

三年后，伊尹回到商都亳。伊尹作《女鸠》《女房》两篇报告，向商汤汇报了自己的所见所闻。

伊尹说："夏桀昏昧，骄奢淫逸，不思进取；除了末喜之外，他还宠幸讨伐有岷氏得到的两名侍妾琬和琰，从不考虑手下群臣和百姓的想法。现在的夏国，群臣不堪其苦，百姓积怨已久，上下离心离德。国人都说：'上天不体谅我们有夏的人，难道天要亡我大夏了吗？'"

商汤对伊尹带来的情报十分满意，说道："你跟我说的，和人们相互传唱的歌谣里所讲的是一样的。只不过现在还需要有进一步的消息，我这边战争的准备也没有完全做好，还要请你再去夏都，继续当间谍。"

接着，商汤和伊尹立下盟誓，表达了灭夏的决心。伊尹又一次赶到了夏都。

此时的夏朝，夏桀穷奢极欲，建筑瑶台，使民力消耗殆尽，国人穷困不堪。他犹自不满，令人用珍贵的酒填满水池，以酒糟为堤坝，整天在酒池中听着靡靡之音，与末喜等宠妃寻欢作乐。他还大宴群臣，最多的时候和三千人一起畅怀豪饮。群臣们迫于夏桀的淫威，只好跟着喝酒。喝醉了之后，大家都很气愤，相对而歌道："看着江水还像以前一样丰沛流淌，那水上的舟楫却早已破败不堪。我们伟大的夏王，现在已经彻底成了昏君。我们何不赶紧逃奔到商都亳，成为商的子民，商都亳的天地也是高广的啊！"

唱完了这段，他们接着又唱道："尽情地饮酒作乐吧！那健壮的马儿和欢快的马车已经备好，离开这不好的地方，投奔到贤明的国度，不也是很快乐的事情吗？"

大臣关龙逄看到这种情况，痛心疾首，冒死对夏桀说道："大王如此挥霍无度，灭亡无日啊！"夏桀听了，毫不在意，说道："你这是什么妖言？我身为天子，拥有天下，乃是天经地义的事情，正如天上有太阳一样，难道太阳也会灭亡吗？什么时候太阳灭亡了，我才会灭亡呢！你说我要灭亡，我现在就让你灭亡。"于是对关龙逄施以炮烙之刑，忠臣关龙逄含冤死去。

正因为这次三千人的大会饮遭到反对的声音，导致夏桀对商汤有所怀疑。但此时伊尹和末喜的联盟更加稳固，当夏桀起了疑心的时候，末喜就及时通报了伊尹。她对伊尹说："昨天晚上，天子梦见西方有一个太阳，东方也有一个太阳，两个太阳互相争斗，最后西方的太阳获胜，东方的太阳失败了。"

伊尹听了，知道夏桀已经对商汤密谋造反的事情有所察觉，他瞅准机会，赶快离开夏都。回到商都，与商汤一起做灭夏的准备了。他们首先密谋攻击有洛，因为通过几年的侦察，伊尹早已探明夏朝陪都有洛的防御非常薄弱。

这个时候，为安抚东方，夏桀决定在商都亳之北的有娀之墟，举行有仍之会。很多诸侯都前来与会，而有缗氏不至。夏桀怒而东伐有缗，带走昆吾氏及顾国之兵。商汤乘机西进伐洛，秘密毁掉了夏人建的城墙，从而取得胜利。夏桀闻知，暴跳如雷，但苦于正东伐有缗，无暇顾及，不得不与商汤以济水为界，形成了南北对峙的局面。夏桀邀商汤前往夏都进行谈判，设下鸿门宴，趁机将商汤囚禁于夏台。

伊尹、仲虺闻讯后即刻商议计谋，以夏桀所爱投其所好，在国内搜寻奇珍异宝及美女行贿夏桀。伊尹利用末喜不断在夏桀面前游说，说商汤不过是个平庸无为之人，其实根本没有力量与伟大的天子相抗衡。昏庸的夏桀受贿后，丧失了警惕，便于次年（即夏桀二十三年，商汤九年，公元前 1608 年）下令释放了商汤。

夏桀囚禁商汤一事，很快在各诸侯国传扬开，立即引起众诸侯的普遍反对。叛离夏桀、投靠商汤的诸侯多达上百个，夏桀王朝统治基础开始动摇，日趋分崩离析。

商汤回到亳都之后，旗帜鲜明地举起"革命"大旗，率领商族以及归附于商族的汉南四十国的军队，正式开始灭夏战争。

商汤把济水北岸的三朡城作为政治军事指挥中心，先行铲除忠于夏桀的方国豕韦、顾国、昆吾，因为他们是夏王朝在黄河下游的重要支柱。《诗经·商颂·长发》云："苞有三蘖，莫遂莫达。九有有截，韦顾既伐，昆吾夏桀。"豕韦、顾国、昆吾三国被视作夏桀的"三蘖"，助纣为虐。三国都执意与商为敌，严密监视商汤言行，死心塌地地为夏桀效力。商汤决心除去此心腹大患，剪除夏桀之羽翼。商汤与伊尹、仲虺商定征战计划，诸侯纷纷响应，期待商汤的仁义之师出征。商汤与伊尹率师猛进，先灭掉孤立无援的豕韦，然后挥师东进，乘胜灭顾国。昆吾夏伯闻讯，仓促应战，同时向夏桀求援。夏桀命九夷之师前往讨伐商汤。伊尹认为，夏商兵力之比，仍较悬殊，商处弱势，灭夏时机，尚未成熟，于是说服商汤，先稳住夏桀，再作计议。

商汤采纳伊尹之谋，收兵回国。同时，遣使于夏，入贡请罪，臣服供职。夏桀下令罢九夷之师。次年，昆吾夏伯率兵攻商。汤师经过一年休整，士气旺盛。《史记·殷本纪》曰："汤自把钺以伐昆吾，遂伐桀。"号令之下，一鼓作气击败昆吾，再战而杀夏伯，尽占昆吾土地、人民、财产，商汤取得重大胜利。整合昆吾、豕韦、顾国等四方军事力量后，商汤邀集所盟诸侯，会师景亳（今曹县梁堌堆），北进至陑，就是今曹县城西北春墓岗一带，以陑作为练兵基地，随时准备与夏进行决战。

商汤伐夏桀前夕，经过这些缜密谋划和征求意见，尊伊尹为师，开始正式行动。《吕氏春秋·离俗》载："汤将伐桀，因卞随而谋，卞随辞曰：'非吾事也。'汤曰：'孰可？卞随曰：'吾不知也。'汤又因务光而谋，务光曰：'非吾事也。'汤曰：'孰可？务光曰：'吾不知也。'汤曰：'伊尹何如？'务光曰：'强力忍询（诟），吾不知其他也。'汤遂与伊尹谋夏伐桀，克之。"《吕氏春秋·尊师》又曰："汤师小臣。""小臣"，指伊尹，是商王朝的开国功臣。《尚书·君奭》载："公曰：'君奭，我闻在昔成汤既受命，时则有若伊尹，格于皇天。'"这些都是伊尹辅佐商汤为天子行征伐之事的文献佐证。

夏桀王朝的统治已是穷途末路、风雨飘摇，走到了历史尽头。民众愤慨地诅咒他："时日曷丧，予及汝皆亡。"鸣条之战是商汤伐夏桀的关键一战，所以在大战之前，商汤下达了动员令。《汤誓》就是这次动员令的具体内容。《汤誓》云：

王曰："格尔众庶，悉听朕言。非台小子敢行称乱。有夏多罪，天命殛之。今尔有众，汝曰：‘我后不恤我众。舍我穑事而割正夏？’予惟闻汝众言，夏氏有罪。予畏上帝，不敢不正！今汝其曰：‘夏罪其如台？’夏王率遏众力。率制夏邑。有众率怠弗协。曰：‘时日曷丧，予及汝皆亡！’夏德若兹，今朕必往。”

“尔尚辅予一人，致天之罚，予其大赉汝！尔无不信，朕不食言。尔不从誓言，予则孥戮汝，罔有攸赦。”

《汤誓》是公元前1600年，商汤伐夏桀前，对众诸侯、士卒发出的逐伐夏桀的号令。战争爆发，夏师抢先过渡济水，进至有莘，受到商汤联军的有力反击，韦、顾之兵被消灭，夏桀率昆吾之兵先后退至今定陶、菏泽、郓城一带的有娀、鸣条、三朡。四战之后，商汤擒获夏桀，将其流放。

放逐夏桀以后，商汤回到三朡，得到国家重器，召集三千诸侯大聚会。汤取来天子的玉玺，放在天子座位的右边。汤退下来，两拜行礼，然后手指天子的座位说道：“这是天子的位置，有道的人可以坐上了！”又说，“天下，不是一家所有，而是有道者所有。所以，天下只有有道的人才应该治理它，只有有道的人才应该管理它，只有有道的人才应该长久地占有它。”汤把天子之位再三推让，三千诸侯没有敢即位的，然后汤才坐上天子的座位，并与诸侯相约束说：“阴胜阳，就叫作变，变则天不加惠；雌胜雄就叫作乱，乱则人不从顺。所以，诸侯治国理政，在于他的大夫的受治与从顺。”

商汤战胜夏桀是其施行德政的结果。《史记·殷本纪》云：“诸侯闻之，曰：汤德至矣，及禽兽。”“三千诸侯莫敢即位。”“于是诸侯毕服，汤乃践天子位，平定海内。”伊尹竭尽全力辅佐商汤，取得了灭夏战争的决定性胜利，建立商朝，并于三朡践天子位，成为诸侯之主。

第五节　中流砥柱

商汤带着天子玉玺，由三朡经定陶境内的泰垧，回到亳都，于灭夏第二年三月间，在亳都东郊，宣读治国纲领，“以令诸侯”，正式代夏王天下。

伊尹为商汤即位拟就安民之告，即商汤即王位时对万方诸侯的通告，《汤诰》曰：

> 王归自克夏，至于亳，诞告万方。王曰：“嗟尔万方有众，明听予一人诰。惟皇上帝，降衷于下民。若有恒性，克绥厥猷惟后，夏王灭德作威，以敷虐于尔万方百姓。尔万方百姓，罹其凶害，弗忍荼毒，并告无辜于上下神祇。天道福善祸淫，降灾于夏，以彰厥罪。肆台小子，将天命明威，不敢赦。敢用玄牡，敢昭告于上天神后，请罪有夏。聿求元圣，与之戮力，以与尔有众请命。上天孚佑下民，罪人黜伏。天命弗僭，贲若草木，兆民允殖。俾予一人，辑宁尔邦家。兹朕未知获戾于上下。慄慄危惧，若将陨于深渊。凡我造邦，无从匪彝，无即慆淫；各守尔典，以承天休。尔有善，朕弗敢蔽；罪当朕躬，弗敢自赦，惟简在上帝之心。其尔万方有罪，在予一人；予一人有罪，无以尔万方。呜呼！尚克时忱，乃亦有终。”

此篇《汤诰》首先阐明夏桀灭弃道德施行虐政，百姓遭受残害、痛苦不堪和商汤聘请元圣伊尹共同战胜夏桀，保全万方众长生命的过程，是奉行天命明法；其次说明是上天保佑人民废黜夏桀，命我商汤和睦安定你们各国，我商汤建立的诸侯要遵守常法，接受上天福禄。你们有善行要弘扬，万方有过失是我商汤没有尽到责任，责任不在你们；最后要求万方诸侯诚实守信，善始善终，获取良好结局。

至此，商汤完成灭夏大业，开创有商554年之基业。《帝王世纪》载：诸侯不义者，汤从而征之。将伐桀，先灭韦顾昆吾，遂战于鸣条之野。桀奔于南巢之山，汤乃即天子之位。以水承金，始居亳。为天子十三年，寿百岁而崩。汤娶有莘氏女为正妃，生太子丁、外丙、中壬。诸侯有不义者，汤从而征之，诛其君，吊其民，天下咸服。故东征则西夷怨，南征则北狄怨，曰："奚为而后我。"凡二十七征，而德施于诸侯焉。

商汤有一次外出，看到郊野四面都张着罗网，张网的人祝祷说："从天上来的，从地上来的，从四方来的，都落入我的罗网。"商汤说："嗳！你这样就把禽兽都打光了！"于是让他撤去三面的网，并祝祷："想往左走的就往左走，想向右逃的就向右逃，不听命令的，就落入我的罗网。"人们听到这件事，都说："汤的仁德达到了极点了，恩义施及禽兽。"此事传开，许多诸侯国都归顺了商汤。成语"网开三面"即指其事，后来演变成了"网开一面"。

新建的商朝，百废待兴，巩固政权是首要任务。在伊尹的建议和主持下，商汤首先着手处理战败的有夏国和夏桀的问题。

夏桀被俘后，被商汤先囚押于不齐，再囚押于郓城之北的鲁（高鱼城）。又由鲁被商汤由水路经过东海（大野泽）、黄水，押送到焦地，即所谓"乃与末喜与诸嬖妾同舟浮海"。焦，又称焦门。今巨野县独山镇麟山，原名焦氏山；此山东十里有焦城，为炎帝后焦国所在。

商汤建国立商后，大会诸侯，平定天下以后，汤听到被囚于焦的夏桀的不满，遂又把夏桀押送到雷泽岸边的历山一带的夏台，直到终死。

夏桀虽然失败，本人被商族军队活捉，但其身为天子的影响力还在。就连商汤本人，对于自己起兵造反、流放天子于南巢都存在着深深的不安。《尚书》中有一篇《仲虺之诰》，写于商汤流放夏桀之后，序文中写道："成汤放桀于南巢，惟有惭德，曰：'予恐来世以台为口实。'"就是说，商汤已经将夏桀流放了，心中还惴惴不安，一个劲地担心后世子孙说起这段历史的时候，

认为自己是叛乱、谋逆。可见，“流放天子”这件事对商汤来说是个巨大的心理负担，

正因为如此，仲虺作了《仲虺之诰》，不断重申夏桀如何失德无道，导致诸侯背叛，商汤如何顺天应民，灭夏建商是遵从天命。这才安抚了商汤的情绪，使他从流放天子的负罪感中解脱出来。

商汤尚且如此，更何况其他人。尤其是这个时候，有夏国的群臣与子民还在，商汤已经流放了夏桀，再去攻打有夏，肯定要背负不义的骂名；但不去征伐吧，又怕有夏国不服，发生叛乱。于是商汤想了个办法，要迁移夏人的社神，以此动摇夏国的根基。但这种动议被伊尹否定了。他认为现在不是大动干戈的时候，夏桀既然已经流放，对夏国臣民就应该采取怀柔政策，以安抚情绪为主，他让商汤像原来跟着夏桀征伐诸侯的时候所做的那样，诛其君，抚其民。

于是商汤不改夏政，不迁夏社，将夏桀与夏国区别对待，流放夏桀，却保障原夏国贵族们的人身安全和财产利益，安抚了人心，稳定了局面。对此，《吕氏春秋》描述道：“汤立为天子，夏民大说，如得慈亲，朝不易位，农不去畴，商不变肆，亲郼如夏。此之谓至公，此之谓至安，此之谓至信。”说的就是贵族、农民、商人、平民的地位和生活都没什么大的变化，社会非常稳定，这样一来，也难怪“夏民大悦”。

伊尹协助商汤处理的第二个重大问题是商朝和诸侯之间的臣属关系。原来的天子已经被流放了，有夏国自然不能再当诸侯的领导者，但商族取代夏族，商汤取代夏桀，需要一个过程。而这个过程，最主要就体现在如何确定诸侯的贡献上。于是伊尹作《大濩》《晨露》《九招》《六列》等乐曲，以宣传自己奉天革命的善行。除此之外，还逐渐建立了新天子巡守的制度。最重要的是，伊尹确定了四方献令。

所谓四方献令，就是作为诸侯的各氏族，要向商朝天子进献贡物，将四方不同的物资汇集到天子之国，以表示臣服。早在伊尹割烹要汤的时候，就曾拿天下四方的美味来引诱商汤，告诉他只有当了天子，才能享受到天下间

的美味。现在商汤如愿当上了天子，也该是实现美食之愿的时候了。

于是商汤对伊尹说："诸侯来献，如果按照原来的规定，不同地方的诸侯所贡献的东西都是一样的，往往造成水上的诸侯贡献牛马、陆上的诸侯贡献鱼虾、放牧的诸侯贡献织物、农耕的诸侯贡献皮毛的情况，给诸侯们造成了极大的不便。现在我们应该让诸侯因其地势，献其土产，这样才能做到易得而不贵。伊尹你就来制定各地诸侯贡献的标准吧。"

这样，伊尹就制定了新的贡献方式，让诸侯因地制宜，只要求各方国诸侯贡献方国的土特产，不必再去辛苦找寻自己土地上所没有的东西。他让正东方的符娄、仇州、伊虑、沤深、九夷、十蛮、越沤、鬋发文身等诸侯进献鱼支之鞞，乌鰂之酱，鲛瞂、利剑等；让正南方的瓯邓、桂国、损子、产里、百濮、九菌等诸侯进献珠玑、玳瑁、象齿、翠羽、菌鹤、短狗等；让正西方的昆仑、狗国、鬼亲、枳已、闟耳、贯胸、雕题、离丘、漆齿等国进献丹青、白旄、纰□罽、江历、龙角、神龟等；让正北方的空同、大夏、莎车、姑他、旦略、豿明、戎翟、匈奴、楼烦、月氏、孅犁、其龙、东胡等诸侯进献橐驼、白玉、野马、騊駼、駃騠、良弓等。这样一来，四方各有贡献，又完全不必四处重金求购。各诸侯闻此，兴奋无比，不再像过去那样费力费时费钱的烧尽脑细胞而寻找贡品了，都心悦诚服地贡献了各方国的土特产。

伊尹协助商汤稳固政权的第三种措施是休养生息，战天灾，斗人祸，逐步恢复生产建设。粮食稳，天下安，古亦如此。屋漏偏遇连阴雨，新生的汤政权建立后，遭遇到极端的恶劣天气，一下子大旱七年，河流枯竭，颗粒不收。商汤用尽方法，总不能得到霖雨。伊尹又教人民在田头地方开了井，来灌溉农田，补救抗旱。但伊尹这些做法不过九牛一毛、杯水车薪。祈祷、占卜、方法用尽，仍然不见天上飘来一片云，商汤见状，忧心如焚，决定亲自祈雨，以安抚天意民心。商汤亲自到桑林（今曹县梁堌堆）的野外来祈求下雨，沐浴清洁，剪去指甲，把自己当作牺牲品，祈祷说："上天降灾，一定是我不好的缘故，我愿意自己领罪，不要因为我一个人的不好，害了人民的性命，是不是因为人民没有饭吃呢？是不是因为宫室造得太高太美呢？是不是因为女人扰乱政事呢？是不是因为官吏贪污呢？是不是因为小人谗言盛行呢？”汤把这六件事情自己责备自己，当然得到人民的同情。据说后来不久就下雨了。在那时因为像汤这样自己当作牺牲的事情还没有过，就认为必定是汤感动了上天。人民既然这样信天，对于大旱的痛苦，都归于天命，看见汤这般尽心祈祷祭告，只有感激，并不怨恨。

祈祷完毕，商汤又下令禁止歌舞，潜心修德，果然取得了很好的效果，民心得以稳定，并很快迎来了大降雨，成功消弭了建商之初的天灾人祸。

商汤命伊尹作了乐，名叫《大濩》来纪念这次桑林得到雨的事情。现在《诗经》里面，还保存着一篇“那”，就是商祭成汤时候所唱的乐歌，在这首诗中，我们可以感悟到商代祭祖和乐舞大濩的美富礼容，它说：猗与那与！置我鞉鼓。奏鼓简简，衎我烈祖。汤孙奏假，绥我思成。鞉鼓渊渊，嘒嘒管声。既和且平，依我磬声。於赫汤孙，穆穆厥声。庸鼓有圣攵，万舞有奕。我有嘉客，亦不夷怿。自古在昔，先民有作。温恭朝夕，执事有恪。顾予烝尝，汤孙之将。这里不但有铿锵的音乐，还有美妙的万舞，万是一种舞的专名。此外还有“嘉客”，就是唐尧、虞舜和夏禹的后代子孙以及诸侯们，前来助祭的。可以想象到这种典礼是怎样隆重了。并且祭的第二天，按例还要举行一次祭的，叫作“肜”祭。

大雨之后，伊尹率领商族人民恢复生产，重建家园。伊尹善于把握尺度和火候，平衡各种关系，用人以宜。在营造土木工程的时候，伊尹让腿长的人负责挖土，后背有力的人负责用筐背土，眇了一目的人负责测绘，驼背的人负责涂漆上色。这样一来，有效地发挥了各人的长处，并且将各人的缺陷转化为优势。就这样，在伊尹的辛苦工作下，安抚了夏国，臣服了诸侯，战胜了天灾，将新生的商朝政权从稳固走向繁荣。

第六节　辅佐嗣君

商汤做了十三年的天子后去世，伊尹葬汤于亳傍（今曹县土山集汤陵），并以小臣之位继续辅佐朝政。此时摆在伊尹面前的首要问题是谁来做商汤的继承人的问题。其实商汤早已有了太子，就是有莘氏之女所生的太丁（有莘氏之女为商汤生了三个儿子，分别是太子太丁、外丙、中壬）。但太子太丁早在商汤去世之前就死了，留下其尚未成年的儿子太甲，不足以立为天子。为了商朝政权的稳固，伊尹就立了太丁的弟弟外丙为帝。外丙继位三年后去世，伊尹又立外丙的弟弟中壬为帝，四年后中壬又去世，此时国内已经有了动荡。经过努力，伊尹总算力挽狂澜，平息内乱，又将太丁之子、成汤的嫡长孙太甲立为新王。

太甲，名至，公元前1581年即位时只有十七岁。当天，伊尹率百官在祖庙祭祀商朝的列祖列宗，并对太甲训诫道：

惟元祀十有二月乙丑，伊尹祠于先王。奉嗣王祗见厥祖，侯甸后咸在，百官总已听冢宰。伊尹乃明言烈祖之成德，以训于王。

曰："呜呼！古有夏先后，方懋厥德，罔有天灾。山川鬼神，亦莫不宁，暨鸟兽鱼鳖咸若。于其子孙弗率，皇天降灾，假手于我有命，造攻自鸣条，朕哉自亳。惟我商王，布昭圣武。代虐以宽，兆民允怀。今王嗣厥德，罔不在初。立爱惟亲，立敬惟长，始于家邦，终于四海。呜呼！先王肇修人纪，从谏弗咈，先民时若。居上克明，为下克忠，与人不求备，检身若不及，以至于有万邦。兹惟艰哉！敷求哲人，俾辅于尔后嗣，制《官刑》，儆于有位。曰：敢有恒舞于宫，酣歌于室，时谓巫风；敢有殉于货色，恒于游畋，时谓淫风；敢有侮圣言，逆忠直，远耆德；比顽童，时谓乱风。惟兹三风十愆，卿士有一于身，家必丧；邦君有一于身，国必亡。臣下不匡，其刑墨，具训于蒙士。鸣呼！嗣王祇厥身，念哉！圣谟洋洋，嘉言孔彰。推上帝不常，作善降之百祥，作不善降之百殃。尔惟德罔小，万邦惟庆；尔惟不德罔大，坠厥宗。”

此即为《伊训》，其意说太甲元年十二月乙丑日，伊尹祭祀先王，侍奉嗣王恭敬地拜见他的祖先。侯服甸服的诸侯都在祭祀行列，百官率领自己的部属，听从太宰伊尹的命令。伊尹于是明白说明大功之祖成汤的盛德，来教导太甲。

伊尹说：“啊！从前夏代的先君，当他勉力施行德政的时候，没有发生天灾，山川鬼神也没有不安宁的，连同鸟兽鱼鳖各种动物的生长都很顺遂。到了他的子孙不遵循先人的德政，上天降下灾祸。借助于我汤王的手，上天有命，先从夏桀讨伐；我们就从亳都执行。我商王宣明德威，用宽和代替暴虐，所以天下兆民相信我们、怀念我们。现在我王嗣行成汤的美德，不可不考虑开头！行爱于亲人，行敬于长上，从家和国开始，最终推广到天下。啊！先王努力讲求做人的纲纪，听从谏言而不违反，顺从前贤的话；处在上位能够明察，为臣下能够尽忠；结交人不求全责备，检点自己好像来不及一样。因此拥有万国，这是很难的呀！又普求贤智，使他们辅助你们后嗣。制定《官刑》来警戒百官。《官刑》说：敢有经常在宫中舞蹈、在房中饮酒酣歌的，这叫作巫风。敢有贪求财货女色、经常游乐田猎的，这叫作淫风。敢于轻视圣人教训、拒绝忠直谏戒、疏远年老有德、亲近顽愚童稚的，这叫作乱风。这些三风十过，卿士身上有一种，他的家一定会丧失；国君身上有一种，他的国一定会灭亡。臣下不匡正君主，其刑罚就是墨刑。这些要详细教导到下士。啊！嗣王当以这些教导警戒自身，念念不忘呀！圣漠美好，嘉训很明！上帝的眷顾不常在一家，做善事的，就赐给他百福；做不善的，就赐给他百殃。你修德不论多小，天下的人都会感到庆幸；你行不善，不论多大，也会丧失国家。”

由《伊训》可以看出伊尹想精心辅佐太甲，但太甲自幼生活在王室，身上有着天性顽劣、喜欢嬉戏游乐等种种坏毛病。王畿内汇集了四方之物，郊野有那么多的猎场，为什么要听这些大道理呢？不久，政务日渐荒废。伊尹屡次劝诫，太甲却毫不在意。

一次朝会之后，伊尹拦住太甲，想让他研习历术。太甲却忽然发了脾气："尹父，这天下不如就交给你吧！"

伊尹脸色铁青，沉吟片刻道："我王，还记得双虹出现那日答应老臣的事吗？"

太甲哼了一声："自然记得。"

"好！"伊尹攥住了太甲的手腕，太甲使劲挣扎，却挣脱不了。

"尹父，你这是做什么？"

"我王是答应了老臣，可以依老臣一件事的。从今天开始，就与老臣一起住在这桐宫吧。"

桐宫，在商汤王陵旁，伊尹让太甲在此面壁思过。太甲发髻披散，身着素服，手捧《汤诰》和《伊训》，悲愤交加，心潮起伏，思绪万千；回想起在宫里当天子享乐的滋味，再看看今天这般情景，不由心一酸，两眼泪水如断线的珠子，扑簌扑簌地落在《汤诰》和《伊训》上面。万般无奈，他极不情愿地读起《伊训》。

一年之后，太甲的戾气已被磨掉大半。他身边的小吏被伊尹遣散，桐宫中的宫人们似乎也对他视而不见。太甲觉得无趣，便不时翻看桐宫中的藏书，渐渐地痴迷起历术。

秋季的夜晚，太甲来到庭院中打算观测星象，忽然发现伊尹也伫立在此。见到太甲，伊尹丝毫没有惊讶之色，倒像是早就在这里等他。

伊尹指向南方中天，问道："我王，可知此刻在正上方的是哪一组星宿？"

太甲细细地观看，回答道："这组星宿就如带柄的网罟，应该是毕宿。"

"我王果然聪慧，已经能够辨认星宿了。"伊尹赞道。

太甲微微笑笑，脸上的神色温和而平静，他终于不再是当年的顽劣少年了。伊尹又问道："我王，如果这天上的满月走近了毕宿，会有何事发生呢？"太甲想了想，回答道："太甲不知，请尹父指教。"

伊尹说道："当月亮走到毕宿，就到了大雨滂沱的秋季了。"太甲感叹道："原来如此，尹父真是精通星象历术！"

伊尹又问道："我王，当年天上出现双虹，为何说它是吉兆，我王可想明白了？"太甲摇头。

伊尹说道："虹气傍晚见于东方，那么将要出现干旱；虹气早晨见于西方，雨水很快将自西向东而来。我王，精通天文、历算，才能帮助天下黎民。精通兵法、阵法，才能战无不胜。这又岂能是那些飞鹰、猎犬能教给我王的？我王，要勤勉，要用心哪！"

到这时候，太甲才明白伊尹的苦心，不由得潸然泪下。

从此之后，太甲每天白天随伊尹处理朝政，晚上阅读秘府藏书，方知这太平盛世的背后凝结了无数先人的血泪，方知这世上有比珍馐田猎更加诱人的学问。

寒来暑往，三年的桐宫生活，太甲终于有所自省。伊尹又安排守墓老人多方开导劝说太甲帝。守墓老人经常跟太甲攀谈，正面引导，给他讲当年伊尹丞相保汤王伐夏桀的事，社稷来之不易，要不是伊尹丞相出谋划策，鼎力辅保，出生入死，不可能会有今天商朝政权。老丞相已经保几代帝王了，特别是您这一代，更倾注了他的全部心血，为君者要是不行正，下属的官员能行正吗？国家能会安定吗？不内乱，就是外犯，您只要听信采纳老丞相忠言，大商江山将铁铜一般。他管您是好处，您要听他的良言相劝，他绝对不会做危害您的事。把您流放桐宫，看起来是苛刻了点儿，但是，假若不流放您，还任您随便胡搞乱行，您连这个结果也不得。您要是改邪归正，弃恶从善，他说还把您接回去，还叫您当天子，他还忠心保您。得志贵在清醒，失志贵在反省。光说好话的人不一定都是好人，指出自己缺点的人，不一定都是坏人。

在守墓人的开导下，太甲确实有了明显的转变，认识到了自己的错误。

“尹父，太甲定会恪守先王教诲，让天下百姓能安居乐业。”在桐宫住了三年，太甲终于成了一位有抱负、有勇气的君主。

太甲桐宫三年，上到百官，下到百姓，都以为伊尹要代商自立，谣言四起，谩骂有声。伊尹忍辱含垢，处理朝政，而今见太甲悔过自新、弃恶从善，流下了眼泪，心想：汤王啊，老臣总算不负重托，老臣可以歇歇了。于是伊尹亲自前往桐宫，迎回太甲，并还政于他。历经流放的太甲复位后，洗心革面、发愤图强，勤政爱民，修德亲民，施行仁政，遵循汤道，商朝走向复兴的道路。于是诸侯归附，百姓康宁，伊尹非常高兴，作《太甲训》三篇，以褒奖太甲。

太甲复位，国政日顺。伊尹欣慰的同时也身心疲惫。操劳日久，尤其是流放太甲期间的流言蜚语，使伊尹心灰意冷，他以年老体衰的理由，向太甲提出告老还乡的请求。得到太甲批准后，伊尹又作《咸有一德》一文，对太甲苦口婆心的叮咛嘱咐，可见伊尹的良苦用心。

第七节　百岁谢世

沃丁即位后，伊尹以年老为由，辞职还乡，回到了久别的故里——莘邑。

莘邑的黎民百姓，听说伊尹丞相荣归故里，欢呼雀跃，从四面八方拥向莘邑路口，翘首盼望，热烈欢迎德高望重的老臣。伊尹鹤发童颜，精神矍铄，见众乡亲对自己这么有感情，感动得热泪盈眶。

返回家乡的第二天，伊尹带领夫人、儿子伊陟等来到养父母的墓前祭拜后，又来到村东头大空桑树下，跪倒在地，焚香礼拜，磕头痛哭。

伊尹开始整理书写《汤液经法》一书。空闲时为民看看病、聊聊天。他非常平易近人，拉家常，问寒暖，还为大家做些力所能及的事。还经常给乡亲们讲他的身世，特别是讲到保商汤伐夏桀的经历时，这位年近百岁的老人，竟兴奋得像个孩子，连说带比画，仿佛又回到了叱咤风云的岁月。

沃丁八年，年逾百岁的伊尹去世。沃丁身穿素服，以天子之礼葬伊尹于汤王陵之右，即今曹县大集镇殷庙村元圣祠内。

第二章　伊尹的思想观点

第一节　治国思想

一、选贤任能，让百官各职其所

伊尹作为一个政治家，在辅佐商汤时一再希望汤王要知人善任。对于各级官吏的职责，要求他们做到各尽其能。如对三公、九卿、大夫、列士等官员的职责，他告诉商汤应该让他们各尽其能，提出“三公者，所以参五事；九卿者，所以参三公也；大夫者，所以参九卿也；列士者，所以参大夫也。故参而有参，是谓事宗；事宗不失，外内若一”。

伊尹将四者的职责和权力表述得十分完善。三公要协助国王管理天下大事，相当于宰相。九卿协助三公主管国计民生具体工作，是国家高级官员。大夫服从三公、九卿的指挥，是地方上亲民的官员。而列士则是从事军政、司法方面的下级官员，要服从三公、九卿和大夫的领导。

商汤去世后，伊尹执掌国柄，先后立太子太丁、太丁之弟外丙、中壬为帝。但是太丁未立先死，外丙、中壬各自只上台三四年便去世，统治集团继承人问题陷入危机。伊尹果断地立太丁之子太甲为帝，但太甲上台后“三年不明，暴虐，不遵汤法，乱德”。于是，伊尹果断将其放之于桐宫，让他停职悔过自省。三年后，太甲悔过自责，伊尹将他迎回宫。重新执政后，“太甲修德，诸侯咸归殷，百姓以宁”。（《史记·殷本纪》）伊尹放逐太甲之事，充分显示了这位政治家的杰出才干。作为辅臣对于君王并非一味应承，而需要帮助君王纠错的时候，能够果断出手，即使冒很大风险，也在所不惜。当统治者改正错误后，又让他及时恢复权位，并不顾及自身的安危，表现出一个政治家的胸怀。

伊尹认为只有各级官员既服从上级，又相互配合，才能做到“事宗不失，外内若一”。(《说苑·臣术篇》)伊尹强调治理国家，要选贤任能，他以尧、舜、禹有用人之明来告诫商汤，“故明君在上，慎于择士，务于求贤”。作为君王，要充分调动臣下的积极性，“尊其爵，重其禄，贤者进以显荣，罢者退而劳力，是以主无遗忧，下无邪慝。百官能治，臣下乐职”。(《说苑·君道篇》)他还提出“任官唯贤才，左右唯其人”，(《尚书正义》卷八)就是要求商王身边重臣要有贤才，要很好协调商王工作。伊尹协助四位商王治理天下，商初的兴盛与统治集团内部人才的兴盛是分不开的。

二、重视德治，发挥教化民众作用

伊尹十分重视德治，在《尚书正义》等文献对伊尹的言行记载中，“德”一字多次出现。如伊尹作《咸有一德》之文，言君臣要有纯一之德，以告诫和教育太甲。伊尹还有“常厥德，保厥位，厥德匪常，九有以亡”之说。他认为商朝之所以能取代夏朝，是推行德治的结果，“非天私我有商，惟天佑于一德；非商求于下民，惟民归于一德。德惟一，动罔不吉；德二三，动罔不凶。惟吉凶不僭在人，惟天降灾祥在德。”

伊尹将“德”上升到国家兴亡的高度来认识，提出“德唯治，否德乱”，认为统治者必须要做到“视远唯明，听德唯聪”。伊尹宣扬的“德”，是要求统治者对人民群众要实施仁政，要用教化的方式调动民众积极性，让民众服从和拥护统治，而不是用暴力强制手段压迫百姓。他认为夏之所以灭亡是因为夏桀贪暴，对百姓缺少仁爱之心，而商汤取代夏桀，则正是具备了德政。后来，太甲上台之初，不以德行事，伊尹只能将其废黜，并作书来教育他，让他改正错误，以德政来统治民众。

三、发展经济，让百姓安居乐业

伊尹出自社会下层，深刻了解民间百姓疾苦，掌权后对发展经济、改善百姓生活尤为重视。《齐民要术·种谷篇》提到“汤有旱灾，伊尹作为区田，教民粪种，负水浇稼”。当时伊尹在全国不论是平原，还是山地均推行区田制，并采取轮耕的办法，充分发挥地利作用。这种区田以亩为单位，中间有人行道，田中种植豆、麦、禾、黍、胡麻等作物。据统计，每亩可收粮食百石，而每一丁男可种十亩，岁食三十六石，可供二十六人一年食用。这种区田实际上就是商周时期的井田制度。区田的大力推广，保证了在当时生产力十分低下的状况下，有足够的收成。

伊尹重视农生产，也重视商业，让商朝统治地区“农不去畴，商不变肆”。百姓们得以安居乐业。遇到灾荒之年，伊尹就调动全国的财力、物力，救济灾民。《太纪》云：“伊尹言于王，发庄山金铸币，通有无于四方，以赈救亡，民是以不困。”从而稳定了商朝统治，促进了生产力的发展和社会的进步。

四、安抚四方，建立有序朝贡制度

商朝取代夏朝后，建立起一个新的奴隶制国家，然而周边地区仍有众多小国。如何处理好与这些小国的关系，保证商朝周边地区的和平安宁局面，也是商朝统治者面临的重要问题。史籍记载，伊尹与商汤王共同制定了要求周边各国所贡献的物品，可以看出伊尹在对外交往方面成就显著，做法也非常恰当。这种“四方献金”，就是根据各诸侯国物产进行贡献，而不是强迫诸侯国贡献某一种商品。如对东方的九夷、十蛮、髡发、文身等国，让他们贡献以海产品为主；对南方的瓯邓、桂国等国，让他们贡献珠巩、玳瑁、象牙、翠羽等；西面的昆仑、离丘等国，贡献丹青、白旄、尤角等；北方的大夏、莎车、匈奴、楼烦等国，主要贡献马匹、弓箭、白玉等。各国贡献之物均产自当地，容易获取，向商朝朝贡这些物品并不困难，这些诸侯国的统治者都很乐意。所以，商朝建立后与周边小国家都保持了良好的关系。至太甲时，“远方重泽而至七十六国”（《书·咸乂序》），以商朝为宗主国的奴隶制王朝开始兴盛起来。

第二节 军事思想

伊尹的军事实践及其理论表现，在古代文献诸如《尚书》《吕氏春秋》《史记》《孟子》中均有记载，但语焉不详，缺乏系统具体的阐述。综合古籍各说，伊尹的军事思想主要有以下几个方面。

一、“择明主而事之”的辅佐准则

这是伊尹成就事业、夺取战争军事胜利的前提和重要条件，也是贯彻他一生的基本的辅佐原则。

1. 明主必须是真德之人。伊尹认为，明主必须具备“真德”。据《吕氏春秋·先己》载，汤曾向伊尹询问取天下之策。伊尹说，欲取天下，必先取身。形正则影正，身正则天下治。为政者要用其新，弃其陈，不断吐故纳新，才能“精气日新，邪气尽去，及其天年，此之谓真人（真德之人）”。反之，如果“上失其道，则边侵于敌，内失其行，名声坠于外”，就会像“百初之松”，下伤根，上枯干，成为死灰槁木。他还进一步提出：“欲胜人者，必先自胜；欲论人者，必先自论；欲知人者，必先自知。”此“自胜”“自论”“自知”就是“明主”之明。这种“明”显然包含着明主识贤臣的含义在内。为此，伊尹还提出“咸有一德”的主张，即君臣都应具有纯一之德。君臣有了这种共同的“德”的政治基础，才能贤臣择明主，明主识贤臣，君臣相得，共立功名。

按“真德”这一标准，伊尹在政治上选择了商汤而不是夏桀。夏桀是夏王朝最后一个王，也是中国历史上第一个有名的暴君。他虽然才智过人，气勇力大，但却“为虐政淫荒”，“不务德而武伤百姓”。民众憎恨他，诅咒他早一点灭亡，宁愿跟他同归于尽，阶级矛盾到了白热化的程度。周边方国也纷纷叛离，致使夏王朝势孤力薄，处于十分不利的地位。相比之下，作为商族首领的汤，十分注重“修德”，对内“立皂牢，服牛马，以为民利”，通过发展经济，使民安居乐业。对外，针对桀的失德，号令诸侯，恭行天罚，伺机灭夏。伊尹正是看到了夏桀的政治腐败和商汤的开明进步，才在比较中做出了“干汤”、而五事其主的政治选择。

2. 事主必躬而直行不惴。伊尹长而贤，早具名气。商汤闻此而“使人聘迎之，五反然后肯往从汤”，汤行朝见之礼而得之。可见，伊尹事汤是经过慎重考虑的，经汤派人三次聘迎，确认商汤不仅是具有真德的明主，而且求贤良似饥渴，大有不达目的誓不罢休的劲头，他才能毅然决定从汤。明主和贤臣经双向选择，乃得相互为用。正如《吕氏春秋·孝行览·本味》所说：“贤主求有道之士，无不以也。有道之士求贤主，无不行也，相得然后乐。”从此，商汤和伊尹“不谋而亲，不约而信，相为殚智竭力，犯危行苦，志欢乐之”，功名大成而不独。

伊尹事主的特点有二：一是直谏；二是训罚并举。伊尹从汤后，直言汤王欲调理天下，必先认清商是小国，不具备调理天下的条件，只有当了天子才能具备这样的条件。然而，“天子不可强为，必先知‘道’。‘道’者亡彼在己，己成而天下成”。伊尹的劝谏，使汤得以审近视远，明白了圣人之道的要义在于成己。汤死后，为了把汤的业绩继续下去，伊尹以一个长者兼臣子的双重身份，先后辅佐了汤以后的四朝新君。尤其对于那个未及成年即嗣位的少年君主太甲，他更是苦口婆心，严加劝导，“恐其不能纂修祖业，作书以戒之”。这些劝导少年君主为政以德的书，包括《伊训》《肆命》《徂后》《太甲训》等。但太甲“不明”而“乱德”，不遵汤法，经伊尹数谏而不顺，伊尹才果断地将这位登位已近三年的太甲，放逐于汤王安葬之地桐宫，使兵士卫之，选贤俊教之，以便使他能够思念先祖之德，痛改前非。伊尹自行“摄行政当国”。两年后，太甲“悔过自责，反善”，思念其祖、终其信德，伊尹才亲自携带商王的冠冕袍服，迎还太甲，归政于他，对帝太甲这一“放”、一“迎”，足见伊尹的事主，不仅善于正面疏导，直言劝谏；而且也敢于用流放君主、自行摄政之类的非常措施，以待君主的“反善”，其内涵之深刻、风格之高尚，确实难能可贵。故古时对伊尹此种“放”君、“迎”君、“训”君行为大加褒扬，赞誉为“元圣”“圣之任者也”。

二、“视民知治不”的军事宣传思想

商汤在征伐葛伯时说：“予有言：人视水见形，视民知治不”，认为，为君者必须体恤民心民情，以此反观治世之道。伊尹对汤所提出的“视民知治不”大加赞扬：“明哉！言能听，道乃进。”能听进别人劝谏的话，治国的道理才会有人敢说；国君只有爱民如爱子，才能网罗各类贤才来朝奉命。伊尹认为，君修其身，使信德合于民众，此乃明君；商汤因施爱于困穷之人，使皆得其所，所以民心服其教令。可见，伊尹和商汤都主张，明主必须体察民情，取得人民的同情和支持，才能在政治上有所作为。“视民知治不”，无疑也是具有真德的明主所应具有的政治品质之一。

为察国政民情，伊尹曾两次去夏，亲眼看到夏桀“不恤其众，众志不堪，上下相疾，民心积怨”，从而断定“夏命其卒”，灭亡不可避免。于是他顺应民心，与汤共同决策灭夏。

为了取得伐桀战争的胜利，伊尹和商汤十分重视对民众的宣传和动员。他们一方面安抚本邦民众，宣扬自己的德政，针对当时天旱不收，汤王亲身祷于桑林，剪其发，磨其手，以身为牺牲，祈福于上帝。并教令百姓辅商伐桀，奉行上天。另一方面充分揭露夏桀的罪行，瓦解对方民心，散漫夏军斗志。战前的动员令即历数了夏桀的种种罪行，指出“夏氏有罪，予畏上帝，不敢不正”，申明要替天行道，吊民伐罪。这些做法都进一步促使民心背夏而向商，诸侯也更加倾向于汤，盼望商汤能够解救他们，其迫切心情犹“若大旱之望雨也”，从而对夏桀的军事力量造成了强大的政治攻势。伊尹所辅佐的汤军，则成为民之所望，义正志高，所向披靡，“十一征而无敌于天下”。伊尹在迷信鬼神、祭祀天地祖宗之风盛行的当时，能朴素地认识到“视民知治不”的道理，第一次把民心向背看成决定战争胜负的一个重要因素，并运用于战争指导，作为伐桀取胜的重要决策前提，这对后人的影响是深刻而久远的。

三、“以上智为间”的谋略实践

古之用间理论成于《孙子》，但其实践可向上远溯至夏末的伊尹甚至更早。《孙子·用间篇》说：“昔殷之兴也，伊挚在夏”，肯定了伊尹“在夏”属于“用间”。这是军事史上最早载于史籍的间事活动之一。伊尹受汤“举任以国政”在先，“去汤适夏”为间在后，所行必然是一种战略侦察任务，而非从事一般的间事活动。伊尹“适夏”，除了探知夏朝的国政民情，以坚定商汤灭夏的决心外，还利用夏王朝内部的矛盾，结交夏桀元妃末喜氏，巧施离间之计，破坏其内部团结，削弱夏王朝的力量；为即将进行的伐桀战争胜利奠定了基础。用间是一种高层次的争智斗谋活动，故“能以上智为间者，必成大功”。《墨子·贵义》说，汤在见到伊尹之前，就认为“伊之于我国也，譬之良医善药”。《诗经》也有帝降“卿士”“左右商王”的话，可见伊尹就是《孙子》所说的“上智为间者”。而伊尹之“上智”，不是求神向鬼、占卜吉凶的迷信，也不是天命神权的政治，而是实实在在的用间知敌、用间破敌，体现了战争问题上非天命的朴素唯物论思想。

四、“慎于决战”的制胜战法

在商夏决战中，伊尹作为汤的谋臣，十分重视选择有利的决战时机和决战方向，商灭夏属小国葛、韦、顾、昆吾，并取得薛和有莘氏等诸侯的支持之后，商的控制区域日渐扩大，军事实力日渐增强，战争准备基本完成。而夏王朝因内乱、民怨，实力大为减弱。面对这种有利于商、不利于夏的形势，伊尹认为，现在还不是决战的最佳时机，一定要等到大多数方国不支持夏桀时，才能发动进攻实行决战。为试探夏军实力和各国对夏桀的态度，伊尹向商汤献“停贡之策”，即停止向夏纳贡以试虚实。结果，桀怒而“起九夷之师，”大举伐商。伊尹见九夷诸侯仍听从夏桀指挥，认为决战时机还不成熟，遂恢复朝贡，并向桀谢罪。次年，商再度停止进贡，桀又召集诸侯会盟于仍地，准备伐商。但有缗氏首先叛夏，九夷之师也不服夏命，夏桀完全陷于孤立无援的地位。伊尹见决战时机已经成熟，不顾当时国内旱灾所造成的局部困难，毅然发起对夏的战略决战，并取得了胜利。

商灭夏的决战，不仅时机选择正确，而且进攻方向选择恰当。商都亳位于夏都斟寻之东，按常法，商对夏的进攻一般应该由东向西。但是，伊尹却打破常规，“令师从东方出于国西以进”，即绕道至斟寻以西，再向东进攻，以收“攻其无备，出其不意”之奇效。结果在鸣条大败夏军。接着，商军实施战略追击，攻克南巢等地。夏遂亡，汤在亳正式建商。

伊尹的军事思想，就整体而言，渗透着朴素的唯物论思想。他十分重视民众的作用，强调明主和民意的统一；在战略决战问题上，注重选择有利的时机和方向，并成功地实施了战略追击。这些，对后世军事家都是有借鉴意义的。

第三节 烹饪观点

伊尹治国的才能源于烹饪智慧高明、技术精到，被世人点赞为“伊尹煎熬”“伊公调和”“伊公负鼎”，千古流传至今。伊尹的烹饪理论与实践，充分显示了他是个烹调理论与实践全面发展的人。从《吕氏春秋·本味》中关于伊尹“说汤以至味”的记载来看，伊尹是借以烹饪之事来谈治国之道的。伊尹的烹饪观点可以概括为以下几个方面。

一、认识食物原料的自然属性，灭腥、去臊、除膻

早在3700多年前，伊尹就已认识到，水陆很多荤素食物都有腥、臊、膻的恶味，作为食材，必须首先进行相关处理，把它们治净。只有对食材进行“灭腥、去臊、除膻”，才能烹饪调和，致美味。

二、重视治净食材，认为烹饪加工“水为最始”

清洗治净食材，最重要的条件、最必要的手段，就是要充分重视利用“水”的作用。许多食材在刮削、用水反复冲洗后，还需放在容器中，用细流活水滴灌、漂洗；一些备用食材，还必须分门别类地运用沸水，进行焯水，以治净食材，烹制出美味佳肴。伊尹还认为，“水之美者：三危之露；昆仑之井；沮江之丘，名曰摇水；曰山之水；高泉之山，其上有涌泉焉；冀州之原”。他不仅强调区分水的不同性质，而且重视选择适宜的水用来烹调。

三、讲究烹饪“用火”，强调“火为之纪”

伊尹认为“五味三材，九沸九变，火为之纪。时疾时徐，灭腥去臊除膻，必以其胜，无失其理”。其中的“火为之纪”，“纪”指的是节，东汉学者高诱注曰：“纪犹节也。”节是指节度、适度，“火为之纪”就是指用火要适度。伊尹把对“火”的认识上升到烹调制作熟食的“纲要”。烹调行业常说的“火中取宝”，就是指烹调出来的美味佳肴像“宝”一样，是从“火”中获得的，没有“火”，烹调工艺之“宝”从何而来？“火为之纪”，揭示了烹调工艺发展极其重要的原则是用好“火”。无论烹调什么食物，什么人操作，什么时候进行，制作什么样的风味，都必须把握好“火”。节制好火候，做到“九沸九变”。

四、强调烹饪中的“五味调和”

伊尹强调“调和之事，必以甘酸苦辛咸，先后多少，其齐甚微，皆有自起”。伊尹把食物“味”的调和，作为一件十分重要的“事”。他强调：调和食物，不能离开“甘、酸、苦、辛、咸”，必须依赖这些具有不同性质的、不同滋味的五种味道。至于调和某一种食物用哪种“味”，达到什么风味，先用哪一种调味品的味道，后用哪一种调味品的味道；先使用的调味品用多少“量”，后使用的调味品用多少“量”；那些微妙的“量”的区别，以及用哪几种不同的调味品进行调味，使它们在食物整体的构成上、综合的表现上，做到“齐”，也就是“和”，是十分重要的。伊尹强调烹饪中的调味不是主观的，不是照搬的。任何人烹制任何菜都必须从所选用的、所组配的食材本身去选择所要达到口味的调味品，或酸、或苦、或甘、或辛、或咸，不能想当然，不能模仿，必须“皆有自起”。“皆有自起”的关键，在于“自起”。“自”，就是烹制的菜肴，其本身所使用的食材，就是这些食材经过烹调工艺所达到的味型，所达到的食材产生的作用，所要满足食用需求的目的，这个主旨的要求。“皆有自起”，即是说怎样调味，使用什么样的调味料，是客观的，是菜肴本身所要求的。

要求把握好烹饪全过程中食物的微妙变化，“鼎中之变，精妙微纤，口弗能言，志不能喻。若射御之微，阴阳之化，四时之数”。即强调烹调食物，要注重食物在烹调器具中的不断变化。任何烹调者在进行烹调时，都要集中精力观察食物在“鼎”中的变化。“鼎中之变”是非常精妙、非常细微的。这种在微观上的细小“量”的变化，在油炸食物时，色泽由浅黄至黄，由黄至深黄，由深黄至焦，颜色发黑、味苦的这种变化，在高温时，瞬间即变，用简单的语言是难以表达的。每个烹调者在操作时，必须做到心中有数，早有准备，虽然这不是用一两句话能说清楚的，但是，操作者只要用心领悟，不断地在实践中去反复体会，是一定能够把握的。

伊尹认为，烹调者将食物在烹调器具中用“火”加热至熟时，心智上的微妙变化，和用弓箭“射御”猎物时不断调整方向、力量，对准不断飞行变化的猎物一样，必须不断变化。调整烹调食物时心智的变化、精神注意力重点的迁移，与天地日月、时光递进的变化一样细微，好像看不见，但它是客观的、真实的、具体的，是必须把握的。

五、主张用辩证的标准去烹调食材，检验美食

伊尹强调，烹调美食应该做到：“久而不弊，熟而不烂，甘而不哝，酸而不酷，咸而不减，辛而不烈，淡而不薄，肥而不肥而不腴（厚）。”“烹”，作为一个加热的过程，是使食材逐步进行量变。这个量变过程需要多久，用什么火力，是由食材和烹调的目的决定的，是以达到菜肴形态和滋味的“不弊”为标准。加热是使食材成“熟”，菜肴由量变达到质变，如果加热过久，菜肴形状破坏，质感软“烂”，就使菜肴的质走向了反面；菜肴成熟味道“甘”甜，是良好的质变结果，如果甘而转“哝”，则也会走向反面；菜肴的味道若具有“酸”味，是良好质变的结果，如果酸而成“酷”，则也会走向反面；

菜肴的味道若是“咸”鲜味，是良好质变的结果，若是咸得过了头，变“碱”发苦，则也会走向反面；菜肴的味道若是“辛”鲜味，是良好质变的结果，如果“辛”味过量，转而为“烈”，则也会走向反面；菜肴的味道若是“淡”鲜味，是良好质变的结果，如果口感由“淡”转而为“薄”，则也会走向反面；菜肴的味道若是口感“肥”糯，是良好质变的结果，如果进而成了肥“厚”、滋腻，则也会走向反面。

加热、烹调食材是一个由量变到质变形成美味佳肴的过程。美味佳肴的实现必须借助加热“量”的变化，这个量是一种“规定”，是一种“限制”，没有这种规定和限制，或是超过了这种规定和限制，美味佳肴的质，就不能得以存在。任何一个菜品，都是量和质的统一。这个量因和这个质相结合，成为美味佳肴的质量。这种质和量的结合扬弃了自身，既不是单独的量，也不是单独的质，而是消融在加热的“度”之中，这个“度”既是质也是量，是质和量的统一。

三千七百多年前的伊尹对菜肴烹饪工艺的这种辩证的、深刻的认识，世世代代以来，不断地指导着人们进行烹饪工艺操作和思维的行程，不断地影响着中国烹饪工艺的发展，它又不断地被人们挖掘其内涵，深入理解，逐步形成完整的烹饪工艺的理论体系，成为常态的、永恒的、实践的指导。所以说，烹饪工艺创立的祖师——伊尹，对中国烹饪工艺的发展有着重大的贡献。

第四节　汤液养生观点

一、汤液的由来

伊尹博才多识，善烹饪，精于本草药性，他根据食物、药物对治疗疾病的协同作用，从“医食同源”的角度，总结了民间依靠膳食治疗疾病的方法，依照《神农本草经》药物之四气五味、升降浮沉、归属经络等法则，创造了汤液疗法，撰著了我国历史上最早的一部方剂学——《汤液经》。《汤液经》

为我国九部医经之一，它的创立，是商代医药史上的一项重大发明和总结，有机地改变了商代以前单味生药治病的剂型，使中医方剂学的基本原理，自此逐渐发展和不断完善。

《汤液经》流传一千多年，汉晋六朝至宋元间尚一有之，后虽散佚，但有不少医籍存有记载，且给予了很高的评价，并在其基础上有很大的创造和发展。晋代皇甫谧《甲乙经序》中赞誉伊尹具“亚圣之才”，尊崇《汤液经》为我国“医方之鼻祖”。汉代医圣张仲景对“《汤液经》复从而广之，广论伊尹《汤液经》为数十卷，用之多验”，其所著《伤寒杂病论》诸方多本于此，许多方剂选自《汤液经》，南北朝陶弘景在《用药法要》中说：“诸名医辈张机等咸师式此《汤液经》。”同时指出：“《汤液经》方亦三百六十首，外感天行之病，经方之治有二旦、六神、大小等方剂，昔南阳张机依此诸方撰为《伤寒论》一部，如小阳旦汤治天行病发热、汗出而恶风，鼻鸣、干呕、脉浮者，按此方即《伤寒论》的首方桂枝汤；大阳旦汤即《金匮要略》黄芪建中汤，大、小青龙汤同《伤寒论》之大、小青龙汤，以是知仲景之方，多出于汤液。”南宋许叔微说：“伊尹汤液论，大柴胡汤八味，今蓝本无大黄，故只有七味，亦为脱落之一证。”宋代医学家朱肱说：“仲景泻心汤，比汤液则少黄芩，后人脱落之。”

从单方到复方，从“神农尝百草”到“伊尹创汤液”，实现了从中药发展到方剂的转变，此后，中医方剂学的基本原理逐渐形成并且不断完善。相对生药，汤剂吸收快，起效速，且可以随证加减，灵活方便，适用范围更为广泛。汤剂的出现使药物组合成方变为现实。在传统的方剂学中，方剂的组成药物，可按其在处方中所起的作用，分为君药、臣药、佐药、使药，简称为君、臣、佐、使。从单方到复方的进步，为中医内服药物的治疗提供了更为广阔的发展空间。

伊尹不是专职医生，他一生所从事的事业也多与医药无关，但伊尹创汤液的故事已深入人心，他的事迹亦被后人所敬仰。因此，伊尹作为重要的“圣人”被后世供奉于许多药王庙中，也在中国医学史上留下了美名。

二、汤液的内涵

《汉书·艺文志》中对“汤液”做了简要记载。截至目前，关于“汤液”记载最为详尽的是《黄帝内经》。如《素问·汤液醪醴论篇》曰：“黄帝曰：为五谷汤液及醪醴，奈何。岐伯对曰：必以稻米，炊之稻薪，稻米者完，稻薪者坚，……上古圣人作汤液醪醴，为而不用，何也。岐伯曰：自古圣人之作汤液醪醴者，以为备耳，夫上古作汤液，故为而弗服也。”《素问·移精变气论篇》云：“中古之治病，至而治之，汤液十日，以去八风五痹之病，十日不已，治以草苏草荄之枝，本末为助，标本已得，邪气乃服。”《素问·玉版论要篇》曰：“其色见浅者，汤液主治，……其见大深者，醪酒主治。”

三、汤液的药用原理

从汤液的药用原理和依据来看，《黄帝内经》认为，汤液仅适用于疾病初期，如若不治，才使用各种药物，加之汤液主要原料为食物，故汤液普遍具有滋补强身的作用，《周礼》中有“五味、五谷、五药，养其病”的记载。只不过食物大都可以强身健体，不需拘泥于制作方法，所以汤液作为具有药用价值的特殊性就在于其能“以滑养窍”，《周礼》曰：“凡药，以酸养骨，以辛养筋，以咸养脉，以苦养气，以甘养肉，以滑养窍”，这一原理使得在当今看来仅属普通食物汤汁的“汤液”在当时有了药用价值，而且成为一种特殊的治疗方法，而且是汤液治疗法最主要的理论依据。

四、汤液的特殊性

加工过程中的“水火之齐”是汤液在制作过程中所具备的特殊性，简言之，即对水、火、木的取材以及熬制方法都有特殊要求。《灵枢·邪客》中对半夏汤的制作就要求“流水千里以外者”“炊以苇薪火”，这应与当时的医疗思想密切相关，将自然界“流”与“通”的性质应用于人体的壅塞不通，以此达到辅助治疗的目的。另外，在《五十二病方》及《养生方》中也出现“汤液”制作过程中需要“木薪”“桑薪”“荆薪”等类似的记载，还出现了“取石大如拳二七，孰燔之，善伐米大半升，水八米，取石置中”的加热方法；对火的要求有“大沸止火，沸定，复爨之”，“炊沸，休，又炊沸，又休”等，更详细记载将水以比例的形式进行使用。这些在现代看来并无科学根据的制作方法，均为当时必须遵守的原则。因为在古人看来，“汤液”的治疗作用不仅是取决于原材料，与之相关的各种因素都能作为影响治疗作用发挥的原因。也正是因为“汤液”必须遵守的繁复细致的炮制过程，与其用料主要为食物一类的特点，已然构成了单独成一书或一法的条件，故《汤液经法》三十二卷很有可能就是这样一部著作，其内容很可能与食物类药物有较大的关系。

第三章　伊尹传述

第一节　古文献记载

一、《尚书》有关伊尹章节

1. 伊训

成汤既没，太甲元年，伊尹作《伊训》《肆命》《徂后》。

惟元祀十有二月乙丑，伊尹祠于先王。奉嗣王祇见厥祖，侯、甸群后咸在，百官总已以听冢宰。伊尹乃明言烈祖之成德，以训于王。

曰：“呜呼！古有夏先后，方懋厥德，罔有天灾。山川鬼神，亦莫不宁，暨鸟兽鱼鳖咸若。于其子孙弗率，皇天降灾，假手于我有命，造攻自鸣条，朕哉自亳。惟我商王，布昭圣武，代虐以宽，兆民允怀。今王嗣厥德，罔不在初，立爱惟亲，立敬惟长，始于家邦，终于四海。

呜呼！先王肇修人纪，从谏弗咈，先民时若。居上克明，为下克忠，与人不求备，检身若不及，以至于有万邦，兹惟艰哉！

呜呼！嗣王祇厥身，念哉！圣谟洋洋，嘉言孔彰。惟上帝不常，作善降之百祥，作不善降之百殃。尔惟德罔小，万邦惟庆；尔惟不德罔大，坠厥宗。”

敷求哲人，俾辅于尔后嗣，制官刑，儆于有位。

“曰：‘敢有恒舞于宫，酣歌于室，时谓巫风，敢有殉于货色，恒于游畋，时谓淫风。敢有侮圣言，逆忠直，远耆德，比顽童，时谓乱风。惟兹三风十愆，卿士有一于身，家必丧；邦君有一于身，国必亡。臣下不匡，其刑墨，具训于蒙士。”

——节录《尚书·伊训》

2. 太甲上

太甲既立，不明，伊尹放诸桐。三年复归于亳，思庸，伊尹作《太甲》三篇。

惟嗣王不惠于阿衡，伊尹作书曰："先王顾諟天之明命，以承上下神祇。社稷宗庙，罔不祗肃。天监厥德，用集大命，抚绥万方。惟尹躬克左右厥辟，宅师，肆嗣王丕承基绪。惟尹躬先见于西邑夏，自周有终。相亦惟终；其后嗣王罔克有终，相亦罔终，嗣王戒哉！祗尔厥辟，辟不辟，忝厥祖。"

王惟庸罔念闻。伊尹乃言曰："先王昧爽丕显，坐以待旦。帝求俊彦，启迪后人，无越厥命以自覆。慎乃俭德，惟怀永图。若虞机张，往省括于度则释。钦厥止，率乃祖攸行，惟朕以怿，万世有辞。"

王未克变。伊尹曰："兹乃不义，习与性成。予弗狎于弗顺，营于桐宫，密迩先王其训，无俾世迷。王徂桐宫居忧，克终允德。"

——节录《尚书·太甲上》

3. 太甲中

惟三祀十有二月朔，伊尹以冕服奉嗣王归于亳，作书曰："民非后，罔克胥匡以生；后非民，罔以辟四方。皇天眷佑有商，俾嗣王克终厥德，实万世无疆之休。"

王拜手稽首曰："予小子不明于德，自厎不类。欲败度，纵败礼，以速戾于厥躬。天作孽，犹可违；自作孽，不可逭。既往背师保之训，弗克于厥初，尚赖匡救之德，图惟厥终。"

伊尹拜手稽首曰："修厥身，允德协于下，惟明后。先王子惠困穷，民服厥命，罔有不悦。并其有邦厥邻，乃曰：'徯我后，后来无罚。'王懋乃德，视乃厥祖，无时豫怠。奉先思孝，接下思恭。视远惟明；听德惟聪。朕承王之休无斁。"

——节录《尚书·太甲中》

4. 太甲下

伊尹申诰于王曰："呜呼！惟天无亲，克敬惟亲。民罔常怀，怀于有仁。

鬼神无常享，享于克诚。天位艰哉！

德惟治，否德乱。与治同道，罔不兴；与乱同事，罔不亡。终始慎厥与，惟明明后。

先王惟时懋敬厥德，克配上帝。今王嗣有令绪，尚监兹哉。若升高，必自下，若陟遐，必自迩。无轻民事，惟艰；无安厥位，惟危。慎终于始。有言逆于汝心，必求诸道；有言逊于汝志，必求诸非道。

呜呼！弗虑胡获？弗为胡成？一人元良，万邦以贞。君罔以辩言乱旧政，臣罔以宠利居成功，邦其永孚于休。”

——节录《尚书·太甲下》

5. 咸有一德

伊尹作《咸有一德》。

伊尹既复政厥辟，将告归，乃陈戒于德。

曰：“呜呼！天难谌，命靡常。常厥德，保厥位。厥德匪常，九有以亡。夏王弗克庸德，慢神虐民。皇天弗保，监于万方，启迪有命，眷求一德，俾作神主。惟尹躬暨汤，咸有一德，克享天心，受天明命，以有九有之师，爰革夏正。

非天私我有商，惟天佑于一德；非商求于下民，惟民归于一德。德惟一，动罔不吉；德二三，动罔不凶。惟吉凶不僭在人，惟天降灾祥在德。

今嗣王新服厥命，惟新厥德。终始惟一，时乃日新。任官惟贤材，左右惟其人。臣为上为德，为下为民。其难其慎，惟和惟一。德无常师，主善为师。善无常主，协于克一。俾万姓咸曰：‘大哉王言。’又曰：‘一哉王心。’克绥先王之禄，永底烝民之生。

呜呼！七世之庙，可以观德。万夫之长，可以观政。后非民罔使；民非后罔事。无自广以狭人，匹夫匹妇，不获自尽，民主罔与成厥功。”

——节录《尚书·咸有一德》

6. 沃丁

沃丁既葬伊尹于亳，咎单遂训伊尹事，作《沃丁》。

——节录《尚书·沃丁》

二、《马王堆汉墓帛书〈黄帝四经〉》

汤用伊尹，既放夏桀以君天（下），伊尹为三公，天下大（太）平。汤乃自吾，吾至（致）伊尹，乃是其能，吾达伊尹。伊尹见之，□□于汤曰："者（诸）侯时有餓罪，过不在主。干主之不明，□下□（蔽）上□法乱常，以危主者，恒在臣。请明臣法，以绳适臣之罪。"汤曰："非臣之罪也。主不失道，□□□□□□□主法，以绳适主之罪。"乃许伊尹。

伊尹受令（命）于汤，乃论□（海）内四邦□□□□□□□□□□□图，□智（知）存亡若会符者，得八主。八主适恶。剸（专）授之君一，劳□□□君一，寄【主】一，破邦之主二，□（灭）社之主二，凡与法君为九主。从古以来，存者亡者，□此九已。九主成图，请效之汤。汤乃延三公，伊尹布图陈□（策），以明法君法臣。

法君者，法天地之则者。志曰天，曰地曰四时，复（覆）生万物，神圣是则，以肥（配）天地。礼数四则，曰天纶，唯天不失乏（范），四纶□则。古今四纶，道数不代（忒），圣王是法，法则明分。后曰："天乏（范）何也？"伊尹对曰："天乏（范）无□，复（覆）生万物，生物不物，莫不以名，不可为二名。此天乏（范）也。"后曰："大矣才（哉）！大矣才（哉）！不失乏（范）。法则明分，何也？"伊尹对曰："主法天，佐法地，辅臣法四时，民法万物，此胃（谓）法则。天复（覆）地载，生长收臧（藏），分四时。故曰：事分在职臣。是故受职□□【佐】分□□□□□□臣分也。有民，主分。以无职并耻（听）有职，主分也。耻（听）□□敬□□诱□分□□之胃（谓）明分。分名暨（既）定，法君之佐佐主无声。胃（谓）天之命四则，四则当□，天纶乃得。得道之君，邦出乎一道，制命在主，下不别党，邦无私门，诤（争）李（理）皆塞。"

【后】曰："佐主无声，何也？"伊君（尹）对曰："故法君为官求人，弗自求也。为官者不以忘（妄）予人，故知臣者不敢诬能，□主不忘（妄）予，以分耻（听）名。臣不以忘（妄）进，曰□以受也。自□者先名，先名者自责。夫先名者自□之命已。名命者符节也，法君之所以□也。法君执符以耻（听），故自□之臣莫【敢】伪会以当其君。佐者无扁（偏）职，有分守也，谓□之命，佐主之明，并列百官之职者也，是故法君执符以职，则伪会不可□主。伪会不可□主矣，则贱不事贵，袁（远）不事近，皆反其职，信□在忌（己）心。是故□□□□□□不出其身，昼夕不离其职。法君之邦若无人。非无人也，皆居其职也。贱不事【贵】，袁（远）不事【近】，则法君之佐何道别主之臣以为其党，空主之廷朝之其门。所胃（谓）法君之佐佐主无声者，此之胃（谓）也。"后曰："至矣才（哉）！至矣才（哉）！法君法臣。木直，绳弗能罪也。木其能侵绳乎？"

伊尹或（又）请陈□（策）以明八【适】变过之所道生。志曰："唯天无胜，凡物有胜。"后曰："天无胜，何也？"伊尹对曰："胜者，物□□所以备也，所以得也。天不见端，故不可得原，是无胜。"后曰："极卜不见？"伊尹对曰："□故圣王□天。故曰主不法则，乃反为物。端见必得，得有巨才（哉）！得主之才（哉）！□□能用主，邦有二道，二道之邦，长诤（争）之李（理），辨党长争，□□□，争道得主者甍（萌）起，大干天纶，四则相侵，主轻臣重，邦多私门，挟主与□□□□□□□□□□□□□失。□呦可智，以命破（灭）。"

伊尹暨（既）明八商之所道生。请命八商□。法君明分，法（法）臣分定，以绳八商，八商毕名。过在主者四，罪在臣者三，臣主同罪者二。

【后曰】："四主之罪，何也？"伊尹对曰："剸（专）授失道之君也，故得乎人，非得人者也。作人邦，非用者也，用乎人者也。是□□得擅主之前，用主之邦，故制主之臣。是故剸（专）授失正之君也，过在主。虽然，酉（犹）君也主吾（悟）则酉（犹）制其臣者也。"后曰："于（呜）乎（呼）危才（哉）！得主之才（哉）！"

“劳君者剸（专）授之能吾（悟）者也。□吾（悟）于剸（专）授主者也。能吾（悟）不能反道，自为其邦者，主劳臣失（佚）。为人君任臣之□□因主□□知，倚事于君，逆道也。凶归于主不君，臣主□□侵君也。未免于□□。过在主。唯（虽）然，酉（犹）君也，自制其臣者也，非作人者。

□（灭）【社之主】□□□□□□□能用威法其臣，其臣为一，以耻（听）其君，恐惧而不敢尽□□，是□□□昔撝□□施□伐□厹（仇）□（雠），民知之无所告朔（愬）。是故同刑（形），共共谋为一，民自□此王君所明号令，□无道，处安其民。故兵不用而邦□举。两主异过同罪，□（灭）社之主也。过在上矣。”后曰：“差（嗟）！夏桀氏已夫。三臣之罪何？”

伊尹对曰：“剸（专）授之臣擅主之前，【□】下【□】（蔽）上。乘主之不吾（悟），以侵其君。是故擅主之臣罪亦大矣。

半君者剸（专）授而【不悟】者也，【是】故擅主之臣，见主之不吾（悟），故用其主严杀僇，□臣恐惧，然后□□□利□主之臣，成党于下，与主分权。是故□获邦之【半】，主亦获其半，则□□□□则□危，臣主横危，危之至。是故半君之臣罪无□。”【后】曰：“于（呜）乎（呼），危才（哉）半君！”

“寄主者半君之不吾（悟）者。□□□□臣见主之不能□□□□□□□□□□□□□□则主寄矣。是故或闻道而能吾（悟），吾（悟）正其横臣者□。□□□未闻寄主之能吾（悟）者也。”后曰：“哀才（哉）寄主！臣主同罪何也？”

伊尹对曰：“破邦之主剸（专）授之不吾（悟）者也。臣主同术为一以□（策）于民，百姓绝望于上，分倚父兄大臣，此王君之所因以破邦也。两主异过同罪，破邦之李（理）也，故曰臣主同罪。”

法君明分，法臣分定，八商毕名。后曰：“□□九主之图，所胃（谓）守备捣具、外内无寇者，此之胃（谓）也。”后环择吾见素，乃□三公，以为葆守，藏之重屋。臣主始不相吾（忤）也。

——节录《马王堆汉墓帛书〈黄帝四经〉》

三、《尚书正义》有关伊尹记述

1. 伊尹第四（西汉・孔安国传　唐・孔颖达疏）

成汤既没，太甲元年。

西汉孔安国传：太甲，太丁子，汤孙也。太丁未立而卒，及汤没而太甲立，称元年。

伊尹作《伊训》《肆命》《徂后》。凡三篇，其二亡。

孔颖达疏："成汤"至"徂后"正义曰：成汤既没，其岁即太甲元年。伊尹以太甲承汤之后，恐其不能纂修祖业，作书以戒之。史叙其事，作《伊训》《肆命》《徂后》三篇。传"太甲"至"元年"正义曰："太甲，太丁子"，《世本》文也。此《序》以太甲元年继汤没之下，明是太丁未立而卒，太甲以孙继祖，故汤没而太甲代立，即以其年称为元年也。周法以逾年即位，知此即以其年称元年者，此经云"元祀十有二月，伊尹祠于先王。奉嗣王祇见厥祖"，《太甲》中篇云"惟三祀十有二月朔，伊尹以冕服奉嗣王归于亳"。二者皆云"十有二月"，若是逾年即位，二者皆当以正月行事，何以用十二月也？明此经"十二月"是汤崩之踰月。《太甲》中篇"三祀十有二月"，是服阕之踰月，以此知汤崩之年太甲即称元年也。舜禹以受帝终事，自取岁首，遭丧嗣位，经无其文，夏后之世或亦不逾年也。顾氏云："殷家犹质，踰月即改元年，以明世异，不待正月以为首也。"商谓年为祀，序称年者，序以周世言之故也。据此经序及《太甲》之篇，太甲必继汤后。而《殷本纪》云："汤崩，太子太丁未立而卒，于是乃立太丁之弟外丙。三年崩，别立外丙之弟中壬。四年崩，伊尹乃立太丁之子太甲。"与经不同，彼必妄也。刘歆、班固不见古文，谬从《史记》。皇甫谧既得此经，作《帝王世纪》，乃述马迁之语，是其疏也。顾氏亦云："止可依经诰大典，不可用传记小说。"

《伊训》

孔安国：作训以教道太甲。

惟元祀十有二月乙丑，伊尹祠于先王，

孔安国：此汤崩踰月，太甲即位，奠殡而告。○祀，年也。夏曰岁，商曰祀，周曰年，唐虞曰载。祠音辞，祭也。

孔颖达【疏】“惟元祀”至“伊尹祠于先王”，谓祭汤也。“奉嗣王祇见厥祖”，谓见汤也。故传解“祠先王”为“奠殡而告”，“见厥祖”为“居位主丧”，“群后咸在”为“在位次”，皆述在丧之事，是言“祠”是奠也。祠丧于殡，敛、祭皆名为奠，虞祔卒哭始名为祭。知“祠”非宗庙者，“元祀”即是初丧之时，未得祠庙，且汤之父祖不追为王，所言“先王”惟有汤耳，故知“祠”实是奠，非祠宗庙也。祠之与奠有大小耳，祠则有主有尸，其礼大；奠则奠器而已，其礼小。奠、祠俱是享神，故可以“祠”言奠，亦由于时犹质，未有节文。周时则祠、奠有异，故传解“祠”为奠耳。○传“此汤”至“而告”《太甲》中篇云：“三祀十有二月，伊尹以冕服奉嗣王。”则是除丧即吉，明十二月服终。《礼记》称：“三年之丧，二十五月而毕。”知此年十一月汤崩，此祠先王是“汤崩踰月，太甲即位，奠殡而告”也。此“奠殡而告”，亦如周康王受顾命尸于天子。春秋之世既有奠殡即位、踰年即位，此“踰月”即位当奠殡即位也。此言“伊尹祠于先王”，是特设祀也；“嗣王祇见厥祖”是始见祖也。特设祀礼而王始见祖，明是初即王位，告殡为丧主也。

奉嗣王祇见厥祖，侯甸羣（群）后咸在，百官緫已以听冢宰。

孔安国：伊尹制百官，以三公摄冢宰。○緫音摠。

伊尹乃明言烈祖之成德，以训于王。

孔安国：汤有功烈之祖，故称焉。

孔颖达【疏】传“汤有”至“称焉”“汤有功烈之祖”，《毛诗》传文也。“烈”，训业也。汤有定天下之功业，为商家一代之大祖，故以“烈祖”称焉。

曰：“呜呼！古有夏先后，方懋厥德，罔有天灾。

孔颖达疏：传“先君”至“禳灾”有夏先君，总指桀之上世，有德之王皆是也。传举圣贤者言“禹已下、少康已上”，惟当禹与启及少康耳。《鲁语》云：“杼能师禹者也。”杼少康之子。传盖以其德衰薄，故断自少康已上耳。

由勉行其德，故无有天灾，言能以德禳灾也。

山川鬼神，亦莫不宁。暨鸟兽鱼鳖咸若。

于其子孙弗率，皇天降灾，假手于我有命。

孔安国：言桀不循其祖道，故天下祸灾，借手于我有命商王诛讨之。

造攻自鸣条，朕哉自亳。

孔颖达疏："于其"至"自亳""于其子孙"，于有夏先君之子孙，谓桀也。"不循其祖之道，天下祸灾"，谓灭其国而诛其身也。天不能自诛于桀，故"借手于我有命"之人，谓成汤也。言汤有天命，将为天子，就汤借手使诛桀也。既受天命诛桀，始攻从鸣条之地而败之。天所以命我者，由汤始自修德于亳故也。

惟我商王，布昭圣武，代虐以宽，兆民允怀。今王嗣厥德，罔不在初。立爱惟亲，立敬惟长，始于家邦，终于四海。

孔颖达疏：传"言立爱"至"四海"王者之驭天下，抚兆人，惟爱敬二事而已。《孝经·天子之章》盛论爱敬之事，言天子当用爱敬以接物也。行之所立，自近为始。立爱惟亲，先爱其亲，推之以及疏。立敬惟长，先敬其长，推之以及幼。

呜呼！先王肇修人纪，从谏弗咈，先民时若。居上克明，为下克忠。与人不求备，检身若不及，以至于有万邦，兹惟艰哉！敷求哲人，俾辅于尔后嗣。制官刑，儆于有位。"

曰：敢有恒舞于宫，酣歌于室，时谓巫风。敢有殉于货色，恒于游畋，时谓淫风。敢有侮圣言，逆忠直，远耆德，比顽童，时谓乱风。惟兹三风十愆，卿士有一于身，家必丧；邦君有一于身，国必亡。臣下不匡，其刑墨，具训于蒙士。

孔颖达【疏】曰"敢有"至"蒙士"此皆汤所制治官之刑，以警戒百官之言也。"三风十愆"，谓巫风二，舞也，歌也；淫风四，货也，色也，游也，畋也；与乱风四为十愆也。舞及游、畋，得有时为之，而不可常然，故三事特言"恒"也。歌则可矣，不可乐酒而歌，故以"酣"配之。巫以歌舞事神，故歌舞为巫觋之风俗也。货色人所贪欲，宜其以义自节，而不可专心殉求，故言“殉于货色”。心殉货色，常为游畋，是谓淫过之风俗也。侮慢圣人之言，拒逆忠直之谏，疏远耆年有德，亲比顽愚幼童，爱恶憎善，国必荒乱，故为“荒乱之风俗”也。此“三风十愆”，虽恶有大小，但有一于身，皆丧国亡家，故各从其类，相配为风俗。“臣下不匡，其刑墨”，言臣无贵贱，皆当匡正君也。“具训于蒙士”者，谓汤制官刑，非直教训邦君卿大夫等，使之受谏，亦备具教训下士，使受谏也。○传“常舞”至“无政”酣歌常舞并为耽乐无度，荒淫废德，俱是败乱政事，其为愆过不甚异也。恒舞酣歌乃为愆耳，若不恒舞、不酣歌非为过也。“乐酒曰酣”，言耽酒以自乐也。《说文》亦云：“酣，乐酒也。”《楚语》云：“民之精爽不携贰者，则明神降之，在男曰觋，在女曰巫。”又《周礼》有男巫女巫之官，皆掌接神，故“事鬼神曰巫”也。废弃德义，专为歌舞，似巫事鬼神然，言其无政也。○传“殉求”至“风俗”“殉”者心循其事，是贪求之意，故为求也。志在得之，不顾礼义。“昧求”谓贪昧以求之。《无逸》云：“于游、于畋”，是“游”与“畋”别，故为游戏与畋猎为之无度，是淫过之风俗也。○传“狎侮”至“风俗”“侮”谓轻慢，“狎”谓惯忽，故传以“狎”配“侮”而言之。《旅獒》云：“德盛不狎侮”，是“狎”“侮”意相类也。○传“邦君”至“匡正”言十愆有一，则亡国丧家，邦君卿士虑其丧亡之故，则宜以争臣自匡正。犯颜而谏，臣之所难，故设不谏之刑以励臣下，故言“臣不正君，则服墨刑”。墨刑，五刑之轻者。谓“凿其额，涅以墨”，《司刑》所谓“墨罪五百”者也。“蒙”谓蒙稚，卑小之称，故“蒙士例谓下士”也。顾氏亦以为“蒙”谓蒙暗之士。“例”字宜从下读，言此等流例谓下士也。

呜呼！嗣王祇厥身，念哉！圣谟洋洋，嘉言孔彰。

孔颖达【疏】“圣谟”至“孔彰”此叹圣人之谟洋洋美善者，谓上汤作官刑，所言三风十愆，令受下之谏是善言甚明可法也。

惟上帝不常，作善降之百祥，作不善降之百殃。尔惟德罔小，万邦惟庆。

尔惟不德罔大，坠厥宗。”

孔颖达【疏】“尔惟”至“厥宗”又戒王，尔惟修德而为善。德无小，德虽小犹万邦赖庆，况大善乎？尔惟不德而为恶，恶无大，恶虽小犹坠失其宗庙，况大恶乎？〇传“苟为”至“之训”“尔惟德”，谓修德以善也。“尔惟不德”，谓不修德为恶也。《易·系辞》曰：“善不积不足以成名，恶不积不足以灭身。”乃谓大善始为福，大恶乃成祸。此训作劝诱之辞，言为善无小，小善万邦犹庆，况大善乎？而为恶无，大言小恶犹坠厥宗，况大恶乎？此经二事辞反而意同也。传“言恶有类”者，解小恶坠宗之意。初为小恶，小恶有族类，以类相致，至于大恶，若致于大恶，必坠失宗庙。言至于大恶乃坠，非小恶即能坠也。《晋语》云：“赵文子冠，见韩献子，曰：‘戒之，此谓成人。成人在始，始与善，善进，不善蔑由至矣。始与不善，不善进，善亦蔑由至矣。’”言恶有类，以类相致也。今太甲初立，恐其亲近恶人，以恶类相致祸害，故以言戒之。此是伊尹至忠之训也。

——节录《尚书正义》卷第八《伊尹第四》

2. 太甲上（西汉·孔安国传唐·孔颖达疏）

太甲既立，不明，

孔安国：不用伊尹之训，不明居丧之礼。

伊尹放诸桐。

孔安国：汤葬地也。不知朝政，故曰放。〇朝，直遥反。

三年复归于亳，思庸，念常道。伊尹作《太甲》三篇。

孔颖达疏：“太甲”至“三篇”太甲既立为君，不明居丧之礼，伊尹放诸桐宫，使之思过，三年复归于亳都，以其能改前过，思念常道故也。自初立至放而复归，伊尹每进言以戒之，史叙其事作《太甲》三篇。案经上篇是放桐宫之事，中下二篇是归亳之事，此序历言其事以总三篇也。〇传“不用”至“之礼”此篇承《伊训》之下，经称“不惠于阿衡”，知“不明”者，“不用伊尹之训”也。“王徂桐宫”，始云“居忧”，是未放已前不明居丧之礼也。〇传“汤葬”至“曰放”经称“营于桐宫，密迩先王”，知桐是“汤葬地”也。舜放四凶，徙之远裔；春秋放其大夫，流之他境；嫌此亦然，故辨之云“不知朝政，故曰放”。使之远离国都，往居墓侧，与彼放逐事同，故亦称“放”也。古者天子居丧三年，政事听于冢宰，法当不知朝政，而云“不知朝政，曰放”者，彼正法三年之内，君虽不亲政事，冢宰犹尚谘禀，此则全不知政，故为放也。

《太甲》

孔安国：戒太甲，故以名篇。

孔颖达【疏】传“戒太甲，故以名篇”《盘庚》《仲丁》《祖乙》等皆是发言之人名篇，此《太甲》及《沃丁》《君奭》以被告之人名篇，史官不同，故以为名有异。且《伊训》《肆命》《徂后》与此三篇及《咸有一德》皆是伊尹戒太甲，不可同名《伊训》，故随事立称，以《太甲》名篇也。

惟嗣王不惠于阿衡。

孔安国：阿，倚。衡，平。言不顺伊尹之训。〇倚，于绮反。

孔颖达疏：惟“嗣”至“阿衡”太甲以元年十二月即位，比至放桐之时，未知凡经几月。必是伊尹数谏，久而不顺，方始放之，盖以三五月矣，必是二年放之。序言“三年复归”者，谓即位三年，非在桐宫三年也。史录其伊尹训王，有《伊训》《肆命》《徂后》，其馀忠规切谏，固应多矣。太甲终不从之，故言“不惠于阿衡”。史为作书发端，故言此为目也。〇传“阿倚”至“之训”古人所读“阿”“倚”同音，故“阿”亦倚也。称上谓之“衡”，故“衡”为平也。《诗》毛传云：“阿衡，伊尹也。”郑玄亦云：“阿，倚。衡，平也。伊尹，汤倚而取平，故以为官名。”

伊尹作书曰：“先王顾諟天之明命，以承上下神祇，

社稷宗庙，罔不祗肃。天监厥德，用集大命，抚绥万方。惟尹躬克左右厥辟宅师。

孔安国：伊尹言能助其君居业天下之众。

肆嗣王丕承基绪。惟尹躬先见于西邑夏，自周有终，相亦惟终。其后嗣王，罔克有终，相亦罔终。嗣王戒哉！祗尔厥辟，辟不辟，忝厥祖。”王惟庸，罔念闻。

孔安国：言太甲守常不改，无念闻伊尹之戒。

孔颖达疏：“惟尹躬”《孙武兵书》及《吕氏春秋》皆云伊尹名挚，则“尹”非名也。今自称“尹”者，盖汤得之，使尹正天下，故号曰“伊尹”；人既呼之为“尹”，故亦以“尹”自称。礼法君前臣名，不称名者，古人质直，不可以后代之礼约之。

伊尹乃言曰：“先王昧爽丕显，坐以待旦。旁求俊彦，启迪后人，无越厥命以自覆。慎乃俭德，惟怀永图。若虞机张，往省括于度，则释。钦厥止，率乃祖攸行。惟朕以怿，万世有辞。”

孔颖达疏：“伊尹”至“有辞”伊尹作书以告，太甲不念闻之。伊尹乃又言曰：“先王以昧爽之时，思大明其德，既思得其事，则坐以待旦，明则行之。其身既勤于政，又乃旁求俊彦之人，置之于位，令以开导后人。先王之念子孙，其优勤若是，嗣王今承其后，无得坠失其先祖之命，以自覆败。王当慎汝俭约之德，令其以俭为德而谨慎守之，惟思其长世之谋。谋为政之事，譬若以弩射也。可准度之机已张之，又当以意往省视矢括，当于所度，则释而放之。如是而射，则无不中矣。犹若人君所修政教，欲发命也，当以意夙夜思之，使当于民心，明旦行之，则无不当矣。王又当敬其身所安止，循汝祖之所行。若能如此，惟我以此喜悦，王于万世常有善辞，言有声誉，亦见叹美无穷也。”○传“爽显”至“行之”昭七年《左传》云：“是以有精爽至于神明。”从“爽”以至于“明”，是“爽”谓未大明也。“昧”是晦冥，“爽”是未明，谓夜向晨也。《释诂》云：“丕，大也。显，光也。”光亦明也。于夜昧冥之时，思欲大明其德，既思得之，坐以待旦而行之。言先王身之勤也。○传“旁非”至“训戒”“旁”谓四方求之，故言“非一方”也。“美士曰彦”，《释训》文。舍人曰：“国有美士，为人所言道也。”

〇传“机弩”至“则中”“括”谓矢末，“机张”“省括”，则是以射喻也。“机”是转关，故为弩牙。“虞”训度也。度机者，机有法度，以准望所射之物，“准望”则解经“虞也”。如射者弩以张讫机关，先省矢括与所射之物，三者于法度相当，乃后释弦发矢，则射必中矣。言为政亦如是也。

王未克变。

孔安国：未能变，不用训。太甲性轻脱，伊尹至忠，所以不已。〇轻，遣政反。

孔颖达疏：传“未能”至“不已”“未能变”者，据在后能变，故当时为未能也。时既未变，是不用伊尹之训也。太甲终为人主，非是全不可移，但体性轻脱，与物推迁，虽有心向善，而为之不固。伊尹至忠，所以进言不已。是伊尹知其可移，故诲之不止，冀其终从己也。

伊尹曰：“兹乃不义，习与性成。予弗狎于弗顺，营于桐宫，密迩先王其训，无俾世迷。

孔安国：狎，近也。经营桐墓立宫，令太甲居之。近先王，则训于义，无成其过，不使世人迷惑怪之。

孔颖达疏：“伊尹”至“世迷”伊尹以王未变，乃告于朝廷群臣曰：“此嗣王所行，乃是不义之事。习行此事，乃与性成。”言为之不已，将以不义为性也。“我不得令王近于不顺之事，当营于桐墓立宫，使此近先王，当受人教训之，无得成其过失，使后世人迷惑怪之。”〇传“狎近”至“怪之”狎习是相近之义，故训为近也。不顺即是近不顺也。习为不义，近于不顺，则当日日益恶，必至灭亡，故伊尹言已不得使王近于不顺，故经营桐墓，立宫墓旁，令太甲居之，不使复知朝政，身见废退，必当改悔为善也。

王徂桐宫居忧，克终允德。

孔颖达疏：传“往入”至“忧位”亦既不知朝政之事，惟行居丧之礼。“居忧位”谓服治丧礼也。伊尹亦使兵士卫之，选贤俊教之，故太甲能终信德也。

——节录《尚书正义》卷第八《太甲上》

3. 太甲中（西汉·孔安国传　唐·孔颖达疏）

惟三祀十有二月朔，

孔安国：汤以元年十一月崩，至此二十六月，三年服阕。○阕，苦穴反。

伊尹以冕服奉嗣王归于亳，

孔颖达疏："惟三"至"于亳"周制，君薨之年属前君，明年始为新君之元年。此殷法，君薨之年而新君即位，即以其年为新君之元年。"惟三祀"者，太甲即位之三年也。汤以元年十一月崩，至此年十一月为再期，除丧服也。至十二月服阕。阕，息也。如丧服息即吉服。举事贵初始，故于十二月朔以冕服奉嗣王归于亳。冕是在首之服，冠内之别名，冠是首服之大名，故传以"冕"为冠。案《王制》云："殷人冔而祭。"《大雅》云："常服黼冔。"冔是殷之祭冠，今云"冕"者，盖"冕"为通名。《王制》又云："有虞氏皇而祭，夏后氏收而祭，殷人冔而祭，周人冕而祭。"并是当代别名。殷礼不知天子几冕，《周礼》天子六冕，大裘之冕，祭天尚质。弁师惟掌五冕，备物尽文，惟衮冕耳。此以"冕服"，盖以衮冕之服也。顾氏云："祥禫之制，前儒不同。"案《士虞礼》云："期而小祥"，又"期而大祥"，"中月而禫"。王肃云："祥月之内又禫祭，服弥宽而变弥数也。"《礼记·檀弓》云："祥而缟，是月禫，徙月乐。"王肃云："是祥之月而禫，禫之明月可以乐矣。"案此孔传云"二十六月，服阕"，则与王肃同。郑玄以中月为间一月，云"祥后复更有一月而禫"，则三年之丧凡二十七月，与孔为异。

作书曰："民非后，罔克胥匡以生。后非民，罔以辟四方。皇天眷佑有商，俾嗣王克终厥德，实万世无疆之休。"

王拜手稽首曰："予小子不明于德，自厎不类，欲败度，纵败礼，以速戾于厥躬。

天作孽，犹可违。自作孽，不可逭。

孔颖达疏：传"孽灾"至"可逃"《洪范五行传》有"妖、孽、眚、祥"。《汉书·五行志》说云："凡草物之类谓之妖，妖犹夭胎，言尚微也。虫豸之类谓之孽，孽则牙孽矣。甚则异物生，谓之眚。自外来谓之祥。”是“孽”为灾初生之名，故为灾也。“逭，逃也”，《释言》文。樊光云：“行相避逃谓之逭，亦行不相逢也。”天作灾者，谓若太戊桑榖生朝，高宗雊雉升鼎耳。可修德以禳之，是“可避”也。“自作灾”者，谓若桀放鸣条，纣死宣室，是“不可逃”也。据其将来，修德可去；及其已至，改亦无益。天灾自作，逃否亦同。且天灾亦由人行而至，非是横加灾也。此太甲自悔之深，故言自作甚于天灾耳。

既往背师保之训，弗克于厥初，尚赖匡救之德，图惟厥终。”

伊尹拜手稽首，曰：“修厥身，允德协于下，惟明后。先王子惠困穷，民服厥命，罔有不悦。并其有邦厥邻乃曰：‘徯我后，后来无罚。’”

孔颖达疏：传“拜手，首至手”《周礼·太祝》：“辨九拜，一曰稽首，二曰顿首，三曰空首。”郑玄云：“稽首，拜头至地也。顿首，拜头叩地也。空首，拜头至手，所谓拜手也。”郑惟解此三者拜之形容，所以为异也。稽首头至地，头下至地也。顿首头下至地，暂一叩之而已。此言“拜手稽首”者，初为拜头至手，乃复申头以至于地，至手是为“拜手”，至地乃为“稽首”。然则凡为稽首者，皆先为拜手，乃后为稽首。故“拜手稽首”连言之，诸言“拜手稽首”，义皆同也。《太祝》又云：“四曰振动，五曰吉拜，六曰凶拜，七曰奇拜，八曰褒拜，九曰肃拜。”郑注云，振动者，战栗变动而拜。吉拜者，拜而后稽颡，谓齐衰不杖以下者之拜。凶拜者，稽颡而后拜，即三年丧拜也。奇拜者，谓君答臣一拜也。褒拜者，谓再拜拜神与尸也。肃拜者，谓揖拜也，礼介者不拜，及妇人之拜也。《左传》云：“天子在，寡君无所稽首。”则诸侯于天子稽首也，诸侯相于则顿首也，君于臣则空首也。

孔颖达疏：“并其”至“无罚”言汤昔为诸侯之时，与汤并居其有邦国，谓诸侯之国也。此诸侯国人其与汤邻近者，皆原以汤为君。乃言曰：“待我后，后来无罚于我。”言美慕汤德，忻戴之也。

王懋乃德，视乃厥祖，无时豫怠。奉先思孝，接下思恭。视远惟明，听德惟聪。朕承王之休无斁。”

——节录《尚书正义》卷第八《太甲中》

4. 太甲下（西汉·孔安国传　唐·孔颖达疏）

伊尹申诰于王曰：“呜呼！惟天无亲，克敬惟亲。

孔颖达疏：“伊尹申诰于王”伊尹以至忠之心喜王改悔，重告于王，冀王大善，一篇皆诰辞也。天亲克敬，民归有仁，神享克诚，言天民与神皆归于善也。奉天宜其敬谨，养民宜用仁恩，事神当以诚信，亦准事相配而为文也。

民罔常怀，怀于有仁。鬼神无常享，享于克诚。天位艰哉！德惟治，否德乱。与治同道，罔不兴。与乱同事，罔不亡。

孔颖达疏：传“言安”至“所法”任贤则兴，盐佞则亡，故“安危在所任”。于善则治，于恶则乱，故“治乱在所法”。总言治国则称“道”，单指所行则言“事”。兴难而亡易，道大而事小，故大言“兴”而小言“亡”也。此所云“惟言治乱在所法”耳。下句云“终始慎厥与”，言当与贤不与佞。治乱在于用臣，故传于此言“安危在所任”也。

终始慎厥与，惟明明后。

先王惟时懋敬厥德，克配上帝。今王嗣有令绪，尚监兹哉！无轻民事，惟难。无安厥位，惟危。慎终于始。

有言逆于汝心，必求诸道。有言逊于汝志，必求诸非道。

呜呼！弗虑胡获？弗为胡成？一人元良，万邦以贞。

孔颖达疏：传“胡何”至“其正”“胡”之与“何”，方言之异耳。《易》彖、象皆以“贞”为正也。伊尹此言，劝王为善，“弗虑”“弗为”，必是善事。人君善事，惟有道德政教。言不虑何获，是念虑有所得，知心所念虑是道德也。不为何成，则为之有所成，则知心所念是为善政也。谓天子为“一人”者，其义有二。一则天子自称“一人”，是为谦辞，言己是人中之一耳。一则臣下谓天子为“一人”，是为尊称，言天下惟一人而已。

君罔以辩言乱旧政，利口覆国家，故特慎焉。臣罔以宠利居成功，成功不退，其志无限，故为之极以安之。邦其永孚于休。

孔颖达疏：传“成功”至“安之”四时之序，成功者退。臣既成功，不知退谢，其志贪欲无限，其君不堪所求，或有怨恨之心，君惧其谋，必生诛杀之计，自古以来，人臣有功不退者皆丧家灭族者众矣。经称臣无以宠利居成功者，为之限极以安之也。伊尹告君而言及臣事者，虽复汎说大理，亦见已有退心也。

——节录《尚书正义》卷第八《大甲下》

5. 咸有一德（西汉·孔安国传 唐·孔颖达疏）

伊尹作《咸有一德》。言君臣皆有纯一之德，以戒太甲。

孔颖达疏：“伊尹作《咸有一德》”太甲既归于亳，伊尹致仕而退，恐太甲德不纯一，故作此篇以戒之。经称尹躬及汤咸有一德，言已君臣皆有纯一之德，戒太甲使君臣亦然。此主戒太甲而言臣有一德者，欲令太甲亦任一德之臣。经云“任官惟贤材，左右惟其人”，是戒太甲使善用臣也。伊尹既放太甲，又迎而复之，是伊尹有纯一之德，已为太甲所信，是已君臣纯一，欲令太甲法之。

《咸有一德》

孔颖达疏：“咸有一德”此篇终始皆言一德之事，发首至“陈戒于德”叙其作戒之由，已下皆戒辞也。“德”者，得也，内得于心，行得其理，既得其理，执之必固，不为邪见更致差贰，是之谓“一德”也。而凡庸之主，监不周物，志既少决，性复多疑，与智者谋之，与愚者败之，则是二三其德，不为一也。经云：“德惟一，动罔不吉。德二三，动罔不凶。”是不二三则为一德也。又曰：“终始惟一，时乃日新。”言守一必须固也。太甲新始即政，伊尹恐其二三，故专以一德为戒。

伊尹既复政厥辟。

孔安国：还政太甲。

将告归，乃陈戒于德。

孔安国：告老归邑，陈德以戒。

孔颖达疏："伊尹"至"于德"自太甲居桐，而伊尹秉政。太甲既归于亳，伊尹还政其君，将欲告老归其私邑，乃陈言戒王于德，以一德戒王也。太甲既得复归，伊尹即应还政，其告归陈戒，未知在何年也。下云"今嗣王新服厥命"，则是初始即政，盖太甲居亳之后即告老也。《君奭》云："在太甲，时则有若保衡。"保衡，伊尹也。襄二十一年《左传》云："伊尹放太甲而相之，卒无怨色。"则伊尹又相太甲。盖伊尹此时将欲告归，太甲又留之为相，如成王之留周公，不得归也。传"告老"至"以戒"伊尹，汤之上相，位为三公，必封为国君。又受邑于畿内，告老致政事于君，欲归私邑以自安。将离王朝，故陈戒以德也。《无逸》云"肆祖甲之享国三十三年"，传称祖甲即太甲也。《殷本纪》云："太甲崩，子沃丁立。"《沃丁》序云："沃丁既葬伊尹于亳。"则伊尹卒在沃丁之世。汤为诸侯之时已得伊尹，此至沃丁始卒，伊尹寿年百有馀岁。此告归之时，已应七十左右也。《殷本纪》云："太甲既立三年，伊尹放之于桐宫。居桐宫三年，悔过反善，伊尹乃迎而受之政。"谓太甲归亳之岁已为即位六年，与此经相违，司马迁之说妄也。《纪年》云，殷中壬"即位，居亳，其卿士伊尹"。中壬崩，伊尹乃放太甲于桐而自立也。伊尹即位于太甲七年。太甲潜出自桐，杀伊尹，乃立其子伊陟、伊奋，命复其父之田宅而中分之。案此经序伊尹奉太甲归于亳，其文甚明。《左传》又称"伊尹放太甲而相之"，《孟子》云"有伊尹之志则可，无伊尹之志则篡"，伊尹不肯自立，太甲不杀伊尹也。必若伊尹放君自立，太甲起而杀之，则伊尹死有余罪，义当污宫灭族，太甲何所感德而复立其子，还其田宅乎？《纪年》之书，晋太康八年汲郡民发魏安僖王冢得之，盖当时流俗有此妄说，故其书因记之耳。

曰：呜呼！天难谌，命靡常。常厥德，保厥位。厥德匪常，九有以亡。

孔颖达疏："九有以亡"《毛诗》传云："九有，九州也。"此传云"九有，诸侯"，谓九州所有之诸侯。伊尹此言，泛说大理，未指夏桀，但传顾下文比桀，为此言之验，故云“桀不能常其德，汤伐而兼之”。

夏王弗克庸德，慢神虐民。皇天弗保，监于万方，启迪有命，眷求一德，俾作神主。惟尹躬暨汤，咸有一德，克享天心，受天明命，

孔颖达疏：传“享当”至“天命”德当神意，神乃享之，故以“享”为“当”也。天道远而人道近，天之命人，非有言辞文诰，正以神明祐之，使之所征无敌，谓之受天命也。纬候之书乃称有黄龙玄龟白鱼赤雀负图衔书以授圣人，正典无其事也。汉自哀平之间，纬候始起，假托鬼神，妄称祥瑞。孔时未有其说，纵使时已有之，亦非孔所信也。

以有九有之师，爰革夏正。非天私我有商，惟天佑于一德。非商求于下民，惟民归于一德。德惟一，动罔不吉。德二三，动罔不凶。惟吉凶不僭在人，惟天降灾祥在德。

今嗣王新服厥命，惟新厥德。终始惟一，时乃日新。任官惟贤材，左右惟其人。臣为上为德，为下为民。其难其慎，惟和惟一。

孔颖达疏：“今嗣王”至“惟一”上既言“在德”，此指戒嗣王，今新始服其王命，惟当新其所行之德。所云“新”者，终始所行，惟常如一，无有衰杀之时，是乃“日新”也。王既身行一德，臣亦当然。任人为官，惟用其贤材。辅弼左右，惟当用其忠良之人，乃可为左右耳。此“任官”“左右”，即王之臣也。臣之为用，所施多矣。何者？言臣之助为在上，当施为道德；身为臣下，当须助为于民也。臣之既当为君，又须为民，故不可任非其才，用非其人。此臣之所职，其事甚难，无得以为易。其事须慎，无得轻忽。为臣之难如此，惟当群臣和顺，惟当共秉一心，以此事君，然后政乃善耳。言君臣宜皆有一德。

孔安国：传“其命”至“勿怠”《说命》云：“王言惟作命。”成十八年《左传》云：“人之求君，使出命也。”是言人君职在发命。“新服厥命”，新始服行王命，故云“其命，王命”也。“新其德”者，勤行其事，日日益新，戒王勿懈怠也。传“言德”至“之义”“日新”者，日日益新也。若今日勤

而明日惰，昨日是而今日非，自旁观之，则有新有旧。言王德行终始皆同，不有衰杀，从旁观之，每日益新，是乃“日新”之义也。传“官贤”至“其人”“任官”谓任人以官，故云“官贤才而任之”，言官用贤才而委任之。《诗序》云“任贤使能”，非贤才不可任也。《冏命》云：“小大之臣，咸怀忠良。”故言“选左右，必忠良”，不忠良，即是非其人。“任官”是用人为官，“左右”亦是任而用之，故言“选左右”也。直言其人，“人”字不见，故据《冏命》之文，以“忠良”充之。传“言臣”至“其人”“言臣奉上布德”者，“奉上”谓奉为在上，解经“为上”也；“布德”者谓布为道德，解经“为德”也。“顺下训民”者，“顺下”谓卑顺以为臣下，解经“为下”也；“训民”者，谓以善道训助下民，解经“为民”也。顾氏亦同此解。传“其难”至“乃善”此经申上臣事既所为如此，其难无以为易，其慎无以轻忽之，戒臣无得轻易臣之职也。既事不可轻，宜和协奉上，群臣当一心以事君，如此政乃善耳。一心即一德，言臣亦当一德也。

德无常师，主善为师。善无常主，协于克一。俾万姓咸曰：“大哉！王言。”又曰：“一哉！王心。”克绥先王之禄，永厎烝民之生。

呜呼！七世之庙，可以观德。万夫之长，可以观政。

后非民罔使，民非后罔事。无自广以狭人，匹夫匹妇，不获自尽，民主罔与成厥功。

沃丁既葬伊尹于亳，

孔安国：沃丁，太甲子。伊尹既致仕老终，以三公礼葬。

咎单遂训伊尹事，作《沃丁》。

孔颖达疏：“沃丁”至“作沃丁”沃丁，殷王名也。“沃丁既葬伊尹”，言重其贤德，备礼而葬之。咎单以沃丁爱慕伊尹，遂训畅伊尹之事以告沃丁。史录其事，作《沃丁》之篇。传“决丁“至“礼葬”《世本》《本纪》皆云“太甲崩，子沃丁立”，是为太甲子也。伊尹本是三公，上篇言其告归，知“致仕老终，以三公礼葬”。皇甫谧云：“沃丁八年，伊尹卒，卒年百有余岁。大雾三日。

沃丁葬之以天子礼，葬祀以太牢，亲临丧，以报大德。”晋文请遂，襄王不许，沃丁不当以天子之礼葬伊尹也。孔言三公礼葬，未必有文，要情事当然也。

——节录《尚书正义》卷第八《咸有一德》

四、《徐州学记》

治始于伏羲、更虞、夏、商至周而大备；行始于伊尹，更夷、叔、柳下惠至孔子而大成。

——见宋代陈师道《徐州学记》

五、《困学纪闻》

伊尹之始曰终，《书序》备矣。陆士衡《豪士赋序》“伊生抱明，允以婴戮”，盖惑于《汲冢纪年》之妄说也。皇甫谧云“伊尹百有余岁”，应劭云“周公年九十九”，王充《论衡·气寿篇》云“召公百八十”，故赵岐注《孟子》“殀寿不贰”云：“寿若召公。”

——见宋代王应麟《困学纪闻》卷二

六、《尚书今古文注疏》

伊尹相汤伐桀，升自陑，遂与桀战于鸣条之野。（见《史记·殷本纪》云：“桀败于有娀之墟。桀犇于鸣条。”《正义》曰：“《括地志》云：‘高涯原在蒲州安邑县北三十里，南坡口即古鸣条陌也。鸣条战地，在安邑西。’”《书》疏云：“或云：陈留平丘县今有鸣条亭是也。”《后汉书·隐逸书》云：“昔汤即桀于鸣条而大城于亳。”注：“或言陈留平丘今有鸣条亭也。”案：《括地志》以鸣条为在安邑，本皇甫谧之言，亦见《书》疏，殊不可信。《吕氏春秋·简选篇》云：“殷汤登自鸣备，乃人巢门，遂有夏。桀奔走。”《淮南·主术训》云：“汤困桀鸣条，擒之焦门。”《修务训》云：“汤整兵鸣条，困夏南巢以其过放之历山。”观下文“伐三朡”三朡在今山东定陶，南巢在今安徽巢县，则桀所奔地皆在东南，故郑以鸣条为南夷。《周书·殷祝解》

云："汤将放桀于中野，桀与其属五百人南徙千里。"下又再徙，方至南巢。又舜征三苗而崩，葬于苍梧之野，是南夷地。《孟子》言舜卒于鸣条，亦鸣条为南夷之证也。)(见《尚书今古文注疏卷卅·书序卅》)

惟太甲元年十有二月乙丑朔，伊尹祀于先王，诞资有牧方明。载孚在亳，征自三朡。太甲既立，不明，伊尹放诸桐。三年，复归于亳，思庸。

——见清·孙星衍《尚书今古文注疏卷卅·书序卅》

七、《吕氏春秋注疏》

《太平御览》卷三百九十七引《帝王世纪》："汤思贤，梦见有人负鼎抗俎，对已而笑，寤而占曰：'鼎为和味，俎者割截天下，岂有为吾宰哉。'初，力牧之后曰伊挚，耕于有莘之野，汤闻以币聘，有莘之君留而不进。"《后汉书·文苑·崔琦传》注引《列女传》："汤娶有莘氏女，德高而明，伊尹为之媵臣。"《金楼子·后妃》篇："汤妃，有侁氏之女也，殷娶遂妻……伊尹为之媵臣，与之入殷。"

——见王利器《吕氏春秋注疏卷第十四·本味》

汤乃惕惧，忧天下之不宁，欲令伊尹往视旷夏，恐其不信，汤由亲自射伊尹。高诱注：恐夏不信伊尹，故由扬言而亲自射伊尹，示伊尹有罪而亡，令夏信之也。王利器疏：器按：《日抄》曰："汤令伊尹往视夏，恐其不信，汤亲自射伊尹。"

——见王利器《吕氏春秋注疏卷第十五·慎大》

伊尹奔夏三年，反报于亳。(疏：《尚书·夏书序》："伊尹去亳适夏，既丑有夏，复归于亳。")伪孔《传》曰："汤进于桀。"孔颖达疏："伊尹不得叛汤，知汤贡之于桀。必贡之者，汤欲以诚辅桀，冀其用贤以治，不可匡辅，乃始伐之；此时未有伐桀之意，故贡伊尹使辅之。"《孙武兵书·反间》篇曰："商之兴也，伊尹在夏，周之兴也，吕牙在殷，使之为反间也。与此说殊。"又案：《战国策·燕策上》："伊尹再逃汤而之桀，再逃桀而之汤，果与鸣条之战，而以汤为天子。”《史记·殷本纪》：“成汤自契至汤八迁，汤始居亳，从先王居。”《集解》“皇甫谧曰：‘梁国穀熟为南亳，即汤都也。’孔安国曰：‘契父帝喾都亳，汤自商丘迁焉，故曰从先王居。’”《正义》：“《括地志》云：‘宋州穀熟县西南三十五里南亳故城，即南亳汤都也。五十里大蒙城，为景亳，汤所盟地，因景山为名。河内偃师为西亳，帝喾及汤所都，盘庚亦徙都之。’按亳，偃师也。商丘，宋州也。它即位都南亳，后徙西亳也。《括地志》云：‘亳邑故城在洛州偃师县西十四里，本帝喾之墟，商汤之都也。’”

——见王利器《吕氏春秋注疏卷第十五·慎大》

《国语·晋语一》：史苏曰：“昔夏桀伐有施，有施人以末喜女焉。末喜有宠，于是乎与伊尹比而亡夏。”韦昭注：“有施，喜姓之国，末喜其女也。伊尹，汤相挚也，自夏迁殷。”《列女传·孽嬖传》：“桀伐有施，有施女以末喜。”《汉书·外戚传叙》，颜注曰：“末喜，桀之妃，有施氏女也，美于色，薄于德，女子行，丈夫心。桀常置末喜于膝上，听用其言，昏乱失道，于是汤伐之，遂放桀于末喜，死于南巢。”王应麟曰：“按《纪年》云：‘桀伐岷山，得二女，日琬日琰，斲其名于苕华之玉，苕是琬，华是琰。’注非。”

——见王利器《吕氏春秋注疏卷第十五·慎大》

伊尹又复往视旷夏，听于末喜。

——见王利器《吕氏春秋注疏卷第十五·慎大》

汤犹发师，以信伊尹之盟，故令师从东方出于国，西以进。（疏：《通鉴外纪》卷二下：“以费昌为御而伐桀，命师从东方出于国西以进。”李宝洤曰：“东方，汤国东。国西，桀国西。”）

——见王利器《吕氏春秋注疏卷第十五·慎大》

未接刃而桀走，逐之至大沙，身体离散，为天下僇，不可正谏，虽后悔之，将可奈何？（疏：《吴子·励士》篇：“交兵接刃。”吕调阳曰：“大沙即南巢也，今桐城西南有沙河埠，其水东经故巢城南，而东入菜子湖也。”器案：《山海经·大荒西经》："成汤伐夏桀于章山，克之。"《墨子》作"汤放桀于大水"。《商书·汤誓》"伊尹相汤伐桀，升自陑"注也。《淮南汜论》篇："桀囚于焦门而不能自非其所行，而悔不杀汤于夏台。"《史记·夏本纪》："汤遂率兵以伐夏桀，桀走鸣条，遂放而死。桀谓人曰：'吾悔不遂杀汤于夏台，使至此。'"

——见王利器《吕氏春秋注疏卷第十五·慎大》

八、《新语校注》

清唐晏曰："按《吕览》《韩非）皆以伊尹负鼎干汤：而《孟子》以为伊尹耕于有莘之野，《墨子》则云汤往见伊升，诸说不同，此则兼取之。"

——见王利器《新语校注卷上·慎微第六》

是以伊尹负鼎，居于有莘之野，修道德于草庐之下，躬执农夫之作，意怀帝王之道，身在衡门之里，志图八极之表，故释负鼎之志，为天子之佐，克夏立商，诛逆征暴，除天下之患，辟残贱之类，然后海内治，百姓宁。

——见王利器《新语校注卷上·慎微第六》

九、《古求录·礼说》（清·金锷）

方明商时已有之。《汉书·律历志》引《伊训》：大甲元年十有二月乙丑朔，伊尹祀于先王，诞资有牧，方明此真古文也。方明即觐礼方明，二句各为一事。祀于先王者，祀于庙也。丧三年不祭，大甲居丧，故伊尹摄之，诞资有牧，方明谓会同之事。有牧谓诸侯也，资与咨通诞，大也。谓大诰命之也。方明谓祀方明之坛也。《竹书纪年》大甲十年大飨于大庙，初祀方明，亦上下各为一事，可相证明。说者谓伊尹祀先王于方明，以配上帝，非也。古者，人君居丧惟祭天地，越绋行事则伊尹安得摄之乎？祭天之坛，安得谓方明乎？且祭天以先王配不得，谓祀于先王，诞咨有牧亦不可解。朱子谓方当作乃，即所谓乃明，言烈祖之成德，亦误。

十、《诗经注释》（清·马瑞辰）

“实维阿衡”，《传》：“阿衡，伊尹也。”《笺》：“阿，倚。衡，平也。汤所依倚而取平，故以为官名。”瑞辰按：《说文》：“伊，殷圣人阿衡，尹治天下者。从人尹。”段玉裁曰：“伊与阿，尹与衡，皆双声，即一语之转。”今按段说是也。伊、阿、倚三字并双声，故《笺》训阿为倚，倚犹伊也。《文王世子》云：“虞夏商周有师保，有疑丞，设四辅及三公，不必备，惟其人。”阿衡盖师保之官，特设是官名以宠异之，后以声转而为伊尹，及太甲时改曰保衡。大臣之称阿保，犹女师之称阿保也。伊尹即阿衡之转，故毛《传》以阿衡为伊尹，《笺》亦以阿衡为官名。《吕氏春秋》言伊尹生伊水之上，《史记·殷本纪》言伊尹名阿衡，并失之。伊尹名挚，见于《孙子·用闲篇》，不得以阿衡为其名也。

第二节　伊尹言论录

《古文尚书》：

伊尹曰：“皇天弗保，监于外方，启迪有命。”

——见《古文尚书·咸有一德》

《古文尚书》：

伊尹曰：“旁求俊彦，启迪后人。”

——见《古文尚书·太甲上》

《周书》：

汤问伊尹曰：“诸侯来献，或无牛马之所生而献远方之物，事实相反，不利。今吾欲因其地势所有献之，必易得而不贵。其为四方献令。”伊尹受命，于是为四方令曰：“臣请正东：符娄、仇州、伊虑、沤深、九夷、十蛮、越沤、鬋发、文身，请令以鱼支之鞞、乌鲗之酱、鲛瞂、利剑为献；正南：瓯邓、桂国、损子、产里、百濮、九菌，请令以珠玑、玳瑁、象齿、翠羽、菌鹤、短狗为献；

正西：昆仑、狗国、鬼亲、枳已、闟耳、贯胸、雕题、离丘、漆齿，请令以丹青、白旄、纰□罽、江历、龙角、神龟为献；正北：空同、大夏、莎车、姑他、旦略、貌胡、戎翟、匈奴、楼烦、月氏、孅犁、其龙、东胡，请令以橐驼、白玉、野马、騊駼、駃騠、良弓为献。”汤曰：“善。”

——见《绎史》卷十四

《尸子》：

汤问伊尹曰：“寿可为邪？”伊尹曰：“王欲之则可为，弗欲则不可为也。”

《吕氏春秋》：

汤问于伊尹曰：“欲取天下，若何？”伊尹对曰：“欲取天下，天下不可取。可取，身将先取。”

《书》：

惟元祀，十有二月乙丑，伊尹祠于先王，奉嗣王只见厥祖。侯甸群后咸在，百官总己以听冢宰。伊尹乃明言烈祖之成德以训于王，曰：“呜呼！古有夏先后，方懋厥德，罔有天灾，山川鬼神，亦莫不宁，暨鸟兽鱼鳖咸若。于其子孙弗率，皇天降灾，假手于我有命，造攻自鸣条，朕哉自亳。惟我商王，布昭圣武，代虐以宽，兆民允怀。今王嗣厥德，罔不在初，立爱惟亲，立敬惟长，始于家邦，终于四海。呜呼！先王肇修人纪，从谏弗咈，先民时若。居上克明，为下克忠。与人不求备，检身若不及，以至于有万邦。兹惟难哉！敷求哲人，俾辅于尔后嗣。制官刑，儆于有位，曰：敢有恒舞于宫，酣歌于室，时谓巫风。敢有殉于货色，恒于游畋，时谓淫风。敢有侮圣言，逆忠直，远耆德，比顽童，时谓乱风。惟兹三风十愆，卿士有一于身，家必丧。邦君有一于身，国必亡。臣下不匡，其刑墨。具训于蒙士。呜呼！嗣王祗厥身。念哉！圣谟洋洋，嘉言孔彰。惟上帝不常。作善降之百祥，作不善降之百殃。尔惟德，罔小，万邦惟庆。尔惟不德，罔大，坠厥宗。”《书序》：成汤既没，太甲元年，伊尹作《伊训》《肆命》《徂后》。

《书》：

惟嗣王不惠于阿衡，伊尹作书曰："先王顾諟天之明命，以承上下神祇，社稷宗庙，罔不祇肃。天监厥德，用集大命，抚绥万方。惟尹躬克左右厥辟宅师，肆嗣王丕承基绪。惟尹躬先见于西邑夏，自周有终，相亦惟终。其后嗣王罔克有终，相亦罔终。嗣王戒哉！祗尔厥辟，辟不辟，忝厥祖。"王惟庸罔念闻。伊尹乃言曰："先王昧爽丕显，坐以待旦，旁求俊彦，启迪后人。无越厥命以自覆，慎乃俭德，惟怀永图。若虞机张，往省括于度，则释。钦厥止，率乃祖攸行。惟朕以怿，万世有辞。"王未克变。伊尹曰："兹乃不义，习与性成。予弗狎于弗顺。"营于桐宫，密迩先王其训，无俾世迷。王徂桐宫，居忧，克终允德。惟三祀，十有二月朔，伊尹以冕服奉嗣王归于亳。作书曰："民非后，罔克胥匡以生；后非民，罔以辟四方。皇天眷佑有商，俾嗣王克终厥德，实万世无疆之休。"王拜手稽首曰："予小子不明于德，自厎不类。欲败度，纵败礼，以速戾于厥躬。天作孽，犹可违；自作孽，不可逭。既往背师保之训，弗克于厥初。尚赖匡救之德，图惟厥终。"伊尹拜手稽首曰："修厥身，允德协于下，惟明后。先王子惠困穷，民服厥命，罔有不悦。并其有邦，厥邻乃曰：'徯我后，后来无罚。'王懋乃德，视乃烈祖，无时豫怠。奉先思孝，接下思恭；视远惟明，听德惟聪，朕承王之休无□。"伊尹申诰于王曰："呜呼！惟天无亲，克敬惟亲。民罔常怀，怀于有仁。鬼神无常享，享于克诚。天位难哉！德惟治，否德乱。与治同道，罔不兴；与乱同事，罔不亡。终始慎厥与，惟明明后。先王惟时懋敬厥德，克配上帝。今王嗣有令绪，尚监兹哉！若升高，必自下；若陟遐，必自迩。无轻民事，惟难；无安厥位，惟危。慎终于始。有言逆于汝心，必求诸道；有言逊于汝志，必求诸非道。呜呼！弗虑胡获？弗为胡成？一人元良，万邦以贞。君罔以辩言乱旧政，臣罔以宠利居成功，邦其永孚于休。"《书序》：太甲既立，不明，伊尹放诸桐。三年，复归于亳。思庸伊尹，作《太甲》三篇。

《书》：

伊尹既复政厥辟，将告归，乃陈戒于德。曰：呜呼！天难谌，命靡常。常厥德，保厥位。厥德靡常，九有以亡。夏王弗克庸德，慢神虐民，皇天弗保，监于万方，启迪有命，眷求一德，俾作神主。惟尹躬暨汤，咸有一德，克享天心，受天明命，以有九有之师，爰革夏正。非天私我有商，惟天佑于一德；非商求于下民，惟民归于一德。德惟一，动罔不吉；德二三，动罔不凶。惟吉凶不僭，在人；惟天降灾祥，在德。今嗣王新服厥命，惟新厥德。终始惟一，时乃日新。任官惟贤才，左右惟其人。臣为上为德，为下为民。其难其慎，惟和惟一。德无常师，主善为师；善无常主，协于克一。俾万姓咸曰：大哉王言！又曰：一哉王心！克绥先王之禄，永底烝民之生。呜呼！七世之庙，可以观德；万夫之长，可以观政。后非民罔使，民非后罔事。无自广以狭人。匹夫、匹妇不获自尽，民主罔与成厥功。《书序》：伊尹作《咸有一德》。

《说苑》：

汤欲伐桀。伊尹曰："请阻乏贡职，以观其动。"桀怒，起九夷之师以伐之。伊尹曰："未可。彼尚犹能起九夷之师，是罪在我也。"汤乃谢罪，请服，复入贡职。明年，又不供贡职。桀怒，起九夷之师，九夷之师不起。伊尹曰："可矣。"汤乃兴师伐而残之，迁桀南巢氏焉。

——《说苑》之卷十三《权谋》

《说苑》：

汤问伊尹曰："三公，九卿，二十七大夫，八十一元士，知之有道乎？"伊尹对曰："昔者尧见人而知，舜任人然后知，禹以成功举之。夫三君之举贤，皆异道而成功，然尚有失者，况无法度而任己？直意用人，必大失矣。故君使臣自贡其能，则万一之不失矣。王者何以选贤？夫王者得贤材以自辅，然后治也。虽有尧舜之明，而股肱不备则主恩不流，化泽不行。故明君在上，慎于择士，务于求贤。设四佐以自辅，有英俊以治官。尊其爵，重其禄。贤者进以显荣，罢者退而劳力。是以主无遗忧，下无邪慝，百官能治，臣下乐职。

恩流群生，润泽草木。昔者虞舜左禹右皋陶，不下堂而天下治，此使能之効也。”汤问伊尹曰：“三公九卿大夫列士，其相去何如？”伊尹对曰：“三公者，知通于大道，应变而不穷，辨于万物之情，通于天道者也。其言足以调阴阳，正四时，节风雨。如是者举以为三公。故三公之事，常在于道也。九卿者，不失四时，通于沟渠，修堤防，树五谷，通于地理者也。能通不能通，能利不能利，如此者举以为九卿。故九卿之事，常在于德也。大夫者，出入与民同众，取去与民同利，通于人事，行犹举绳，不伤于言，言之于世，不害于身，通于关梁，实于府库，如是者举以为大夫。故大夫之事，常在于仁也。列士者，知义而不失其心，事功而不独专其赏，忠政强谏而无有奸诈，去私立公而言有法度，如是者举以为列士。故列士之事，常在于义也。故道德仁义定而天下正。凡此四者，明王臣而不臣。”汤曰：“何谓臣而不臣？”伊尹对曰：“君之所不名臣者四：诸父，臣而不名；诸兄，臣而不名；先王之臣，臣而不名；盛德之士，臣而不名。是谓大顺也。”汤问伊尹曰：“古者所以立三公九卿大夫列士者，何也？”伊尹对曰：“三公者，所以参五事也；九卿者，所以参三公也；大夫者，所以参九卿也；列士者，所以参大夫也。故参而有参，是谓事宗。事宗不失，外内若一。”

——见《绎史》卷十四

《反经》：

伊尹曰：“智通于大道，应变而不穷，辨于万物之情，其言足以调阴阳，正四时，节风雨。如是者，举以为三公。”

——见唐赵蕤《反经·量才篇》

《通典》：

伊尹曰：“三公调阴阳。”

——见《通典》卷十九“夏商以前天子无爵，三公无官”其注

第四章　伊尹研究

第一节　伊尹故里考

一、《大明一统志》等

曹县下：汤陵在县西北十八里土山之上。伊尹坟在县东南境，《史记》：帝沃丁葬伊尹于亳。《皇览》云：伊尹冢在济阴己氏平利乡，亳近己氏，正此地也。仲虺墓在曹县南十里，俗称宋天堌，旧有莱朱祠。

——见《大明一统志·兖州府古迹下》

《明万历兖州府志》：所记同上。

《清康熙古今图书集成》：

“汤陵，在县南十八里土山之巅，前有庙，中祀成汤，以伊尹，仲虺配。”又载：莘仲君墓，在县北十八里莘仲集，古之有莘国君，汤妃母家也。

二、伊尹冢（清·徐继孺）

伊尹冢

在曹县东南二十里，其前建祠。明宣德间，知县范希正修。《史记》：“帝沃丁葬伊尹于亳。”《后汉志》引《皇览》曰：“己氏城有平利乡，乡有伊尹冢。”即此，今归德商丘县亦称有伊尹冢云。《括地志》谓：“伊尹墓在洛州偃师县西北八里”，又云“宋州楚丘县西北十五里有伊尹墓，恐非”。按：己氏县，隋开皇六年改曰楚丘，是楚丘之伊尹墓即平利乡之伊尹冢，其地为北亳，与《史记》合。《括地志》乃以为非，何耶？又《寰宇记》云：“伊尹坟在楚丘县西北十四里。”与此合，只差一里耳。

——《曹南文献录·附录》

三、清康熙《曹县志·人物志》

伊尹名挚，莘人，乐尧舜之道，耕于有莘之野，守道义严，取予汤闻遣使以币聘者三，遂相之以伐夏救民，受天明命为开国元勋。汤崩，复相太甲，委曲匡救为保衡及老复政以归。

莱朱名仲虺，奚仲之后，汤重之，拜为左相。汤放桀归至大垧，惟有惭德，仲虺原天，立人主之意以释其惭，相业兴伊尹并隆。今其墓在县南十里。

伊陟，尹之子。相太戊，多所建明。亳有祥桑，穀共生于朝。七日大拱，太戊以问伊陟，陟对妖不睦德以修德启之。太戊因而修德，甫三日，祥桑枯死，远方归，商道复兴，书称格干上帝。

自古帝王首事，其佐命之臣，鳞集辐辏，然皆合于异壤。汤居亳，而伊、莱诸公俱崛起兹土，圣君贤相在一弹丸中。何聚之音也，且陟、虺世美华哉！门谁谓曹之南非灵地哉。

四、清康熙《曹县志·艺文志》

元圣祠

在县东南二十里旧楚丘城西，即伊尹冢。冢上有祠，知县范希正建，安佐记。略曰："天生圣贤岂偶然哉；将欲用世以安天下也。伊尹挺生于空桑，优游于莘野，朝罔暮垄，雾烟笠蓑，诵诗读书以尧舜之道，而利禄之念不萌。及汤三聘，幡然而起，以尧舜君民为己任。其视枉道狗人，衔玉求售者何如。汤崩，太甲不明，尹放于桐宫，处仁迁义，复迎归于亳。多方匡救，克终允德，洎复政告老，犹以一德陈戒，此其青天白日之心也。视世之备员持禄者何如？宜其芳声懋烈与臯夔并隆也。宣德间，苏郡范使君来宰是邦，欲追崇而祀之，又闻邑东南二十里许有尹墓，高丈余，墓前旧有祠，爰徙建于基上。而塑像其中若范公，亦可谓知道者矣。岁久易湮，不无颓敝，祠前岐路，地势低洼，一着雪雨，行者患之。里人李福毅然以修筑自许，募缘庸力，不惮胼胝，如是者三年，而厥功告成。欲树填石，以识不朽，而来征记。佐故摭伊尹行实而碑之，以为慕圣人乐修筑者之饩羊耳。”

五、清康熙《曹县志·古迹志》

阿衡祠

在城北十八里莘家集。原祀伊陟，后宣德元年重修。并祀伊尹。有安佐记。都御使刘恺诗。

六、清光绪《曹县志》

莘仲君冢　在县北莘冢集。古莘仲国君墓，汤妃母家。或以伊尹耕莘，指为伊尹之墓误。

汤王陵　在县南二十里。旧志以为即亳城。有祠庙记，详见祠祀志。

伊尹墓　后汉《郡国志》引《皇览》曰：“己氏城有平利乡，乡有伊尹冢即此。在楚丘西二十里余，西望汤陵，前有祠。宣德间，知县范希正徙置墓上。在商为亳都。”《史记》曰：“帝沃丁葬伊尹于亳”是也。今归德亦称有伊尹墓，恐非。余详祠祀志。

箕子墓　在邑西南二十里盘庚西，月堤前野田蔓草中。冢土坚凝，周围十数步。闻之父老云：“墓前曾有断碣，自戎马凭陵后，断碣不复存焉！”而古墓犹昔。

按箕子封朝鲜，后朝周作麦秀之歌，当日年已衰迈，或即终于中土，亦理所有。姑俟好古之士考证焉。

莱朱墓　在城南十里。俗名宋天堌，旧有莱朱庙。前志在城南七里，据左山城志而言也。今正之。

第二节 当今学者论伊尹

一、治庖与治国：伊尹说至味（王仁湘）

清人朱昆田在为顾仲《养小录》所作的跋语中，说“自古有君必有臣，犹之有饮食之人必有庖人也”。要吃，就要有制作食物的人；国君要治理国家，就要有辅国的大臣。大臣治国，就如同庖人治庖一样，管理国家和管理厨房是同一个道理，这道理的首倡者，是商代庖人出身的治国者伊尹。

司马迁作《史记》，言五帝而未及三皇，后司马贞补有《三皇本纪》一篇，记述传说的人文初祖伏羲，说他是一个与庖厨有职业联系的人物。《本纪》说：“太昊伏羲养牺牲以庖厨，故曰庖牺。”或又称“伏牺”，获取猎物之谓也。此语出自佚书《帝王世纪》，不是司马氏自己的杜撰。我们的初祖是厨人出身，而且还以这个职业取名，说明在史前时代、在历史初期，这一定还是相当高尚的事情。治国与治庖可以相提并论，由伏羲氏就可以看出些端倪了。

历代王朝文武百官中，少不了食官，他们主要参与宫廷膳食的管理。食官虽然文不足以治国，武不足以安邦，但常常被看作最重要一类的官职，《周礼》将食官统归“天官”之列便是证明。汉代以后的“大官”或“太官”，名称正源于天官，都是宫廷食官。称食官为天官，与“食为天”的观念正相吻合。周官中的天官主要分宰官、食官、衣官和内侍几种，其中宰官为主政之官，食官在天官中的位置仅次于宰官。其实这宰官名称的由来，也与治国如治庖的观念有关。

历史上的厨师，也确有官至宰臣的。商代伊尹便是最著名的一位。钱钟书先生有《吃饭》一文，他写到了伊尹，说“伊尹是中国第一个哲学家厨师，在他眼里，整个人世间好比是做菜的厨房。《吕氏春秋·本味》记伊尹以至味说汤，把最伟大的统治哲学讲成惹人垂涎的食谱。这个观念渗透了中国古代的政治意识，所以自从《尚书·顾命》起，做宰相总比为‘和羹调鼎’，老子也说‘治大国若烹小鲜’”。（钱钟书：《吃饭》，《学人谈吃》，中国商业出版社 1991 版）。

老子“治大国若烹小鲜”的说法，虽不过是一种比喻，却也是非常精当，而伊尹正是这样一位宰臣，而且他本来就是庖人出身。伊尹名挚，生活在约公元前 16 世纪的夏末商初。辅佐商汤，立为三公，官名阿衡。伊尹的身世极不平常，历史上赋予他不少神话色彩，附会了一些不能置信的情节，以致后人对是否有这个人还提出过怀疑。他本是一个弃婴，有侁氏的女子在采桑时发现了他，女子将婴儿献给了国君，国君将抚养之责交给了庖人，还派人调查婴儿的来历。原来他的母亲是在躲避一次特大洪水之时而生下了他，她在桑林分娩后不幸死去，使这孩子一出生就成了一个孤儿。《吕氏春秋·本味》说：“有侁氏女子采桑，得婴儿于空桑之中，献之其君，其君令烰人养之。”

伊尹在庖人的教导下长大成人，成了远近闻名的能人。商汤听到伊尹的声名，多次派人向有侁氏求贤。尽管有侁氏始终不同意，伊尹本人却受了感动，极想投奔商汤。商汤想了一个办法，他向有侁氏求婚，有侁氏十分高兴，不仅心甘情愿地把女儿嫁给了商汤，而且还让伊尹做了随嫁的媵臣。这便是《吕氏春秋·本味》中所说的：伊尹“长而贤，汤闻伊尹，使人请之有侁氏，有侁氏不可。伊尹亦欲归汤，汤于是请娶妇为婚。有侁氏喜，以伊尹为媵送女”。《后汉书·崔琦传》注引《列女传》也说：“汤娶有莘氏女，德高而明，伊尹为之媵臣。”

据文献记述汤王是亲自驾车迎接的伊尹。《墨子·贵义》说，“昔者汤将往见伊尹，令彭氏之子御。彭氏之子半道而问曰：君将何之？汤曰：将往见伊尹。彭氏之子曰：伊尹，天下之贱人也。若君欲见之，亦令召问焉，彼受赐矣！汤曰：非汝所知也。今有药于此，食之，则耳加聪，目加明，则吾必说而强食之。今夫伊尹之于我国也，譬之良医善药也，而子不欲我见伊尹，是子不欲吾善也！因下彭氏之子，不使御”。

商汤得到伊尹，郑重其事地为他在宗庙里举行了除灾去邪的仪式。《吕氏春秋·本味》说：“汤得伊尹，祓之于庙，爝以爟火，衅以牺猳。明日，设朝而见之，说汤以至味。”

在第二天商汤正式接见了伊尹，伊尹开口便以滋味说起。他说凡当政的人，要像厨师调味一样，懂得如何调好甜、酸、苦、辣、咸五味，首先必须懂得各人的口味，才能满足各自的嗜好。那么作为一个国君，自然要体察民众的疾苦，洞悉大家的心愿，才能想法满足他们的要求。真不愧是庖人哺育长大的，这种喻说真是恰如其分。治国如治庖，这是伊尹吸引汤王的至味。

伊尹太精通烹调术了，他说出的一整套烹调理论，使商汤佩服极了。他说，动物按其气味可分三类，生活在水里的味腥，食肉的味臊，吃草的味膻。尽管气味都不好，却都可以烹成美味佳肴，这就要选择合宜的烹法。决定滋味如何的因素，第一位的是水，要靠五味和水、木、火三材烹调。厨人使用多种手段，消减食物的腥、臊、膻味，使菜肴达到久而不败、熟而不烂、甜而不过头、酸而不强烈、咸而不涩舌、辛而不刺激、淡而不寡味、肥而不腻口。究竟哪些是美味呢？伊尹从肉、鱼、果蔬、调料、谷食、水泉等几方面列出了数十种：

肉之美者：猩猩之唇，貛貛之炙，隽燕之翠，述荡之掔，旄象之约。

鱼之美者：洞庭之鱄，东海之鲕；醴水之鱼，名曰朱鳖，六足有珠百碧；雚水之鱼，名曰鳐，其状若鲤而有翼。

菜之美者：昆仑之苹，寿木之华；指姑之东中容之国，有赤木玄木之叶焉；余瞀之南，南极之崖，有菜其名曰嘉树，其色若碧；阳华之芸，云梦之芹，具区之菁；浸渊之草地，名曰土英。

和之美者：阳朴之姜，招摇之桂，越骆之菌，鳣鲔之醢，大夏之盐。

饭之美者：玄山之禾，不周之粟，阳山之穄，南海之秬。

水之美者：三危之露，昆仑之井；沮江之丘，名曰摇水；日山之水；高泉之山，其上有涌泉焉。

果之美者：沙棠之实；常山之北，投渊之上，有百果焉，群帝所食；箕山之东，青鸟之所，有甘栌焉；江浦之桔，云梦之柚。

这些美味几乎没有一样是商人住居地出产的，所以伊尹强调说：不先得天下而为天子，就不可能享有这些美味。“非先为天子，不可得而具……天子成则至味具。”这些美味好比仁义之道，国君首先要知道仁义即天下大道，行仁义便可顺天命而成为天子。天子行仁义之道，以化天下，太平盛世必然会出现。（《吕氏春秋·本味》）伊尹的鸿篇大论，不仅说得商汤垂涎欲滴，更重要的是他为商汤指出了一个广阔的世界，这使得汤的思想发生了重大改变。商本为夏的属国，汤要朝见夏桀，还要纳贡。夏桀的残暴，破灭了本想辅助他的汤的幻想，自从听了伊尹的高论，更坚定了汤伐夏的决心。汤当即举伊尹为相，“立为三公”（《墨子·尚贤下》）。

伊尹由治庖说到治国，韩非子也有评价。《韩非子·难言》说：“上古有汤，至圣也；伊尹，至知也，夫至知说至圣，然且七十而不受，身执鼎俎为庖宰，昵近亲习，而汤乃仅知其贤而用之。”他还说正是因为是庖人的关系，伊尹有更多接近汤王的机会，他的话也就有了更好理解和接受的氛围。

商汤在伊尹辅佐下，终于推翻了夏桀的统治，奠定了商王朝的根基。商汤之有天下，全赖有了伊尹，有了一个厨师出身的政治家。

不过话又说回来，商之伐夏，绝不纯是为口腹之欲。伊尹之说味，似乎也不是“以割烹要汤”，孟子认为他是以尧舜之道要汤（《孟子·万章》）。他是以烹饪原理阐述安邦立国的大道，他是古代中国的一个最伟大的厨师。以庖厨活动喻说安邦治国，在先秦时代较为常见，老子的名言“治大国若烹小鲜”（《老子·六十章》）便是最好的例子。还有汉代刘向《新序·杂事》也有妙说，值得一读：

晋平公问叔向曰：“齐桓公九合诸侯，一匡天下，如是君不知臣力，何也？”师旷侍曰：“臣请以喻五味。管仲善断割之，隰明善煎熬之，宾须无善齐和之。羹已熟矣，举而进之。而君不食，谁能强之？亦君之力也。”

一个国君好比一个美食家，他的大臣们就是厨师。这些厨艺高超的大臣有的善屠宰，有的善火候，有的善调味，肴馔不会不美，即是说国家不愁治理不好。商王武丁有名相傅说，他于梦中见到他想得到的这个人，令人四处访求，举以为相。武丁重用傅说，国家大治，他将傅说比为酿酒的酵母、调羹的盐梅，也是以厨事喻治国。武丁赞美傅说的话是："若作酒醴，尔惟曲蘖；若作和羹，尔惟盐梅。"此外还有以烹饪喻君臣关系的，由平常的烹饪原理演绎出令人信服的哲理，这都是受伊尹影响的结果。

后来厨师也有进入仕途的，在汉代就曾一度成为普遍的现象。据《后汉书·刘圣公传》说，更始帝刘玄时所授功臣官爵者，不少是商贾乃至仆竖，也有一些是膳夫庖人出身。由于这做法不合常理，引起社会舆论的关注。所以当时长安传出讥讽歌谣，所谓"灶下养，中郎将；烂羊胃，骑都尉；烂羊头，关内侯"。当时的厨师大约以战功获官的多，这就另当别论了。

在这些话里，透出轻视厨师的意思。无论古今，轻视厨师的言论不断，有偏见，也有误会。例如古有"君子远庖厨"一语，不少人理解为是君子就别进厨房，好像杀牛宰羊就一定是小人干似的，这是误解。此语见于《孟子·梁惠王上》，原文是"君子之于禽兽也，见其生，不忍见其死；闻其声，不忍食其肉。是以君子远庖厨也"。这是孟子与齐宣王的谈话，谈到的是君子的仁慈之心，说君子对于飞禽走兽，往往是看到它们活着，就不忍心见到它们死去；听到它们临死时的悲鸣声，就不忍心再吃它们的肉。所以嘛，君子总是把厨房盖在较远的地方。为了吃肉觉得香甜，不要去看宰杀禽兽的场面，也不要听见禽兽的惨叫声，所以就有了"君子远庖厨"的经验之谈。这话还见于《礼记·玉藻》，原文是"君子远庖厨也，凡有血气之类，弗身践也"。是说在祭祀杀牲时，君子不要让身体染上牲血，不要亲自去操刀，所以又有了"君子远庖厨"的劝诫。

可以看出，在"君子远庖厨"这话里，丝毫没有轻视庖厨的意思。

《诗经·小雅·车攻》中有诗提到王厨，所谓"徒御不惊，大庖不盈"。

大庖即是帝王之庖，伊尹不正是这样一位大庖吗？大庖不仅治庖是好手，治国也是高手。

（作者系中国社会科学院考古研究所研究员）

二、伊尹文化产业的实现与突破（王赛时）

伊尹是商朝的开国功臣，是中国历史上著名的政治家，辅佐成汤开创了商朝文明。在治国理论方面，伊尹属于中国思想界的先哲，他的治国理论对后代产生了极大影响。同时，伊尹也是烹饪学的创始人，是中国美味饮食的开创者。由于伊尹对饮食调味有过精深的研究和论述，所以，在漫长的历史过程中，中国的餐饮、食品、烹饪、调料等行业人，均敬伊尹为圣人。我们研究伊尹，不仅能够获取先哲的思想和理论，还能够扩大文化产业。

1. 伊尹的历史记载与历史评价

中国史料典籍对伊尹的功德和事迹多有记载，尤以先秦两汉典籍为依据。

《尚书・君奭》记载："成汤既受命，时则有若伊尹，格于皇天。"

《孟子・万章上》："伊尹相汤以王于天下。"

《孟子・万章下》："伊尹，圣之任者也。"

《列子・天瑞》记载："后稷生乎巨迹，伊尹生乎空桑。"

《墨子・尚贤》："昔伊尹为莘氏女师仆，亲为庖人，汤得而举之。"

《庄子・庚桑楚》："汤以庖人笼伊尹。"

《吕氏春秋・本味》记："有莘氏女子采桑，得婴儿于空桑中，献之其君，其君令烰人养之，察其所以然。曰：'其母居伊水之上，孕，梦神告之曰，臼出水而东走，毋顾，明日，视臼出水，告其邻，东走十里，而顾其邑尽为水，身因化为空桑。'故命之曰伊尹，此伊尹生空桑之故也。"

《论语》曰："汤臣大贤，唯有伊尹。"

《史记・殷本纪》记载："伊尹名阿衡，阿衡欲干汤而无由，乃为有莘氏媵臣，负鼎俎，以滋味说汤，致于王道，汤举任以国政。"

《孟子·万章章句上》有这样的记载：万章问曰："人有言'伊尹以割烹要汤'有诸？"孟子曰："否，不然。伊尹耕于有莘之野，而乐尧舜之道焉。"

上引史料，仅仅是伊尹记载的一部分。早期历史对伊尹的记载都充满了赞美和仰视。

史传伊尹有遗著，即《伊尹》和《伊尹说》，这两部文献可以确认是先秦的古书，但未必是伊尹亲著。《汉书·艺文志》道家类著录《伊尹》五十一篇，又小说家类著录《伊尹说》二十七篇。汉代以后，《伊尹》和《伊尹说》这两部文献都已经失传。

清人马国翰在《玉函山房辑佚书》的"道家类"里辑录了《伊尹书》一卷，使其有佚文流传。在马氏辑本中，有篇名《四方令》《本味》《先己》《九主》《区田》五篇。其中《本味篇》取自《吕氏春秋·本味》篇，这是目前冠名伊尹的最长文字的论述。

作为一名上古的先哲，伊尹在中国古代的政治、军事、文化、教育、医药、烹调、农业生产等多方面都留下了不朽的功绩。

在开国贡献方面，伊尹与吕尚并列，以致后人评价开国功勋，总以"勋侔伊吕"来冠名。伊尹一生辅佐了四位商王，为商朝理政五十余载，以卓越的历史功勋，开创了商王朝的发展基业。他是我国历史上第一个有名的贤相，号称"中华第一相"。在推动中国历史和文化的发展方面，伊尹起过巨大的作用，他是中国仁政德治的最早践行者。

在饮食界，伊尹是中国饮食烹饪理论的创始人，他背负鼎俎为汤烹炊，以五味烹调为学说，分析天下大势与为政之道，由此而显示经天纬地之才，成为商汤最高执政大臣。这是饮食学说在治国方面的最佳应用。老子所说的"治大国若烹小鲜"，以及中华成语中"割烹要汤""调和鼎鼐"等典故，都与伊尹烹饪理论有关。

在中国医学界，伊尹是"汤液疗法"的发明者。《资治通鉴》这段话，历来被人们所依据："伊尹佐汤伐桀，放太甲于桐宫，悯生民之疾苦，作《汤液本草》，明寒热温凉之性，苦辛甘咸淡之味，轻清重浊，阴阳升降，走十二经络表里之宜，今医言药性，皆祖伊尹。”

伊尹的历史功绩，理应得到后人的尊崇。

2. 很多地方都想争夺伊尹，其关键点聚焦在伊尹出生地、躬耕地和归葬处

伊尹作为中华文明早期的著名代表人物，在很多方面具有先导作用。所以，自古以来，人们都希望伊尹能够靠近自己。

伊尹的遗迹很多，历史上就有争夺。

有关伊尹的出生地，历来就有多种说法。出现这种状况，主要是因为伊尹的名人效应，各地都会根据历史传说的蛛丝马迹，向名人靠拢，同时也是由于历史的久远，给我们留下了难解的谜团。

山东曹县素有伊尹出生地之说。历史记载伊尹“生于空桑”，而“空桑”所处的位置，曾有人判定为今曹县北十五里旧龙泉寺处，伊尹“耕于有莘之野”也判定为今曹县西北莘冢集。曹县莘冢集原建有伊尹祠，迎门石碑上刻有“三聘之居”的字样。作为历史传说的保留地，曹县具有争得伊尹出生地的优势。

中国古代的地志偏向于曹县为伊尹故地，这方面的记载很多。如宋乐史《太平寰宇记》卷十三《曹州》记载伊尹所居之莘野在曹县，书中说曹州：“原领县六，今四。济阴、冤句、乘氏、南华。济阴县旧十五乡，今六乡，本汉定陶县之地，属济阴郡，自汉至周皆为定陶县之地。按定陶县在今县东北四十七里定陶故城是也。莘仲故城在县东南三十里，盖古之莘国也。《夏本纪》曰：昔鲧纳有莘氏女，生禹。帝王纪：伊尹居莘野，汤闻其贤，聘以为相。即此城。”

伊尹的墓地也在曹县。如北魏郦道元《水经注》卷二十五引《皇览》曰：“伊尹冢在济阴己氏平利乡。”《钦定大清一统志》卷一百四十四《曹州府》：“伊尹墓在曹县东南楚丘城西二十余里，墓前有庙，《皇览》己氏城有平利乡，乡有伊尹冢。”《山东通志》卷三十二《陵墓志》记载：“伊尹墓在县东南古楚丘城北十四里。”

此外，《明一统志》卷二十三记载："伊尹庙在曹县东南二十五里。"

目前河南伊川、栾川、嵩县、杞县、虞城县都有纪念伊尹的庙（祠），当地人也都认为伊尹出生在他们那里，如嵩县就说有莘国的空桑涧在今洛阳市嵩县的莘乐沟，杞县则说伊尹出生地在他们的葛岗镇西空桑村。如今大多数地方认证伊尹出生地的依据还都是以当地现有地名为基础，最多能够依据后人建造的伊尹祠庙。

山东莘县，以"莘"为依据，希望争得"伊尹躬耕处"的一席之地。他们的依据是：清光绪十三年（1887）《续修莘县志》载："莘之北门外曰伊尹田，伊尹田北八里，古有莘亭。世传伊尹躬耕处也。"又载：清康熙五十五年，东昌府知府程光珠访求古迹，亲书"莘亭伊尹耕处"六个大字，题曰："尧舜之道，畎亩之中，圣作物睹，龙虎云风。"令知县刘萧勒石立碑，以永志之。其碑今在莘县城北单庙乡大里王村西，碑文大部清晰可辨。另在莘县有伊尹庙，又称任圣祠。考之史料典籍，在清代之前，莘县还没有发现与伊尹更密切的遗存。

3. 在当今时代，谁的宣传声势大，谁的文化动作大，谁就是伊尹文化的代表者

伊尹是中华古文明进程中的先哲，对于中国人来说，他的历史影响有着共享的价值。伊尹的学说是中华文明的历史遗产，谁都可以利用。那么，谁能最终成为伊尹文化的代表者呢？关键是看他怎样利用。

现代餐饮业激烈竞争，品牌需求越来越高，寻求历史人物的支持，是一种很有借力价值的品牌做法。所以，中国饮食界、餐饮界乃至厨师界都选择了"伊尹"作为本行业的创始人。

以"伊尹"为主题的活动，过去曾经举办过，但都很短暂，没有形成持久的声势。中国食文化研究会就曾举办过"伊尹杯"烹饪大赛。河南民间成立过"中华伊尹食文化研究会"，但规模甚小。2009 年 9 月，河南举办的首届中华伊尹饮食文化论坛暨名厨拜祖大典，地点设在河南商丘市虞城县店集

乡魏堌堆村伊尹祠，参加者的层次也很低，没有产生任何影响。山东莘县也举办过伊尹学术研讨会，瞄准了“伊尹耕于有莘之野”的开发利益。

很多地方都在打造伊尹文化项目，如河南省洛阳市嵩县试图打造伊尹祠中华名相文化大观园，但由于那座伊尹祠位于嵩县纸坊乡龙头村，距洛阳70公里，距县城5公里，一直没有找到理想的投资方。河南商丘曾经有过“伊尹食文化主题公园”的构想，也仅仅停留在纸面。

由于历史久远，资料有限，我们对伊尹的研究还不是非常深入。如今，把伊尹作为饮食文化产业来开发和利用，仍然处于试探性的阶段。这一方面是由于研究与开发的对应不够，另一方面也存在着开发策划的欠缺。伊尹的宝贵遗产，肯定能够造福当代，但有待我们去发扬光大。

4. 曹县理应成为中华伊尹文化的标志地

利用伊尹在历史以及当代餐饮界的影响力，整合中华美食资源，提升曹县伊尹文化的市场竞争力，是我们的责任和努力方向。

其一，我们必须从理论上抢占伊尹研究的制高点。要把“中国食祖”伊尹的研究基地设在曹县，让全国的专家前来研究伊尹，提供研究成果，献计献策。同时，我们还要有以后的文化产业动作，否则，我们仅仅停留在学术的研讨上，别人也会开研讨会，你说在曹县，别人会说在莘县、在河南，历史的渺茫，历史记载的模糊，使我们可以无休止地争论下去，但是伊尹谁利用他，谁占有他的制高点，未来的伊尹文化就是属于谁的。

其二，要在曹县建立“伊尹食祖饮食文化标志园”。这个不是古迹的再现，可以建现代的伊尹文化标志园，用现在的理念，现在人的感受，来解读古老的历史文化，解说古老的饮食文化，标志园中要有伊尹的大型塑像，伊尹标准像应该由我们曹县人为他塑，这尊大型塑像以后就作为伊尹的标准像，伊尹的塑像要陪伴道具，最好要用烹饪用具，也可以把伊尹塑造成背负鼎俎、以烹炊说教的形象，展示中国食祖的最佳风貌。让全国的厨师界按照这个标准像来朝拜他的祖先，那么曹县自然就成了伊尹的圣地，这个标准像还要出现在各种场合和各样产品的包装上。

其三，在必要的时候，举办祭拜伊尹食祖大典。黄帝有祭祖大典，炎帝有祭祀大典，孔夫子每年一祭，伊尹这么重要的人物在曹县也要祭，如果我们不祭的话，早晚被别人拿去，我们要以强大的中国食祖标志地，号召全华人范围内的饮食业、餐饮业、旅游业前来朝拜，形成一年一度的饮食界祭祖大典。那时我们经济拉动、文化拉动，将会唱一台大戏。

其四，开发伊尹产品。伊尹当年背的鼎，总结的烹饪理论，主要是煮肉的，那时主要是蒸和煮两种烹饪方法，多是牛羊肉，而牛羊肉又是曹县的农产品主流，那么伊尹煮牛肉，伊尹煮羊肉，各种各样的产品，包括我们产的中药材都挂上伊尹的品牌，作为汤药始祖，让他造福于中国。把历史上的伊尹转化成造福当代的伊尹名牌。通过多方面整合资源，开发出多种伊尹食文化项目，丰富曹县的文化产业。

我们相信，只要曹县坚持伊尹所在地的论证与宣传，用伊尹文化引领当地发展，做大文化产业，用文化催生发展动力，将历史名人伊尹作为提升当地软实力建设的核心要素，就一定能够扩大曹县的影响力和经济实力。历史的灯塔照耀着曹县儿女，伊尹的光芒辐射给曹县人民，这种宝贵的资源我们将取之不尽。

（作者系山东社会科学院历史研究所研究员，《饮食文化研究》国际学术期刊主编）

三、从伊尹形象的形成看伊尹生活的中心地域（仝晰纲）

伊尹在商代甲骨文中只是一个人名，其文化意蕴大多是祭祀对象或官职，看不出更多的文化信息。伊尹的形象是春秋战国之际儒家学派形成后逐渐丰满起来的，伊尹的文化信息也大多是儒家学派通过层层累积赋予的。儒家学派把自己的政治理念通过古代圣贤表现出来，把商、周兴替过程中发挥关键作用的姜尚的形象与在夏、商兴替过程中发挥关键作用的伊尹相比附，从而丰富了伊尹的形象。因此，从春秋战国之际的儒家文化圈内去寻找伊尹的踪迹相对客观一些，舍此而寻彼，无异于缘木求鱼、南辕北辙，很难找到正确的答案。春秋战国之际的儒家文化圈并不大，以山东曲阜为中心，半径在二三百公里左右，就如今声称是伊尹故里的山东曹县、河南陕县、河南汝南县、陕西合阳县等地而言，只有山东曹县完全属于儒家文化圈的范围内，所以山东曹县是伊尹故里的可能性最大。

伊尹是什么形象，没有留下画像，更没有照片，甚至连当时的文字描述也没有。战国时期，齐景公欲灭宋国，进军途中梦见一人怒斥自己，景公让晏子圆梦，告诉此人的长相，晏子说那个人就是商朝的开国皇帝商汤的军师伊尹。因为景公伐宋，宋是商的后裔，于是伊尹前来申斥。从中我们可以了解当时人们心中伊尹的形象。据马国翰辑《古文琐语》记载：齐景公伐宋，至曲陵，梦见有短丈夫宾于前。晏子曰："君所梦何如哉？"公曰："其宾者甚短，大上小下，其言甚怒，好俯。"晏子曰："如是，则伊尹也。伊尹甚大而短，大上小下，赤色而髯，其言好俯而下声。"公曰："是矣。"晏子曰："是怒君师，不如违之。"遂不果伐宋。据此可知，伊尹是一个小个子，头很大，红脸，络腮胡子，说话时好弯腰俯下，有点儿驼背的样子。其实，这只是伊尹的外在形象，本文所说的伊尹形象，是伊尹所包含的文化信息，属于精神形象的范畴。

1. 儒家思想与伊尹、吕望的形象

东汉桓谭《新论》曰："殷之伊尹，周之太公，皆年七十余升为王霸师。"这里将伊尹、太公并论，绝非是偶然，而是汉儒的普遍认识。这个通识的形成过程，就是儒家赋予伊尹形象的过程。吕望生活在商、周之际，伊尹生活在夏、商之际，都处在王朝的更替时期，也不可避免地要面对新旧两个朝代。所以文献中有"伊尹适夏"（《书夏书序》）和"吕望事纣"的记载，"适夏"也好，"事纣"也罢，都是想成就一番事业，这正符合原始儒家积极入世干政的思想。伊尹、吕尚都想有所作为，可生不逢时，伊尹遇到了夏桀，吕尚遇到了商纣。按照儒家“道明则出，道暗则隐”的思想。他们不愿与当政者同流，只好去做隐士，等待机会，等待明君的出现。于是出现了伊尹“耕于有莘之野”和吕尚“钓于东海之滨”的记载。把伊尹安排在今山东的西部耕作，把吕尚安排在今山东的东部垂钓，绝非偶然。当时人们的地域视野并不很开阔，先秦儒家们的活动范围并未超出今山东很多，所以“有莘之野”和“东海之滨”一样，应属于先秦儒家的主要活动地。

先秦时期，由于士阶层的出现，人们的世袭观念受到冲击，以士为主体的先秦儒家，对圣贤及智能之士能从下层群体中出现做出了解释。“天将降大任与斯人也，必先劳其筋骨，饿其体肤，空乏其身。”在这种思维下，“伊尹负鼎”与“吕望鼓刀”的出现也就十分自然了。“负鼎”“鼓刀”在当时都是低贱之事，足以劳其筋骨、苦其心志。

在儒家的政治思想体系中，有一个明君、贤相、清官、廉吏的行政链条。最大的希望就是遇到明君，能采纳自己的政治学说，实践自己的政治理念。所谓“学而时习之”，意思就是自己的学说被当政者实践。这是《论语》的主旨，所以放在第一句。每一个有思想、有治国理念的士人，都希望遇到明君，这就是“文王遇吕望”与“商汤得伊尹”的语境。

帝王师，是读书人的最高境界和追求。所谓做官、教书、从医、算命，是儒者依次的职业选择。《孟子》说：“汤之于伊尹，学焉而后臣之，故不劳而王。”伊尹作为帝王师，教给商汤的是什么，儒家们借此表达自己的政治理念，以伊尹之口表述其治国之道。《孟子·万章》篇说伊尹“以尧舜之道要汤”，“而说之以伐夏救民”。其实就是教给商汤谋划灭夏的方略和治国驭民之道。商汤死后，伊尹又做了太甲的师保，并著《伊训》《肆命》《徂后》等训词，讲述如何为政，在伊尹的教育下，太甲复位后“勤政修德”，继承成汤之政，商朝的政治又出现了清明的局面。《史记》称“诸侯咸归殷，百姓以宁”。于是伊尹又作《太甲》三篇、《咸有一德》一篇褒扬太甲。太甲终成有为之君。

吕尚归周后，被文王尊为师，以尧舜禹汤之道教文王，周武王时，吕尚的地位更高，“武王即位，太公望为师，周公为辅，召公、毕公之徒左右王”。作为帝王师的吕尚，排在周公之前，足见其地位。

伊尹、吕尚的历史功绩，一个是辅汤灭夏，另一个是扶周灭商。从现有文献记载看，辅佐的方式、灭夏、灭周的准备过程都十分相似，这不仅是历史的偶然，其中与儒家学派的圣贤模式也有很大的关系。

由此我们说，伊尹形象的形成，是在儒家学派阐述自己政治理念过程中逐渐增益附加的。由于先秦儒家活动范围的地域限制，借助其生活圈内的历史人物表达自己的思想，并对其进行美化完善是很自然的，从这个角度看，伊尹生活在今山东曹县的可能性较大。

2. *伊尹与亳地*

商汤都亳，亳在何地？由于文献记载歧异，对亳的地理位置存在争议是很自然的事。从伊尹佐商入手来分析亳的位置不失为一个视角。

其一，从伊尹佐商灭夏看商亳所处的地理位置。《史记·夏本纪》：“帝桀之时，自孔甲以来而诸侯多叛夏，桀不务德而武伤百姓，百姓弗堪。乃召汤而囚之夏台，已而释之。汤修德，诸侯皆归汤，汤遂率兵以伐夏桀。桀走鸣条，遂放而死。”由此可知，鸣条是商汤灭夏桀的地方。《竹书纪年·帝发》：“夏师败绩，桀出奔三朡，商师征三朡，占于郕，获桀于焦门。”确定三朡和郕的位置是确定鸣条位置的关键。

《尚书·序》：“遂伐三朡。”《史记·殷本纪》：“桀奔于鸣条，夏师败绩。汤遂伐三朡，俘厥宝玉，义伯、仲伯作《典宝》。”《集解》引孔安国曰：“三朡，国名，桀走保之，今定陶也。”《正义》引《括地志》曰：“曹州济阴县即古定陶也，东有三朡亭是也。”《后汉书·郡国志》“济阴郡定陶县下”有“三朡亭”。可知“三朡”地处定陶。

郕，古国名，周武王封季弟载于郕，其后迁于城之阳，故曰城阳，又作成阳。《史记·货殖列传》：“昔尧作于成阳，舜渔于雷泽，汤止于亳。”《集解》

引三国时期魏人如淳曰:“作,起也。成阳在定陶。”《竹书纪年·帝尧》曰:“八十九年,作游居于陶。九十年,帝游宫于陶。……一百年,帝陟于陶。”这里的“陶”应理解为古陶丘。许慎《说文解字》云:“陶,再成丘也,在济阴。陶丘有尧城,尧尚所居。”成阳作为一个县,秦时属东郡,汉代属济阴郡。据《汉书·地理志》记载,汉代的济阴郡领定陶、冤句、吕都、成阳、鄄城、句阳、秺县、乘氏等九县,大致相当于今山东菏泽一带。关于成阳的地理位置,古文献中并没有歧义。《水经注·瓠子河》:“瓠子河又左迳雷泽北,其泽薮在大成阳县故城西北十余里,昔华胥履大迹处也。其陂东西二十余里,南北十五里,即舜所渔也。”清叶圭绶《续山东考古录》:“成阳城在当今(濮)州东南九十里许,与菏泽交界处。”清顾祖禹《读史方舆纪要》称“成阳城在(曹)州东北六十里”。秦之东郡、汉之济阴及清之濮州、曹州,皆位于今山东菏泽一带。

三朡、郕和鸣条都是商汤灭夏的地方,应在一个地理范围内。既然三朡、郕都地处今山东菏泽,鸣条也当此地附近。商汤在今菏泽一带灭夏,在今菏泽一带建都也就是一件很自然的事。汤始居之亳在曹县当无问题。

其二,从伊尹葬亳看亳的位置。伊尹死后,其葬地有己氏县和偃师两个说法。从文献记载看,己氏县比较可信。《史记·殷本纪》集解引《皇览》曰:“伊尹冢在济阴己氏平利乡,亳近己利。”《水经注·泗水》:“又东迳己氏县故城北,王莽之己善也。县有伊尹冢。”崔骃曰:“殷帝沃丁之时,伊尹卒,葬于薄。”《皇览》曰:“伊尹冢在济阴己氏平利乡。”己氏作为地名,春秋时已有己氏邑。《左传·哀公十一年》:“卫侯入于戎州己氏”,杜注:“戎邑,己氏,戎人姓。”汉置己氏县,北齐废。故城在今山东曹县东南。《皇览》是三国魏文帝时的书,说明那时候人们已经认为伊尹是葬在今天的山东曹县。

唐代的《括地志》认为是伊尹墓在河南的偃师。对此,徐继孺(曹县人,晚清进士)在其《梓里见闻录》中进行了分析:“伊尹冢在曹县东南二十里,其前建祠。明宣德年间知县范希正修。《史记》:‘帝沃丁葬伊尹于亳。’《后汉志》引《皇览》：‘己氏城有平利乡，乡有伊尹冢。’即此。今归德商丘县亦称有伊尹墓云,《括地志》谓:‘伊尹墓在洛州偃师县西北八里。’又云:‘宋州楚丘县西北十五里有伊尹墓，恐非。’按：己氏县，隋开皇六年改曰楚丘，是楚丘之伊尹墓即平利乡之伊尹冢，其地为北亳，与《史记》合。《括地志》乃以为非，何耶？又《寰宇记》云：‘伊尹坟在楚丘县西北十四里。’与此合，只差一里耳。”徐继孺的分析已经十分清楚了，伊尹墓在山东曹县。

其三，从蒙看亳的地理位置。晋付滔《北征记》：“望蒙亳间，成汤伊尹箕子之冢，皆为邱虚。今蒙与北亳相去三十里。”界定蒙和箕子墓，是确定亳地理位置的一个视角。南朝宋罗泌《路史》云：“盘庚自奄迁于北冢；北冢，蒙也。”李泰等著的《括地志·冤朐县》说：“漆园故城在曹州冤朐县北十七里，庄周为漆园吏，即此。”张守节在《史记正义》中也援引了这一记载，并说：“按：其地古属蒙县。”诗人李白居东鲁，在其《赠从弟洌》一诗中说：“自居漆园地，久别咸阳西。”这里说明唐代学者都把曹州漆园作为庄子做吏之地。既然蒙在今曹县，蒙与北亳相去三十里，亳的位置就很容易确定了。

3.“伊尹耕于有莘之野”的文化解读

“伊尹耕于有莘之野，而乐尧舜之道焉。”语出《孟子·万章上》，是孟子针对学生万章对“人有言伊尹割烹要汤有诸？”的回答。孟子的这个回答很值得回味，反映出很多的文化信息。

其一，“尹伯智士，去桀耕野。执顺以待，反和无咎”（汉焦延寿《焦氏易林十二》）是对“耕于有莘之野”原因的回答。

其二，“汤用伊尹、周用太公、秦用百里、楚用申鹿、齐用管仲”（《鹖冠子·备知》）是对伊尹出身的解释。

其三，“汤东巡狩，至有莘国，以为婚姻”（《绎史》卷十四）是对伊尹“耕野”地域的限定，即有莘氏在今曹县。

（作者系山东师范大学教授、齐鲁文化研究中心副主任）

四、伊尹其人其事（孟世凯）

伊尹，名挚，生于夏王朝末[1]，为夏末商初著名的历史人物。他是助商汤灭夏桀，又在商初辅佐三代五王的功臣，也是我国历史上最早的一代名相。伊尹事迹多见于古文献，商代甲骨文中和春秋时期的《叔尸镈》等也有简略记载。伊尹其人事迹在《史记·殷本纪》中记述较全面，但是，先秦文献中对伊尹如何弃夏助商的记述有两种不同的说法，而司马迁对伊尹这一时段的历史，也是采取两说并存来表述。他说：

伊尹名阿衡。阿衡欲干汤而无由，乃为有莘氏媵臣，负鼎俎，以滋味说汤，致于王道。或曰，伊尹处士，汤使人聘迎之，五反，然后肯往从汤，言素王及九主之事。汤举任以国政。伊尹去汤适夏，既丑有夏，复归于亳。

两说中皆未提及伊尹的名和籍贯，可见他对伊尹的出生和籍贯未采纳《孙子》和《吕氏春秋》中的记述。而《索隐》引：

《孙子兵书》：“伊尹名挚。”孔安国亦曰：“伊挚。”……皇甫谧曰：“伊尹，力牧之后，生于空桑。”

又引《吕氏春秋》中的记述，简介伊尹之出生地。查《吕氏春秋·本味》全文是：

有侁氏女子采桑，得婴儿于空桑之中，献之其君。其君令烰人养之。察其所以然，曰：“其母居伊水之上，孕，梦有神告之曰：‘臼出水而东走，毋顾。’明日，视臼出水，告其邻，东走十里，而顾其邑尽为水，身因化为空桑。”故命之曰伊尹。此伊尹生空桑之故也。长而贤。汤闻伊尹，使人请之有侁氏，有侁氏不可。伊尹亦欲归汤，汤于是请取妇为婚。有侁氏喜，以伊尹为媵。

从记述来看，中间一段是带有神话色彩的故事，这正是反映出我国先秦时期有许多历史人物因年代久远，在一代又一代口耳相授过程中，他们的历史往往都掺杂着一些神话。也正是有这些掺人的神话，才使许多历史资料得以保存流传于后世，只要对这些神话做出正确的分析、判断，就会从中看出它所包含的史料。这篇记述伊尹历史的短文，也引起不少注释家们的争论，其中较多的是“有侁氏”的故地、“空桑”是否是地名和“伊尹为庖人”等问题。

1. 有侁氏

有侁氏之“侁”字，《墨子·尚贤下》《孟子·万章上》作“莘”，《吕氏春秋·本味》高诱注：“侁读曰莘。”有的文献中或作辛、㜪。有莘氏当是夏王朝时期的诸侯，其族居地或封地在今何处，历来有所分歧。古莘国和莘邑之故地有多处，例如有陕西合阳（旧作合阳）东南、河南开封市陈留镇东、河南汝州市（春秋时期蔡国之邑）、河南陕县夹石镇（春秋时期虢国之邑）、山东曹县北（春秋时期曹国之邑）、山东莘县北（春秋时期卫国之邑）等。《左传·昭公元年》载：“商有姺、邳。”杜预注：“二国商诸侯。”“姺”与“侁”同，即有侁氏。卜辞中有“先”字，有人名、族名、地名的先，如武丁时期有：

（1）“壬戌卜，争贞：乞命曼田于先侯，十月。”

（2）“贞：至于午，先来。”

（3）“贞：呼先。”

（4）“呼先妇。”

（5）“丁卯贞：[illegible] 往先。贞：勿往，九月。”

上举（1）辞是商诸侯。（2）（3）辞为人名，即先族的首领。（4）辞是有先氏女嫁至商为妇者，是商族诸妇之一。（5）辞是地名，为先的族居地或封地。研究者多认为卜辞中先就是文献的姺，是古莘国或莘地。记事刻辞中还有“先致五十”，可知先是商王朝的诸侯，而且有贡纳关系。但是，伊尹“耕于有莘之野”的有莘故地是前面举出的何地？应与伊尹出生地联系起来探讨较为恰当。

2. 空桑之地

空桑不是地名，而是形容其很广大的一片桑林。司马迁在编写《殷本纪》时，未采用《吕氏春秋·本味》中关于伊尹出生的传说，不能不说是一憾事。我认为吕不韦主编的这部不朽著作，当年是集中了许多高级知识分子参加编撰，他们将当时能搜集到的有关三代历史人物的传说资料，加以分类排比后将可取的写入书中，不能看作是无稽之谈，也正因有此记载才保存了关于伊尹出生地和成长事迹。有了相信的基点后，就可具体作分析：有莘氏的妇女们在“空桑”中采桑，发现桑林中有一遗弃的男婴，遂抱回献给有莘氏之君，其君命人置于温暖之房中喂养。这很清楚地说明伊尹是个弃婴，因刚出生不久而被抛弃，因这一片很大的桑林中气温低，男婴已被冻得半死，才命置于暖房中喂养。其中“梦有神告之曰……”一段神话故事，可以看出伊水经常泛滥。有莘氏君派人调查后，得知这片大桑林是在伊水沿岸；此弃婴之母也就住在距伊水不远处，在伊水泛滥时，弃婴之母在逃水患之时将自己刚生不久之子弃置于桑林中，后而被水淹死埋在桑林中。因不知弃婴的姓氏，就以伊水为氏。尹不是私名，而是后来的官名，挚才是伊尹的私名。“耕于有莘之野”，是有莘氏之族人将伊尹养大后应做的事。我国自古有“耕读传家”的优良传统，不耕者不得其食。就是统治者每年也得下农田作象征性的耕种，这种情形在甲骨卜辞中有所反映。国王和贵族们完全脱离耕作，是先秦以后之事。所以伊尹被有莘君以耕读的优良传统培养成才后，被商汤看中而争取去帮助灭夏。从以上分析就可以认为有莘氏的故地，并不是在前举的那些今地，而只能在伊水附近之地去探求。

伊水发源于今河南三门峡市卢氏县东南熊耳山的闷顿岭，向东北流经今嵩县、伊川、洛阳、偃师南入于洛水（今洛河）。《史记·封禅书》说：“昔三代之居，皆在河洛之间。”河，指黄河中游在河南西部这一段。洛，指洛水，古洛水（雒水）纳伊、瀍、涧从今洛阳北入黄河。今河南西部正是“河洛之间”，这里也是夏王朝活动的中心地区。1983 年夏天，考古工作者在偃师城西的尸乡沟一带，发掘出一座古城遗址，目前仍在不时发掘。从这座古城的规模、有多个城门、道路、城中有大型宫殿遗址来看，无疑是一座王城，考古学和先秦史学界大多认为应是汤所都“西亳”的都城遗址。《史记·夏本纪》载，商汤曾被夏桀囚于“夏台”（即均台，夏之监狱名），均台故址在今河南禹州市。河洛地区在夏、商、周三代时期，尤其是夏、商时，是一个自然生态环境十分优越、农业经济发达的地区。“有侁氏女子采桑，得婴儿于空桑之中，献之其君。”说明伊水之滨盛产桑，有大片的桑林，养蚕一定很兴旺，丝织业也必然十分发达。《管子·轻重甲》中记载：“伊尹以薄（亳）之游女工文绣，纂组一纯，得粟百于桀之国。”此所说之“亳”当是西亳，即汤后来所都之地区，即河洛地区。《吕氏春秋·顺民》载有：“昔汤克夏而正天下，天大旱，五年不收，汤乃以身祷于桑林。”“桑林”，历史上曾有史家认为是“汤之乐名”，近代学者指出此非本义，仍如高诱注“桑山林之”。我认为皆不达意，“桑林”，就是桑树林。商汤灭夏后，都于西亳（今河南偃师商城遗址），就在河洛地区，盛产蚕桑之区域中，伊尹就是生长在这个伊水之滨盛产桑蚕之地。

《世本》载：“鲧取有辛氏女，谓之女志，是生高密。”又：“辛氏，夏启封支子于辛。”《史记·夏本纪》：“太史公曰：禹为姒姓，其后分封，用国为姓，有夏后氏……辛氏……”可知有莘氏与夏的关系不是一般的君臣关系。按《世本》中所载，有莘氏与夏后氏就应是联姻关系。《左传·庄公三十二年》载有：“秋七月，有神降于莘。”杜预注：“莘，虢地。”春秋时期的虢地，即西周初封文王弟仲之虢国，始封之虢在今陕西宝鸡虢镇，后东迁于上阳，被称南虢。南虢国都上阳城在今何处？河南三门峡市的考古工作者，自 1987 年以来对三门峡市李家窑遗址做过初步发掘，并基本认定此遗址就是《左传·庄公三十二年》中所载之莘地，也就是夏、商时期的有莘氏的故地。此地与陕县峡石镇在夏代可能同属有莘氏的疆土范围之中，也是属于“河洛之间”的地区范围之内。据此也可认为夏之前有莘氏就是一个较大的氏族，其后成为夏王朝一个经济、文化较先进的诸侯国，否则不会培养出伊尹这样一位有才干的人物。

3. *伊尹为庖人*

夏王朝末年，夏桀好淫、暴虐，压榨百姓，百姓不堪其苦。夏桀则说：“天之有日，犹吾之有民，日有亡哉？日亡吾亦亡矣[2]。”因夏桀自比永不陨落的太阳，人民就常指着太阳咒骂：“时日曷丧！予及汝皆亡[3]。”虽然民有怨心，夏桀仍旧暴虐，镇压有怨言的百姓。同时也引起朝中一些大臣们的担心，大夫关龙逄因进谏而被杀，太史令终古泣谏无效而投奔商汤（伊尹可能已做过瓦解工作），就是在这种形势下伊尹决心弃夏从商。在古文献记载中，伊尹是如何从有莘氏弃夏归商有不同之说，如《孟子·万章上》：

万章问曰：“人有言，‘伊尹以割烹要汤’，有诸？”孟子对曰：“否，不然；伊尹耕于有莘之野，而乐尧舜之道焉。非其义也，非其道也，禄之以天下弗顾也，系马千驷弗视也。非其义也，非其道也，一介不以与人，一介不以取诸人。汤使人以币聘之，嚣嚣然曰：‘我何以汤之聘币为哉？我岂若处畎亩之中，由是以乐尧舜之道哉？’汤三使往聘之……吾闻其以尧舜之道要汤，未闻以割烹也。”

又《告子下》：

孟子曰：“五就汤，五就桀者，伊尹也。不恶污君，不辞小官者，柳下惠也”[4]。

《墨子·尚贤上》载：

汤举伊尹于庖厨之中，授之政，其谋得。

又《尚贤中》：

伊挚，有莘氏女之私臣，亲为庖人。汤得之，举以为己相，与接天下之政，治天下之民。

《尚贤下》：

昔伊尹为莘氏女师仆，使为庖人。汤得而举之，立为三公，使接天下之政，治天下之民。

孟子否认伊尹的庖人身份（厨师），在儒家心目中伊尹是“圣之任者”，是“圣臣”[5]。担任国家大任的圣人、圣臣当然是出身高尚的人，决不会是个庖人身份的一般人，而应是“耕于有莘之野”胸怀大志的隐士。司马迁在《殷本纪》采取两说时，将“处士”用“或曰”置于后，这明示伊尹曾以有莘氏之女的庖人身份，陪同送女（媵）至商，这种表述较为切合史实。后一说中伊尹“言素王及九主之事”，已为史家指出“不可据”[6]。有的记述将伊尹说成是“酒保”之类更不可信[7]。所谓“庖人”是伊尹想助商灭夏而接近商汤的一种策略，以这一身份出现则较容易接近。即使伊尹是庖人也不为耻。

《韩非子・难言》谓“上古有汤，至圣也；伊尹，至智也”。商汤是圣明识才之君，伊尹有智谋之才，两者结合，采用“间夏”的战略最后灭夏。故《孙子・用间》载：“殷之兴也，伊挚在夏。”无论是伊尹想助汤灭夏作为有莘氏女之媵而至商，或作为隐士而被汤多次诚聘入商，伊尹总算实现了他抱负的第一步，即有机会接近了汤。所谓“负鼎俎，从滋味说汤，致以王道”，也就是借做饮食作比喻，目的是王道，即向汤出谋献计如何“间夏”，灭夏桀。现在山西西南部和河南西部，是夏王朝活动中心区域，此地区与有莘氏相近，伊尹对夏桀统治时期的情形非常熟悉，因此向汤所献之计谋首先就是“间夏”，这是伊尹抱负的第二步。所谓“间夏”，就是到夏王朝去从事地下工作搞间谍颠覆活动，瓦解夏王朝的统治，争取反夏助商的势力。夏、商时期情报的传递是靠人员往来当面口述，因此才有“五就汤，五就桀”之说，五次是形容次数多，并不一定就是实数。司马迁也是以儒家正统理念去看待伊尹，才写出“伊尹去汤适夏，玩丑有夏，复归于亳”。其实是伊尹在夏的策反工作成功，有所谓“桀无道，囚汤，后琗之。诸侯来译者六国，远方来译者十六国”[8]。这些投奔拥戴商汤的诸侯，不一定都是伊尹策反的成果，其中也不排除有的就是伊尹“间夏”的功劳。伊尹见时机成熟后，遂请商汤出兵征伐夏桀。

按照《夏商周断代工程 1996—2000 年阶段成果报告》：“现取整估定商始年为公元前 1600 年。”因此商汤在伊尹等人协助下，于公元前 1600 年将夏桀打败后建立了我国第二个统一王朝。商王朝建立后，商汤任命伊挚为尹，行使右相之权。故孟子说：“伊尹相汤以王于天下[9]。”当然，在助商汤灭夏建立商王朝的过程中不止伊尹一人，但伊尹是做出巨大贡献之一位。伊尹做了右相，位列“三公”，为巩固王朝的新政权，所做的第一件大事就是“放太甲”。《殷本纪》载：汤死后，太子太丁未立而死，于是由太丁之弟外丙、外丙之弟中壬相继即位。中壬死后，伊尹立太丁之子、汤之嫡孙太甲继位。

帝太甲既立三年，不明，暴虐，不遵汤法，乱德，于是伊尹放之于桐宫。三年，伊尹摄行政当国，以朝诸侯。

20世纪70年代有学者根据《列女传》中载“汤妃有莘氏女”，谓“伊尹可能是有莘氏子弟。商和有莘氏当时还处于母系制度末期”。商汤与伊尹是郎舅关系，因伊尹至商，有莘氏与商合并为一国。“舅权的尊严还存在，故废立太甲易如反掌，而天下也不以为僭。”于是“伊尹由一个国子弟攀上了商汤成了右相”[10]。值得商榷的是夏朝末期有莘氏和商族是否处于母系氏族制？有莘氏是否是一个小国？我认为商族到成汤时不可能还是母系氏族制。当然，各人认识不同，亦可进行再探讨。有莘氏是一小国则不尽然，这是历史上所造成的一种错觉。史书中所称的氏，按照20世纪后半期时兴的理论来分析，一定是个小氏族、小国。我认为凡见诸我国古代“经”“传”者，就不是一般小国。伊尹和商汤是否是郎舅关系，亦可再探讨。《殷本纪》又载：

帝太甲居桐宫三年，悔过自责，反善，于是伊尹乃迎帝太甲而授之以政。帝太甲修德，诸侯咸归殷，百姓以宁。伊尹嘉之，乃作《太甲训》三篇，褒帝太甲，称太宗。

这是司马迁根据所见资料经过排比分析后写成，应当说可信度要大于其他的记述：与《殷本纪》中所载相反的是《竹书纪年》：

中壬崩，伊放大甲于桐，乃自立也。伊尹即位，放太甲七年。太甲潜出自桐，杀伊尹，乃立其子伊陟、伊奋，命复其父之田宅而中分之。

此记述是战国之人所为，未有流传本而被殉于魏王墓中，故司马迁未见过。可以推论司马迁即使在编撰《史记》时见过《竹书纪年》（当时不是叫此名），与更多的记述比较后，也不会作为“或曰”写入《殷本纪》。清人崔东璧早就指出：

盖自战国以后，风俗日颓，见利忘义，世俗之人习见而以为固然，遂妄意古圣人之亦如是，是以有舜囚尧、启杀益、太甲杀伊尹之说。

这种有明显编造痕迹的记述，历史上也被一些史家为了某种需要当作信史使用。在以“阶级斗争为纲”的时代，当时所写的通史也以此为“商代阶级斗争的过硬史料”加以广泛使用，对于商代甲骨卜辞中有关伊尹的资料则视而不见。

目前见于甲骨卜辞中的“伊”字有：伊尹、伊（伊尹之单称）、伊示（伊尹之神主）、伊司（伊尹之庙）、伊奭（伊尹之配偶）、伊宾（伊尹配柜享祭）和伊史（宫名）。称伊尹的有近四十条（含残辞），现举如下：

（1）“辛亥卜，至伊尹，用一牛。辛亥卜，至伊尹，用一牛。”

（2）“……御伊尹，五十……”

（3）“伊尹岁，十羊。”

（4）“……丑贞：王命伊尹，取祖乙鱼，伐告于父丁、小乙、祖丁、羌甲、祖辛。”

（5）“癸酉卜，侑伊，五示。”

（6）“甲申卜，侑伊，五示。”

（7）“壬戌卜，侑、岁于伊，二十示又三，兹用”

（8）“辛巳贞：以伊示。弜以伊示。”

（9）“乙未卜，其兮伊司，惟……兹。”

（10）“甲戌卜，其求雨于伊奭。”

（11）“……王其用羌于大乙，卯，惟牛，王受佑。贞：其卯羌，伊宾。”

（12）“癸丑卜，上甲，岁，伊宾，吉。弜宾。”

以上所举除（1）条为武丁后期卜辞外，余皆廪辛至文丁时期卜辞。（6）条为侑祭以伊尹为首的五位先臣。（7）条正如陈梦家所说：是“武乙卜辞，‘伊廿示又三’当指伊尹和太甲至康丁二十三王”[11]。可见伊尹在商王们心目中的地位，他们在祭祀时是与先公、先王同等配享。如果伊尹是夺权篡位而又被商王太甲诛杀，则是乱臣贼子，后人应口诛笔伐，不可能为其立庙，与先公、先王配享，甚至连其配偶也被祭享，向她祭祀求雨。

《左传·襄公二十一年》载：“鲧殛而禹兴；伊尹放太甲而相之，卒无怨色；管、蔡为戮，周公佑王。”应当说这是夏、商、周由建立、巩固、相对稳定后走向社会发展的关键。夏王朝之建立是因用鲧抗洪，治水“九年而水患不息，功用不成”（《史记·夏本纪》），被华夏部落联盟领袖舜放逐于羽山，又用禹继鲧抗洪、治水。禹吸取鲧治水的教训，抗洪以疏导为主，治水与平土同时进行，将洪水之患解除之后，舜将华夏部落联盟领袖让给禹。因禹领导的抗洪、治水成功，在各氏族、部落中有很高的威信，得到大家的拥戴，于是在部落联盟基础上建立了夏王朝。商王朝的建立与伊尹的协助分不开，伊尹在商族和人民中有很高的威信。商王朝建立之初，因商王太甲暴虐，不遵守商汤之法，被右相伊尹放逐。伊尹以右相代行王事，“摄政当国，以朝诸侯”。三年后太甲改邪归正，伊尹还政于太甲，太甲毫无怨言，伊尹仍退居相位，才使商王朝得以延续发展。周武王灭商纣以后建立起周王朝，武王死后周公辅佐成王，“三监”叛乱，若无周公诛“三监”和东征，则新王朝就有被颠覆的危险。历史上的重大事件往往因王朝中当权的关键人物处理不当，或不及时，则历史的进程就会改变方向。夏、商、周三代中，夏是由部落联盟转变成统一王朝，初期也有巩固统治的问题，但不是由辅助大臣来主宰。商、周两王朝则基本情形相同，都是由辅政大臣伊尹、周公来主宰。而伊尹自弃夏归商后，就一直为灭夏而尽力，商王朝建立后又辅佐三代五王，一生为商“鞠躬尽瘁，死而后已”。据《殷本纪》载，伊尹死于商王太甲之子沃丁即位之后。《殷本纪》《正义》引《帝王世纪》说：伊尹死后，商王“沃丁以天子礼葬之”。

4. 附述：“伊尹名阿衡”的问题

《殷本纪》《索隐》谓：“然解者以阿衡为官名。按：阿，倚也；衡，平也。言依倚而取平。”关于此问题自从甲骨文中有祭祀伊尹的卜辞之后，自王国维、罗振玉、郭沫若、董作宾等都有所研究。阿衡也见于《诗经·商颂·长发》

中："昔在中叶，有震且业，允也天子，降于卿士。实维阿衡，实左右商王。"《毛传》："阿衡，伊尹也。"此为司马迁所本之阿衡。《尚书·君奭》中有："在太甲时，则有若保衡。"陈梦家认为，伊尹、阿衡、保衡是三个人，"阿、保是宫名，衡是其私名。"（《殷墟卜辞综述》第335页）目前此说似符合历史实际一些，但仍有不尽如意之处，尚待深入探讨。

参考文献：

[1] 见《孙子·用间》《墨子·尚贤中》《楚辞·离骚·天问》。

[2] 《史记·殷本纪》，《集解》引《尚书大传》。

[3] 《尚书·汤誓》，《史记·殷本纪》。

[4] 又见《鬼谷子·午合》。

[5] 《孟子·万章下》，《荀子·臣道》。

[6] 梁玉绳：《史记志疑》卷三。

[7] 见《鹖冠子》。

[8] 《北堂书抄》卷十引《尚书大传》，又《帝王世纪》。

[9] 《孟子·万章上》。

[10] 张政烺：《释它示——论卜辞中没有蚕神》，刊《古文字研究》第一辑，中华书局1979年版。

[11] 见《殷墟卜辞综述》，第363页。

（作者系中国社会科学院研究员）

五、伊尹及其学术源流初探（夏毅榕）

伊尹是夏商史上的重要人物，《汉书·董仲舒传》曰："伊尹为圣人之耦，王者不得则不兴。"把伊尹、吕尚并称。《史记·绛侯周勃世家》曰："勃匡国家难，复之乎正。虽伊尹、周公，何以加哉！"又把伊尹、周公并列。而司马迁在《素王妙论》中还说："管子设轻重、九府，行伊尹之术，则桓公以霸，九合诸侯，一匡天下。”（见《太平御览》卷四百七十二）皆指明伊尹得业绩和学术对后世有重要影响。研究他的政治活动和学术传承，是先秦政治史和学术思想史的重要课题之一，然而，古史难考，古学源流难辨，导致史家对伊尹及其学术有误解和忽视之处。本人试从伊尹其人及其学术流传概况两方面，进行初步考辨，以求推进对先秦伊尹学派的深入研究。

1. 伊尹其人

（1）甲骨刻辞和金文所见伊尹事迹

伊尹，作为殷商受祭的旧臣，屡屡出现于甲骨刻辞中（多见于禀辛至文武丁时期），写作“□”，又作“□”，即“伊”。罗振玉考释说：“其名臣之见于卜辞者三：曰伊尹，亦曰伊。”[1]另外卜辞里还有“□”“□”，王国维读作“寅尹”，认为“古读寅音如伊”；[2]而郭沫若直接释之成“黄尹”，并说“黄尹即阿衡，伊尹也”。[3]三位甲骨学泰斗的释读已被大多数学者所接受。据此，学术界又推衍出“□”（伊示）、“□□”（伊□）、[4]“□”（黄示）、“□”（黄示）都指伊尹，见孟世凯先生所撰《甲骨学小词典》。[5]但陈梦家以为，伊尹与黄尹有别，伊尹可单称伊，或伊示；而伊□、黄□身份不确，可能指伊尹、黄伊，也可能是两人的配偶。[6]

排除有争议的伊□、黄尹、黄示、黄□也能清楚地看到，伊尹在刻辞中的地位是商诸臣中最显赫的。据姚孝遂主编的《殷墟甲骨刻辞摹释总集》释文，可将公认有关伊尹的刻辞大致分成如下几类：一、为受祭对象。例如姚书所引《甲骨文合集》（以下简称《甲》）二一五七三条刻辞说：“……卯子卜来丁□四牢……伊尹”，另有用不同数目之牛、羊等牲祭和饮食祭祀的刻辞多条；《甲》三三三一八条刻辞称“甲申卜侑伊尹五示”，当指旧臣五示而以伊尹为首。二、附祭于先王，刻辞多称“伊宾”，如与大乙并见一辞的有《甲》二七一三四条和《甲》二七六五八条。三、作为祈岁、奉禾、□雨、宁风及贞问兵伐的对象，分别见《甲》二七六五三条、《甲》三三二八二条、《甲》

三二八八一条、《甲》三〇二五九条、《甲》三二八九六条等，此不赘述。四、其他。如《甲》三二八〇一条“惟伊其射”，指伊尹曾任商代掌射之职；《甲》四一四二二条“于□东伊田有正”，则说明伊尹死后还在□东享有祭田。

总之，刻辞反映出伊尹死后的地位甚为重要，仅次于先王，而与上甲及前的先公高祖一样能祈年和□雨，配祭于殷开国圣主汤，更表明他生前丰功不没。虽然由卜辞直接提供的伊尹事迹不多，但《甲》三四一二三条是武乙卜辞，称“壬戌有岁于伊二十示又三”，指明伊尹和大甲至康丁有二十三王，那么，可知伊尹应卒于大甲时。通过他曾任“射”之职，可知他生前与“攻伐”大有关系，以致死后还被当成贞问战争的对象。

春秋有仕齐的宋人铸叔夷镈铭文传世：[7]“□□成唐（汤），又（有）敢（严）才帝所，专受天命，□（□）伐□（夏）司，□皁□（灵）师，伊少（小）臣隹（辅），咸有九州岛，处禹之堵（土）。”[8]描述了伊尹身任小臣之位，辅助成汤灭夏的功绩。

（2）文献所见伊尹事迹

先秦汉晋的文献有关伊尹的记载不胜枚举，为研究者提供了较充足的史料。唐宋以来，不断有专文论伊尹身世及业绩，这些文献留给人们的初步印象是：伊尹虽出身微末，但功此皋陶、吕尚、周公，作为一代贤臣，历代受到赞颂。

《周书·君奭》曰：“昔成汤既受命，时则有若伊尹，格于皇天。”[9]与出土材料相映证，足见其实。西汉人在传书、[10]诗、[11]时，都称伊尹即阿衡或保衡，司马迁也有此说；[12]春秋末的孙武言伊尹又名挚。[13]

伊尹的身世，文献记载颇具神异，且说法不一。《吕氏春秋·本味》《天问》王逸注、《列子·天瑞》张湛注都说伊尹生于有莘国伊水滨的桑林中，而“空桑”为其母所化。[14]伊尹遇汤前事，被归纳为两类，即出身卑贱说（庖人、媵臣、小臣三种出身）和处士说，《墨子·尚贤》《庄子·庚桑楚》《文子·自然》《鹖冠子·世兵》等先秦子书从前说，[15]唯《孟子·万章上》称伊尹本隐居高士，得圣主聘而成其大业，否认了割烹要汤说。[16]

得汤重用后，《鬼谷子·忤合》、[17]《孟子·告天下》俱言伊尹“五就汤、五就桀”，与《夏书·汝鸠序》所记伊尹去亳适夏，又复归亳相符，其目的是孙子认为的用间于夏，为殷汤刺探军情。因此才有《国语·晋语一》中史苏认为末喜“与伊尹比而亡夏”的一番议论。[18]《竹书纪年》也有二人合谋间夏之说。[19]

完成助汤灭夏的大业，伊尹作为元老重臣历任于四代商王，《孟子·万章上》记载：汤崩，太丁未立，外丙二年，中壬四年。太甲颠覆汤之典刑，伊尹放之于桐。而三年后太甲悔过，又被伊尹召回。《史记·殷本纪》《尚书·太甲序》《左传·襄公二十一年》都有伊尹放太甲又复之之说。[20]上述经史的传习，使世人几乎认可了伊尹黜太甲而劝其修德的苦心，把伊尹奉作了与周公齐名的先圣哲人。但西晋汲冢古书的面世，开始动摇了儒家经典中塑造的伊尹形象。杜预写道：“《纪年》又称殷中壬即位，居亳，其卿士伊尹。中壬崩，伊尹放大甲于桐，乃自立也。伊尹即位于大甲十年，大甲潜出自桐，杀伊尹，乃立其子伊陟、伊奋……《左氏传》伊尹放大甲而相之，卒无怨色。然则大甲虽见放，还，杀伊尹，而犹以其子为相也。此为大与《尚书》叙说大甲事乖异。不知老叟之伏生或致昏亡？将此古书亦当时杂记，未足以取审也？”[21]

由此，伊尹在商为政经历就有了两种版本。当然，儒家传经的巨大影响使伊尹为圣人说赢得了众多学者的认可，而后一说被史家认为可疑而摒弃，连其载体《纪年》都几至湮没。仅于两晋书中散见相信后说的词组，如“伊尹终于受戮，大雾三日”，[22]“伊生抱明允以婴戮”。[23]

至于伊尹的葬地，《商书·沃丁序》称“沃丁既葬伊尹于亳”；《史记·殷本纪》集解引《皇览》曰“伊尹冢在济阴己氏平利乡，亳近己氏”。《水经注》又引皇甫谧曰“沃丁葬以天子之礼，亲自临丧，以报大德焉”；[24]伏韬《北征记》又言“博望城内有成汤、伊尹、箕子冢”；[25]《殷本纪》正义引《括地志》曰：“伊尹墓在洛州偃师县西北八里，又宋州楚丘县西北十五里有伊尹墓，恐非也。”

记载有出入，必是时代久远，传说无考，故纷纭难一。

2. *伊尹事迹的若干考辨*

从上文可知，历史上实有伊尹其人，并非神话中的典型。但古史记载往往歧异甚多，使研究者不能直视其本来面目，这里试就伊尹事迹中存在的若干疑点进行考辨。

（1）辨产于空桑说

《吕氏春秋·本味》曰“有侁氏女子采桑得婴儿于空桑之中”;《列子·天瑞》亦曰“伊尹生于空桑”；有趣的是,《吕氏春秋·古乐》又说“帝颛顼生自若水，实处空桑”；而《史记·孔子世家》正义引《括地志》更言道“女陵山在曲阜县南二十八里，征在生孔子空桑之地，今名空窦，在鲁南山之空窦山中”；吴任臣也引《春秋演孔图》和干宝所记孔子生于空桑；[26]无论“空桑”具体所指为何，伊尹、颛顼、孔子都生于空桑这一点，就耐人寻味。帝颛顼乃五帝之一，孔子亦为素王，是否伊尹因其所建丰功而取得了先秦人心目中类似前两位圣人的地位，才有三人同生于空桑的说法？这一点难以详考，姑且存疑。

考辨伊尹产于空桑说的史实，首先要明白“空桑”的含义：其一，从《本味》《天瑞》张注、《天问》王注文义来看，应指空心桑树。其二，《周礼·春官·大司乐》有“空桑之琴瑟”，郑玄注空桑为“山名”。[27]《山海经·东山经》亦有“空桑之山”，郭璞注：“此山出琴瑟材，见《周礼》也。”[28]《九歌·大司命》曰：“踰空桑兮从女。”王逸注：“空桑，山名。”[29]三家所言空桑之山皆不详所在。其三，《九歌·大招》言“魂乎归来，定空桑只”，王逸注又称“空桑，瑟名也。古者弦空桑而为瑟”；《汉书·乐志·郊祀歌》“空桑琴瑟结信成”，颜师古注“空桑，地名，出善木可为琴瑟也”；[30]孙诒让说此“二家皆不云山名，盖并与郑义异，不徒空桑弦瑟，直以桑木为释矣”。[31]《述异记·卷上》“空桑生大野山中，为琴瑟之最者空桑也”，[32]这些皆指空桑本义为可做琴瑟的上好桑木。其四，空桑为地名或邑名说。王逸在《大招》注中还说：“或曰：空桑，楚地名。”不知在楚何地。《淮南子·本经训》曰：

“共工振滔洪水，以薄空桑。”高诱注：“空桑，地名，在鲁也。”[33] 孙诒让认为此空桑即《左传·昭公九年》之穷桑，杜预注：“穷桑，少皞之号也；穷桑，地名，在鲁北。”这处又名穷桑的鲁地空桑，当按前引《括地志》所言，在山东曲阜县南；《太平寰宇记·河南道·开封府·雍丘县》则言“空桑城在县西二十里”；[34] 而《古史考》也指空桑故城在开封陈留北三十里，有空桑涧；[35] 其五，空桑谓上古神话中日神所居汤榖上之扶桑，《归藏·启筮》：“空桑之苍苍，八极之既张，乃有夫义和，是主日月出入，以为晦明。”[36]

笔者以为，此处“空桑”，不当如吴任臣、范耕研等释为地名，[37] 应从陈奇猷先生之说，指空心桑树。[38] 伊尹生空桑之事，应理解为古代传说昭示圣人不凡的出生，表现古代社会文化特色。何况吴氏、范氏等所指空桑之地皆远离伊水，与伊尹诞于伊水这一确然史实相悖。[39] 而《古史考》说陈留附近有“空桑”地名，其得名当与夏商之际有莘已东移至陈留有关。[40]《史记·殷本纪》正义引《括地志》：“古莘国在卞州陈留县东五里，故莘城是也。”《元和郡县志·河南道·汴州·陈留县》亦曰：“故莘城在县东北三十五里，古莘国地也。”[41] 汤都西亳，在今偃师，有莘在其东，故《天问》才有成汤东巡之说。汤娶有莘氏女即在今开封陈留镇。既然陈留是有莘国在成汤东巡时的故城，那么在伊尹受成汤重用后，有莘族后人为追崇本族圣者，乃以其传说生于空桑之中，而用“空桑”为陈留附近地区命名，当最近于史实。

（2）辨阿衡（保衡）说

长于考信经史的清代学者崔述，否认伊尹与保衡为一人，把旧臣中的保衡从旧籍中区分了出来，[42] 陈梦家继之以卜辞为证，彻底分清了两位不同时代的名臣，把自汉以来的误识加以纠正。[43] 其主要论点有：

第一，以较早文献《尚书·君奭》、[44]《毛诗·商颂·长发》[45] 为证，称伊尹为汤时臣，而保衡建功立业在太甲时，且阿衡（即保衡）在商之中业，非商初。笔者因此联系先秦史料中并无人称伊尹为阿衡、保衡，仅别称伊挚。至两汉传六经，书孔传和诗毛传方解伊尹即保衡，而史迁又全盘接受的事实，更确定汉以来才混淆了伊尹与保卫两人。

第二，陈梦家说：“卜辞之黄尹、黄□即诗、书之阿衡、保卫，因为阿、保即□，而‘黄’、‘衡’古相通用；西周金文赏锡之‘赤布幽黄’，即《礼记·玉藻》之‘赤韨幽衡’。”他据卜辞中伊、黄二人种种方面相当平行，便疑黄尹是伊尹之子，而杜预《后序》引竹书说伊尹放大甲，大甲杀伊尹而立其子伊陟、伊奋，时间与《君奭》所言正相当。陈说可从，阿衡当指伊尹之子。

（3）辨伊尹出身贱民说

无论出身卑贱说还是处士说，都遭到了当代史学研究者的怀疑。陈梦家依据卜辞，以为伊尹在商旧臣中地位最尊；他担任了“伊”这种官职，私名是“伊”；“尹”和阿衡、保衡之“阿”“保”属同类官职，即墨子所言“女师仆”，叔夷鎛所称“为传”；若伊□也确指伊尹，□作为官名，读作模，与母、姆相通，也指文献所谓媵臣之类的职务。[46]他虽然没有向传说中的出身卑贱论直接开刀，但明白告知后来研究者，伊尹、保衡两位名臣，前后所任官职相类，地位显要；实际已揭示有商一代尹、保之职，并非低贱的陪嫁奴隶，不似战国时人笔下的“媵臣”那般卑微，而极可能是执掌商王族大权的重职，相当于后世之“相”。

李裕民则否定了旧说伊尹出身于陪嫁奴隶，[47]认为他是商王的小臣，又兼任师保之尹。《楚辞·天问》《墨子·尚贤》及叔夷钟都称伊尹小臣。所谓“小臣”，在商代是颇有权势的贵族，为王出兵征伐，随王打猎，替王占卜，受赏赐可作器为纪念；西周初期，小臣地位还较重要。至晚期逐步下降，小臣作器已罕见；到春秋，小臣已沦为殉葬品。事见《左传·成公十年》。所以，战国人就把小臣、媵臣混作一处，视为微末之人，不了解小臣曾有的举足轻重的地位。[48]

徐喜晨继之撰文，把对伊尹其人的研究推向深入。他认为无论农夫、庖人、媵臣，还是卑贱小臣的出身，都是战国人的观念，绝不可能是伊尹在商初前后真实的身份。他由伊尹生空桑的神话，推出其应与商契、周后稷有相似的身世，才会有这种神化了的出世方式；剥除神秘色彩，这个由《吕氏春秋》保存下来的传说，当由伊尹在其氏族中的特殊地位而来。文献都称伊尹为有莘族人抚养，他极可能是当时有莘族长。加上卜辞中他处于身近商先公的重位，其与汤的关系不只君臣上下那么单纯。并举《孙子·用间》《孟子·告天下》《天问》《竹书纪年》《国语·晋语一》所载史料，说明伊尹替成汤充当间谍，任意往来于夏、商两部族之间，只可能本人是夏部落联盟内有莘族首长。《吕氏春秋·慎大》描述了成汤、伊尹为盟，共约夏桀为敌的史实。尽管商有涸旱，汤也要发兵以信伊尹之盟。[49]《天问》问道："汤出重泉，夫何罪尤？不胜心伐帝，夫谁使挑之？"表达出汤伐桀不为民心，而因伊尹挑之，桀并非罪大恶极。成汤联合伊尹部族，与《周书·泰誓》所载武王联合庸、蜀、羌等部族是相同的情形。伊尹对汤取天下，足实立下了汗马功劳，这才是他在卜辞中地位为旧臣之首的原因。[50]

李、徐两位先生的研究，前者澄清了战国以来对"伊尹小臣"地位的误解，后者更是推翻了战国人传播的伊尹出身贱民说，指明伊尹应身居有莘族之高位。但他们否定伊尹曾任媵臣、庖宰之职，则有失偏颇。

媵臣在春秋时已是卑贱之役，如《史记·秦本纪》"晋献公灭虞。虏百里奚以为秦缪公夫人媵于秦"；《毛诗·小雅·我行其野》孔疏曰"妾送嫡而行，故谓妾为媵，媵之名不专施妾，凡送女嫡人者男女皆谓之媵"，这说明"媵"并不专指"凡诸侯嫁女，同姓媵之"、[51]"媵者必娣侄从之"[52]的陪嫁媵妾，那"媵"的地位从文献上难以确认。《说文解字》："□，送也，从人□声。吕不韦曰：有侁（莘）氏以伊尹媵女。"段注："□，今之媵字。"[53]卜辞中有"丁巳卜，□多宰于柄"[54]，宋镇豪据之推测媵既为多宰，社会身份不会太卑。他说多宰当为王室的家内近臣，因嫁女于柄族而被选作媵臣。[55]综合起来，笔者认为夏末商初时，媵臣也和小臣一样不能理解为春秋战国时的概念。媵臣不是春秋时赠送的劳役奴隶，而指送女到外族，代表政治联盟发言的首领。伊尹作为有莘族中身居高位之人，又富有政治远见。通过送女与商族联姻，结成舅甥之好，共谋灭夏功业，才可能立即受到成汤的尊崇，被奉为王师；[56]至于庖宰地位亦重要的讨论，留待后文。

伊尹为何能先后在夏、商任职，并死后享有配祭商王的殊荣？个中缘由，耐人深思。屈原《天问》早已开始质疑："初汤臣挚，后兹承辅，何卒官汤，尊食宗绪？"李陈玉亦曰："伊尹初为小臣，汤之名呼者也，后兹承辅，竟为汤师。古之王者得一奇士，亦须经历年岁，或至子孙时始尊显之。何以即在汤时而为大官，尊食鼎养，传之子孙，宗庙承绪，与殷咸休？"[57]美籍华裔学者张光直先生通过对甲骨卜辞中祭日材料和文化人类学材料的综合研究，得出了这个使史家萦怀几千年的疑问的最好诠释。

回答这一疑问的前提是研究殷商王制。张先生在《殷礼中的二分现象》中放弃了旧有的商王庙号的生日说，提出了殷商王位继承的乙丁制。他说："商王的庙号并不是由生日而来，却是各王生前与死后所属的社会群的一种传统的称号"，又说，"商的王室可以分为两大支，而两支轮流隔世执政。这种制度——姑称之为乙丁制——很显然与周的昭穆有若干密切相似之处"；"商代子孙的王族，至少可以分为十个宗族，或其宗族可以分为十组。其中以乙丁为庙号的两大宗大概政治地位最高，政治力量最强。其余宗族，甲、戊、己三支与乙相近，统称为乙组，而丙、壬、癸三支与丁相近，统称为丁组，庚、辛两支则可称为'中立派'。"张先生用波利尼西亚西部蔼理斯岛（Ellice Islands）上的Funafuti人的两支王族轮流执政制度的材料，说明商王这种奇异的双重继承的存在是可能的。据此，他联系旧臣在商代卜辞与历史文献里的重要性，认为"伊尹是大乙时代的重臣，在卜辞祀礼中的隆重地位与先王相似。说不定伊尹是大乙时代的次级首领，或即是王族丁组当时的首长。古典中伊尹放逐大甲的故事，与卜辞中武丁时代对伊尹祀礼的隆重，都是值得深思的史料"。[58]

张先生又在《谈王亥与伊尹得祭日并再论殷商王制》中，归纳了殷商王制的六条法则：其一，王族分成十个天干群；其二，十个天干群结合成前引文中的乙、丁两组；其三，王位不在同一天干群中传递；王位如在同组内，则新王定是老王同辈，即兄弟辈；传异组则须晚一辈者承继；其四，国王掌政，由大臣会议协助；大臣中的首相，或叫次级首领，常由王的异组长老担任；王权传递时，首相因世次昭穆都不合而无继承资格，却可能在继承人选上产生重要影响；其五，王族内男子须符合一定条件才有做继承人的资格；其六，王族内婚。因此，他对商代开国的史实，提出崭新看法：商朝建国，汤为王，是以A组（引者案：指前文提及的由乙、甲、戊、己四支构成的乙组）的首领执政。伊尹大概便是B组（引者案：指由丁、丙、壬、癸四支构成的丁组）的首领，做汤的副手。这个安排在汤在世的时候，没有什么风波，但汤死了以后，A、B两组之间可能经历了一段钩心斗角的争位事件。按上述法则，汤死后应由太子大丁继位，则是把王位传递到伊尹的B组。但太子大丁先死，所以汤死后，伊尹立了B组外丙和中壬出来，前后做了六年。中壬死后，伊尹把王位让回给A组的大甲，可能是不得已的举动。嗣后伊尹放逐大甲，以及大甲杀伊尹的传说（《纪年》），可能代表这中间A、B两组以伊尹为中心的争权故事。伊尹是B组的英雄，却不见得也是A组的英雄，战国时代对伊尹出身贵贱两说可能本于此。伊尹死后，葬他的是沃丁，祭他的又是武丁、文武丁。这中间的扣合，已远超过蛛丝马迹的范围了。伊尹祭日为丁日这一发现，可以说是把这个新的解释从可能性提高到史实的关键。[59]

综合上述考证，伊尹在商史上的真实面貌更加明晰：伊尹作为夏的亲族有莘氏之重要首领，[60]通过政治联姻与商族结为同盟，历任小臣、尹等重职，并把握了商王族重要宗支丁组大权，成为仅次于商王的次级首领。这种权力的取得，理当成为推动伊尹及有莘族背夏的动力，也是他世世飨商的缘由。成汤之后，他在殷商王位继承的大宗支交替执政的斗争中亦充当了重要角色。伊尹既富有政治家的雄才大略，又富有军事和政治斗争实践经验，为商灭夏和丁组王权的承袭做出了重大贡献，所以他的业绩和思想得以被商人代代传颂，更受到丁组商王的尊崇。直到春秋战国诸子争鸣，因各学派立场不同，而流传久远的古史对伊尹之死有两种截然相反的说法，伊尹乃被讹传为贱民出身。由上文所述可得澄清。

3. 伊尹学术的流传

（1）周人传伊尹学术

武王灭商后，汲取商人统治经验，巩固政权，是周人以西隅小族而治天下的当务之急。因此，西周上层统治者对殷治国贤能伊尹的学术相当重视。

《礼记·明堂位》载："武王崩，成王幼弱，周公践天子之位以治天下。六年朝诸侯于明堂，制礼作乐。"[61]周公继承了黄帝、尧、舜、夏、商以来的礼乐传统，对汤与伊尹所传大濩一乐予以保留、传习。见《周礼·春官·大司乐》："以乐无教国子，无云门、大卷、大咸、大磬、大夏、大濩、大武。"郑注："大濩，汤乐也。汤以宽治民而除其邪，言其德能使天下得其所也。"《春秋元命苞》："汤之时，民大乐其救于患害，故护者救也。"[62]《春秋公羊传·隐公五年》何休注："殷曰大濩，殷时民乐大其护己也。"[63]这里，"护"同"濩"。而《吕氏春秋·古乐》言："汤乃命伊尹作为大濩、歌晨露、修九招、六列，以见其善。"所以大濩之乐乃伊尹所作，体现了他宽民、款政的思想。这种思想的承袭，对西周除纣之暴政、立定脚跟，巩固国基有直接的现实意义。正如《尚书·洛诰》："王肇称殷礼，祀新邑。"孔疏引郑玄注："王者未制礼乐，恒用先王之礼乐。伐纣以来，皆用殷礼，非始成王用之也。"从武王、周公起，对殷代礼乐的继承，对伊尹学术的继承，是主动的、完全必要的。

周人保存的政治档案如《尚书》《周书》中有记载伊尹政治活动和思想的文献。这样，商代政治家对君德的要求和对统治大国四方经验的探索，直接为周人所汲取、效法、继承。

今本《尚书》所传《伊训》《太甲》三篇、《咸有一德》都成为伊尹遗篇。[64]《书序》还存有伊尹作《肆命》《徂后》篇目，其文早佚。郑玄曰："肆命者，陈政教所当为也。徂后者，言汤之法度也。"[65]但《伊训》和《太甲》

汉时亡逸，东晋始见载于《古文尚书》，曾被史家斥之伪作；笔者以为不妨视作东晋人辑佚，所传有据。[66]在《伊训》中，伊尹要太甲汲取桀亡的教训，发扬汤之成德；提出“三风十愆”是失位亡国的重要原因，邦君卿士，应注重修德，从谏如流，无以善小而不为。而于《太甲》三篇，伊尹又教导太甲讲求忠信，以桀为戒，不可辱没先祖；并劝诫他要像先王一样勤政，永不懈怠；并做到居安思危，终始修德，结交贤人。《咸有一德》比较集中地反映了伊尹的政治思想：强调德唯纯一。夏桀失德就失天下，成汤和伊尹自己都有纯一之德而得天下。君主应日行新德，任官唯贤材；臣下应为主施德；主张以善为师，虚怀视民。

今本《逸周书》中《王会》篇，保留了《伊尹朝献·商书》。[67]原文曰：“《伊尹朝献·商书》，不《周书》，录中以事类来附。”唐大沛释曰：“古《商书》中有此篇，今《周书》簿录中以事与《王会》相类，故取来附录之。”[68]

《伊尹朝献》篇反映了伊尹辅汤治四方的一个重要政治经验；立远方之政，使各得其官。[69]正如唐大沛言：“观下文所列条目皆各国土产地势所有者也，并无珍禽怪兽，亦无重大难致之物，所谓易得而不贵者，是利远方之政也。四方贡献着为政令，命伊尹定之。”[70]唐氏还说：“《伊尹朝献》一书文不过二百余字，简古可爱，其为商时古书无疑。因作《王会》者附录之，以传至今数千年，当与商之鼎彝并宝矣。”[71]此说有理。丁宗洛也指出：“周有周公与商有伊尹皆开国所依赖者。商事何与于周而篇终详言之，便见周公献令亦周公所定，与伊尹同也。”[72]《王会》附载《伊尹朝献》不是偶然的，这是周公向伊尹学习治国经验的又一证明。

西周初年周公摄政辅成王，与商初伊尹摄政辅太甲历史的相似，使忠于王室又有卓识的周公必然称引伊尹作为，以前贤为榜样，平息流言，安抚人心。这又为伊尹学术和伊尹辅政英雄说的流传提供了契机。据《史记·燕召公世》所载：“周公乃称‘汤时有伊尹，假于皇天；在太戊时，则有若伊陟、臣扈，假于上帝，巫咸治王家；在祖乙时，则有若巫咸；在武丁时，则有若甘般，率维兹有陈，保乂有殷’。于是召公说。”描述了周公以伊尹等名臣自况，言明心志，才赢得召公的理解与合作。

另外，周人传伊尹学术，尚有一个不容忽略的有利条件：周族商末壮大时，继商之后又与古老而势力强大的有莘族联姻。《毛诗·大雅·大明》赞曰“缵女维莘，长子维行”，是称颂文王继娶有莘长女大姒为妃之事。[73]大姒乃周人颂扬的文王贤妃，武王之母，那么以她的地位，将大大利于其倡导在周贵族中传述有莘族圣者伊尹的业绩和思想。古代统治阶层的婚姻关系，往往是一种政治关系。伊尹受周人尊重，与姬莘联姻而缔结的政治同盟是相辅相成的，有利于新王朝的进一步巩固。

（2）诸子传伊尹学术

伊尹后裔，从其子名伊陟、伊奋来看，当以父名为氏，形成伊氏。两周时，伊氏多居于三晋之地；[74]而源于伊尹之子保衡的另一宗支衡氏，则迁徙到了鲁、齐之地。[75]他们的分布，为伊尹学术传播奠定了基础。所以，除殷商后人聚居的郑、宋之地外，三晋和齐鲁在春秋战国时也成为伊尹学派传述伊尹学术的主要区域。

春秋战国之交，是中国社会大变动的时代，也是私学勃兴、百家争鸣的时代。伊尹的史迹和遗说，被诸子各派纷纷评议、引证、发挥，空前重视；伊尹学术也由官学、家学演变成百家中的一支私学、一个学派。流传至今的先秦诸子著作中不难一一窥见。

A. 儒家称引伊尹

《论语·颜渊》载子夏曰：“汤有天下，选于众，举伊尹，不仁者远矣。”[76]发挥《商书·咸有一德》“任官惟贤材，左右惟其人”和《伊训》“敢有侮圣言，逆忠直，远耆德，比顽童，时谓乱风”之旨，强调了举贤才能远佞。

孔子亦以伊尹“负鼎俎、调五味，而佐天子，则其遇成汤也”为例，说明“贤不肖者才也，为不为者人也，遇不遇者时也，死生者命也。有其才不遇其时，虽才不用。苟遇其时，何难之有？”从而勉励弟子。[77]

孟子则对伊尹大加肯定，称之为“圣之任者”，[78]认为他“何事非君，何使非民，治亦进，乱亦进”；[79]“其自任以天下之重如此”。[80]因此，近人罗焌说：“凡后世以天下为己任者，皆伊尹之徒也。”[81]孟子又引伊尹曰：“天之生此民也，使先知觉后知，使先觉觉后觉。予，天民之先觉者也，予将以斯道觉斯民也，非予觉之而谁也？”孟子此引伊尹言，实属伊尹学术中的精华之论——觉民而非愚民。正如文廷式案语：“秦汉以来，先用法术，继尊黄老，愚民之术日益工，中国之弊日益甚。惟孟子之述伊尹，独言‘觉民’。四千年来，以开民智为己任者，一人而已。称之以‘圣’，夫何媿焉！”[82]孟子还在《尽心上》中回答了公孙丑对伊尹放太甲的质问，称“有伊尹之志则可”，实际借赞扬伊尹志在爱民，无贪天下之心来阐述他的民为重、君为轻的民本思想。

B. 墨家称引伊尹

墨子作为小生产者利益和要求的代言人，他和大多弟子都来自社会下层。尽管他也主张尚贤使能，但和儒家不同的是，他认为：“虽在农与肆之人，有能则举之”，“官无常贵，而民无终贱，有能则举之，无能则下之”。[83]所以他将伊尹发挥成与大多墨者一样出身贱人的贤能之士。如《贵义》所言“伊尹，天下之贱人也”。墨子也推崇伊尹的治国才能，借汤之口说：“今有药于此，食之则耳加聪，目加明，则吾必说而强食之。今夫伊尹之于我国也，譬之良医善药也。”[84]他还在《所染》中称“汤染于伊尹、仲虺”，说明伊尹等贤臣对君主的影响极深，正如帛书《黄帝四经·称》说：“帝者臣，名臣，其实师也。”[85]

C. 法家称引伊尹

马王堆汉墓出土帛书《九主》，李学勤先生考证为《汉书·艺文志》所载《伊尹》之佚篇。[86]魏启鹏先生撰文称《伊尹·九主》观点与郑国形名大师邓析和申不害之论可以印证。[87]邓析为春秋末法家的先驱人物，《九主》中伊尹论及“唯天无胜（朕），凡物有胜（朕）”和“胜（朕）者，物【性之】

所以备也，所以得也。天不见端，故不可得原，是无胜（朕）”。[88]被邓析阐释为：“不以耳听，则通于无声矣。不以目视，则照于无形矣。不以心计，则达于无兆矣。不以知虑，则合于无朕矣。为君者藏形匿影，群下无私。掩目塞耳，万民恐震。循名责实，察法立成，是明主也。”[89]而伊尹又曰“法君之佐佐主无声”，也使人联系邓析名句：“厅于无志，则得其所闻。故无形者，有形之本。无声者，有声之母。”[90]《九主》中伊尹主张“法君执符以听”，“以分听名”，与《申子·大体》所论“名者，天地之网，用圣人之符，则万物之情无所逃之矣”。[91]真如一脉相传。从魏先生之说，邓析、申不害接受并发挥了伊尹学术。

集法家之大成的韩非子，受伊尹学术影响更深，所论伊尹及其学术共有十处之多。他赞美伊尹和管仲、商君一样“明于霸王之术，察于治强之数，而不牵于世俗之言”，[92]又说“伊尹毋变殷，太公毋变周，则汤武不王矣”，[93]更指出伊尹“通道法而不敢矜其善，有成功立事而不敢伐其劳，不难破家以使国，杀身以安主”，是“霸王之佐也”。[94]他还说“伊尹以中国为乱，道为宰干汤”，是“忧天下之害，趋一国之患，不避卑辱，谓之仁义”。[95]同时在《饰邪》中写道：“故人臣称伊尹、管仲之功，则背法饰智资。”这表明韩非之时已有奸臣、小人歪曲伊尹之道，为非作歹，妨碍君权。从韩非的言论来看，他是把伊尹、太公、管仲、商君四者的学术视作一系的。《商君书》主张“立法分明”“塞私门”，揭露“大臣争于私而不顾其民”，强调“名分定，势治之道也”，皆直接继承和发挥了伊尹学术。[96]

D. 道家称引伊尹

道家在战国，一为黄老派，言道法，为三晋法家吸取成理论基础，如申不害、慎到、韩非等人，太史公说他们“学本于黄老而主刑名”或“学黄老道德之术”，[97]申、韩称引伊尹如前述；一为管仲学派，据《汉志》列为道家；亦讲求君人南面之术，重视引用、发挥伊尹学术。故司马迁《素王妙论》述黄老、范蠡之学后，即述伊尹、管仲之学（见前言所引）。今本《管子》

集稷下学宫之大成，其中《七臣七主》一篇，全盘承袭《伊尹·九主》思想，可看作稷下道家对伊尹学术的传承和模拟。凌襄先生亦考证：《伊尹·九主》当在《七臣七主》以前，《七臣七主》的作者可能读过《伊尹·九主》。[98]

又有与社会不合作，逍遥自任的庄周一派，其后学在《庄子·让王》篇中称伊尹“强力忍垢”，即说他有毅力而能忍辱。但通过卞随辞让王位所言“吾生乎乱世，而无道之人再来浸我，以辱其行，吾不忍数闻也”。又讽刺了伊尹学术倡导的忍辱求进用，是乱世的无道之举，洽与韩非所赞此为仁义之举对立。

4. 结语

综上论可知伊尹事迹和学术在战国流传广泛，影响颇大。伊尹学派在战国已有学术著作，但其中不乏伊尹后学依托之作。《汉志》有道家《伊尹》五十一篇，小说家《伊尹说》二十七篇，惜早佚。于今可见传述伊尹学术的重要遗籍有：

（1）帛书《伊尹·九主》。

（2）《吕氏春秋》之《先己》《论人》《本味》《恃君》《长利》《知分》《赞能》[99]。

（3）《管子·轻重甲》中片段。

（4）《淮南子·齐俗训》中片段。

有待进一步研究。

5. 附论：辨伊尹为庖说

如前章所引，除孟子认为伊尹乃隐士外，战国诸子以下有一个流行的见解，视伊尹为出身低微的庖人，实属误解。《文子·自然》曰“伊尹负鼎而干汤”，《韩非子·难言》曰“身执鼎俎，为庖宰”，《史记·殷本纪》又曰“乃为有莘氏媵臣，负鼎俎，以滋味说汤”，都指伊尹负鼎调滋味，是任庖厨之职。但夏商时期懂得烹调滋味者，并非都为贱民。宋镇豪先生指出：“夏商高级权贵大都懂得较好的烹饪技巧，往往在重大飨饮场合充当主厨角色。此乃源出原始时期体现人与人关系的‘酋长掌勺，合族以食，别之以礼’

的古老饮食俗尚。所谓‘君子远庖厨’，[100]实属后起事象。”[101]

宋先生归纳了夏商人烹调的四大特色，称其本之围火灶或饮器坐食的原始俗尚导演而出。并言明：“从本质上看，此种俗尚体现着人与人的早期‘礼’的关系，故其掌烹饪者身份必高。夏商君王或其他贵显至少在形式上仍握有此种承自原始时期而形成的权威，并随之确立了一系列相关的烹饪礼俗。事实上，尊者主厨，在以后颇长岁月犹保留着。《礼记·乐记》云：‘天子袒而割牲，执酱而馈，执爵而酳，冕而摠干，所以教诸侯之弟也。’《周礼》谓‘膳夫掌王之食饮膳羞，以养王及后世子，王燕饮酒，则为献主’。膳夫同于西周金文中的‘善夫’，虽以掌膳羞名其官，却又宣示王命，位列公卿，是掌仪礼的尊职。可见三代烹饪礼俗的演化，要在‘寓礼于食’，然高级权贵每在其中充当主厨角色，这点是与后世不同的。”[102]

商代烹调仪式乃至食品加工，每由上层权贵主其事，例如《四祀邲其卣》铭文曰：“乙巳，王曰：□文武帝乙宜。在召大厅，遘乙翌日，丙午□，丁未煮。”记叙了商王帝辛在召大厅举行□宜的祭祀父王文武帝乙的活动，亲自操持其烹饪礼仪，自乙巳日开始，到次日丙午主持了将食物或调料投放入炊器的仪式，到第三日丁未又用煮的烹饪法，文火炖烧，熟而敬献神灵。前后进行了三天。[103]

由此可知，伊尹负鼎调滋味，是掌殷礼的重职；前文又论述了伊尹作乐，宽以治民；二者结合，伊尹在商代实礼乐，身份极为尊贵。文廷式撰《伊尹为庖说》，考辨了伊尹为庖不足信，说伊尹是女师之“保”，保、包音同，诸子因闻伊尹以滋味说汤事而以其为庖人。[104]此论有一定道理，伊尹担任调鼎之尊职，的确不是一般庖人；但文廷式和战国诸子一样，亦不能理解殷礼重食、食以体政的史实，也就难以进一步探索伊尹学术对周代礼乐治国的影响。那么，研究者往往将《伊尹》佚篇《本味》列为小说家言，也未必是妥当的了。

换一个眼光来看《本味》，则此篇所表达的绝不是一个美食家和君王关于烹饪技巧及食谱的对话，而可看作伊尹学术寓礼于食的体现；强调烹饪礼仪的重要，称王者不治天下而美食不致。此篇用词华丽，颇有后来汉赋之铺陈作风，可谓新王朝欣欣向荣局面的体现。然而，如果讲究奢华，却能导致王权衰落。《尸子》言："昔者桀纣纵欲长乐，以苦百姓，珍怪远味，必南海之荤、北海之盐、西海之菁、东海之鲸，此其祸天下亦厚矣。"[105] 又从另一角度揭示了伊尹学术重视食以体政的缘由。

参考文献：

[1] 罗振玉：《增订殷墟书契考释》卷上，《罗雪唐先生全集三编》第二册，台湾文华出版社公司，1970 年版，第 433—434 页。

[2] 王国维：《古史新证 · 商诸臣》，清华文丛之五，清华大学出版社影印本 1994 年版，第 49 页。

[3] 郭沫若:《卜辞通纂》,《郭沫若全集 · 考古编》第二卷，科学出版社影印本 1993 年版。

[4] 陈梦家、孟世凯等释"□"奭，而姚孝遂主编《殷墟甲骨刻辞摹释总集》（中华书局影印本 1988 年版）释作"爽"。

[5] 孟世凯：《甲骨学小词典》，第 86 页，上海古籍出版社 1987 年版。

[6] 陈梦家：《殷墟卜辞综述》，科学出版社 1956 年版，第 361—366 页。

[7] 亦见《殷虚卜辞综述》,"春秋时宋人而仕于齐的叔尸所铸之镈铭曰'尸典其先旧……伊少臣唯辅'。"第 362 页。

[8] 马承源主编：《商周青铜器铭文选》（四），文物出版社，1990 年版，第 540 页。

[9] 《周书 · 君奭》传："太甲继汤时，则有如此伊尹为保衡。"

[10] 《尚书正义》，旧题汉孔安国传、唐孔颖达疏、清阮元校刻，《十三经注疏》，中华书局 1980 年版。

[11] 《毛诗正义》，汉毛亨传、郑玄笺、唐孔颖达疏、清阮元校刻，《十三经注疏》，《毛诗 · 商颂 · 长发》传："阿衡，伊尹也。"

[12] 汉 · 司马迁：《史记 · 殷本纪》，刘宋裴骃集解、唐司马贞索隐、张守节正义，中华书局点校本 1959 年版。

[13] 宋 · 吉天保辑：《孙子集注 · 用间》："昔殷之兴也，伊挚在夏。"四部丛刊本。

[14] 陈奇猷：《吕氏春秋校释》，学林出版社 1984 年版；汉·王逸：《楚辞十七卷》，四部丛刊本；杨伯峻：《列子集释》，中华书局 1985 年版。

[15] 孙诒让：《墨子间诂》，世界书局本；郭庆藩《庄子集释》，中华书局 1982 年版：《文子》，诸子百家丛书，上海古籍出版社 1989 年版；《鹖冠子》，诸子百家丛书，上海古籍出版社 1990 年版。

[16] 见《孟子注疏》，汉赵岐注，宋孙奭疏、清阮元校刻，《十三经注疏》本。

[17] 见《鬼谷子》，梁陶弘景注，诸子百家丛书，上海古籍出版社 1990 年版。

[18] 见《国语·晋语一》，上海古籍出版社 1978 年版。

[19] 宋李昉等编：《太平御览》卷一百三十五所引《纪年》，中华书局影印本 1960 年版。

[20] 见《春秋左传正义》，周左丘明传、晋杜预注、唐孔颖达疏、清阮元校刻，《十三经注疏》本。

[21] 杜预：《春秋左传集解·后序》，上海人民出版社 1977 年版。

[22] 杨明照：《抱朴子外篇校笺·良规》，中华书局 1991 年版。

[23] 晋陆机：《豪士赋序》，收入《文选》，梁萧统编、唐李善注，中华书局 1987 年版，第 644 页。

[24] 见《水经注疏·泗水》，后魏郦道元、清末杨守敏、熊会贞疏，江苏古籍出版社点校本 1989 年版。

[25] 见《太平御览》卷五十三引《北征记》。

[26] 清·吴任臣：《山海经广注·北山经》，四库全书本。

[27] 见《周礼注疏》，汉郑玄注、唐贾公彦疏、清阮元校刻，《十三经注疏》本。

[28] 袁珂：《山海经校注》，巴蜀书社 1992 年版。

[29] 汉·王逸：《楚辞》十七卷。

[30] 汉·班固：《汉书》唐颜师古注，中华书局点校本 1962 年版。

[31] 清·孙诒让：《周礼正义·春官·大司乐》，中华书局 1987 年版，第 1779 页。

[32] 梁任昉：《述异记》，汉魏丛书本。

[33] 刘文典：《淮南鸿烈集解》，中华书局 1989 年版。

[34] 宋乐史：《太平御览》，四库全书本。

[35] 见《谯周古史考》，平津馆丛书本。

[36] 清・马国翰辑：《玉函山房辑佚书》，长沙琅嬛馆刻本。

[37] 吴任臣说参见《山海经广注・北山经》，范耕研说参见《吕氏春秋补注》，江苏国学图书馆年刊第六期，1933 年。

[38] 说详陈奇猷《吕氏春秋校释》第 744 页。

[39] 《列子・天瑞》张湛注引《博记》曰“伊尹母居伊水之上”；《吕氏春秋・本味》亦曰“其母居伊水之上”；《水经注・伊水》亦曰：“昔有莘氏女采桑于伊川，得婴儿于空桑之中。言其母孕于伊川之淀。”

[40] 有莘东迁详情参见何光岳《炎黄源流史》，江西教育出版社 1992 年版，第 739—743 页。

[41] 唐・李吉甫：《元和郡县志》，四库全书本。

[42] 见《崔东壁遗书・商考信录・成汤下附伊尹》，上海古籍出版社 1983 年版，第 142—146 页。

[43] 陈梦家：《殷墟卜辞综述》，第 363—364 页。

[44] 原文道：“成汤既受命，时则有若伊尹，格于皇天；在太甲，时则有保衡。”

[45] 原文道：“昔在中叶，有震且业；允也天子，降予卿士；实维阿衡，时左右商王。”

[46] 陈梦家：《殷墟卜辞综述》，科学出版社 1956 年版，第 361—366 页。

[47] 伊尹出身陪嫁奴隶说，参见李平心《伊尹迟任老彭新考》，《华东师大学报》，1955 年第 1 期。

[48] 李裕民：《伊尹的出身及其姓名考辨》，《山西大学学报》1983 年第 4 期。

[49] 原文曰：“汤与伊尹盟，以示必灭夏。伊尹又复往视旷夏，听于末喜。末喜言曰，今昔天子梦西方有日，东方有日，两日相与斗。西方日胜，东方日不胜。伊尹以告汤。商涸旱，汤犹发师，以信伊尹之盟。”

[50] 徐喜辰：《伊尹的出身及其在汤伐桀中的作用》，《人文杂志》1990 年第 3 期。

[51] 见《左传・成公八年》。

[52] 见《毛诗・大雅・韩奕》郑笺。

[53] 汉·许慎：《说文解字注》清段玉裁注，上海古籍出版社 1981 年版。

[54] 姚孝遂主编：《殷墟甲骨刻辞摹释总集》释《甲骨文合集》第五八五条正面刻辞。

[55] 宋镇豪：《夏商社会生活史》第 169 页，中国社会科学出版社 1994 年版，第 169 页。

[56] 见《吕氏春秋·尊师》“汤师小臣”，又见《太平御览》卷四百四引桓谭《新论》：“谈言三岁学，不如三岁择师。”又曰：“昔殷之伊尹，周之太公，秦之百里奚，虽咸有天才，然皆七十余乃升为王霸师。”又有《鹖冠子·世兵》“伊尹酒保，立为世师”，皆谓汤尊伊尹为师。

[57] 游国恩主编：《天问纂义》，引李陈玉《楚辞笺注》语，中华书局 1982 年版，第 403 页。

[58] 张光直：《中国青铜时代》，生活·读书·新知三联书店 1983 年版，第 203—205 页。

[59] 张光直：《中国青铜时代》，第 188—194 页。另据姚孝遂、肖丁《小屯南地甲骨考释·先王附：伊尹》，亦说伊尹“祭日为丁，又称‘伊丁’，当是庙号”。引者按：姚先生《殷墟甲骨刻辞墓释总集》中关于伊尹祭日的刻辞计有如下，《甲骨文合集》之二一五七三、二一五七四、二三五六三、三二五五〇、三二七八五、三二七九二、三二七九三、三二八〇二、三二八〇三条；《小屯南地甲骨》之一八二、九一一、一一一〇、一一二二、三〇三三、三〇三五条；皆指明伊尹祭日在丁日，完全印证了张先生在《中国青铜时代》第 178 页所言：“我相信将来再有新的卜辞材料时，其中如有祭伊尹的日子，十九会是丁日。”

[60] 见宋陈彭年等重修《广韵·上平声·真韵》，曰：“辛氏，夏启封支子于莘，莘、辛声近，遂为辛氏。”上海古籍出版社影印宋本 1983 年版。

[61] 见《礼记正义》，汉郑玄注、唐孔颖达正义，《十三经注疏》本。

[62] 见唐欧阳询等辑《艺文类聚·帝王部》所引，上海古籍出版社 1982 年版。

[63] 见《春秋公羊注疏》，汉何休注、唐徐彦疏，《十三经注疏》本。

[64] 罗煌：《诸子学术》第 92 页，“诸子采入经书者”下有“伊尹，道家也，而伊尹所作之《伊训》《肆命》《徂后》《太甲》三篇、《咸有一德》，皆编入《商书》”。岳麓书社 1995 年版。

[65] 见《史记·殷本纪》集解。

[66] 钱宗武：《尚书入门》，贵州人民出版社 1991 年版，第 22 页。

[67] 黄怀信等：《逸周书汇校集注》（下），上海古籍出版社 1994 年版。

[68] 黄怀信等：《逸周书汇校集注》（下），上海古籍出版社 1994 年版，第 969 页。

[69] 原文曰："汤问伊尹曰：诸侯来献，或无马牛之所生而献远方之物，事实相反，不利。今吾欲因其地势所有献之，必易得而不贵，其为四方献令。伊尹受命，于是为四方令曰……"

[70] 姚孝遂主编，《殷墟甲骨刻辞纂释总集》，中华书局 1988 年版，第 970 页。

[71] 姚孝遂主编，《殷墟甲骨刻辞纂释总集》，中华书局 1988 年版，第 983 页。

[72] 姚孝遂主编，《殷墟甲骨刻辞纂释总集》，中华书局 1988 年版，第 969 页。

[73] 《毛诗·大雅·大明》传："缵，继也；莘，大姒国也。长子，长女也。维行，大任之德焉。"

[74] 何光岳在《炎黄源流史》第 638 页称："河南之伊水及伊阳、伊州即以伊尹之族所在地而得名，此见于先秦古籍《禹贡》《左传》等书。"又《水经注·伊水》言"伊水又北入伊阙"，伊阙乃战国时伊水流域重镇，亦为伊尹后嗣所在，《史记·魏世家》"昭王三年，秦将白起败我军伊阙"，则伊阙战国已属魏；赵有伊是邑，一作伊氏邑，古"是"与"氏"可以通假，在今山西安泽县南。《战国策·齐策三》（四部丛刊本）："齐、魏亦佐秦伐邯郸，齐取淄鼠，魏取伊是。"即此。为伊尹后人所居；所以，三晋是伊氏活动的重要地区。

[75] 欧阳修《集古录》记述汉衡方碑："右衡方碑云，府君讳方字，与其先祖伊尹，在殷号称阿衡，因而氏焉。"见宋洪适《隶释隶续》，第 235 页，中华书局 1985 年版；赵明诚《金石录》亦载右浚仪令衡立碑，君讳立，字符节，其先出自伊尹"，见洪书第 278 页；衡方碑铭文又曰"家于平陆"，见洪书第 90 页：《史记·鲁仲连列传》"魏攻平陆，而齐无南面之心"，索隐指出"平陆，邑名，在（齐）西界"，因此战国时平陆为齐邑，在今山东汶上县西北，衡方碑仍在汶上县西南十五里郭家楼前。而汶上在西周至春秋时，属鲁国，见顾栋高《春秋大事表·春秋列国地形犬牙相错表卷六》，中华书局 1993 年版。

[76] 见《论语注疏》魏何宴集解、宋刑昺疏，《十三经注疏》本。

[77] 刘向：《说苑·杂言》，诸子百家丛书，上海古籍出版社 1990 年版。

[78] 见《孟子注疏·万章下》。

[79] 见《孟子注疏·公孙丑上》。

[80] 见《孟子注疏·万章上》。

[81] 罗煌：《诸子学术》，第 276 页。

[82] 汪叔子编：《文廷式集》（上），中华书局 1993 年版，第 691 页。

[83] 见《墨子间诂·尚贤上》。

[84] 见《墨子间诂·贵义》。

[85] 见《马王堆汉墓帛书》（壹），文物出版社 1980 年版。

[86] 凌襄：《试论马王堆汉墓帛书〈伊尹·九主）》，《文物》1974 年第 11 期。

[87] 魏启鹏：《前黄老形名之学的珍贵佚篇》，《道家文化研究》第三辑，上海古籍出版社 1993 年版。

[88] 引自魏文。

[89] 见《邓析子·无厚》，四部丛刊本。

[90] 见《邓子·转辞》，四库全书本。

[91] 见《群书治要》所引，四部丛刊本。

[92] 陈奇猷：《韩非子集释·奸劫弑臣》，中华书局 1985 年版。

[93] 见《韩非子集释·南面》。

[94] 见《韩非子集释·说疑》。

[95] 见《韩非子集释·难一》。

[96] 见《商君书》，诸子百家丛书，上海古籍出版社，1989 年。

[97] 见《史记·老子韩非列传》《孟子荀卿列传》。

[98] 凌襄：《试论马王堆汉墓帛书〈伊尹·九主》，《文物》1974 年第 11 期。

[99] 从陈奇犹说，详见《吕氏春秋校释》诸篇陈氏案语。陈先生在第 146 页写道："《伊尹》书未必即为伊尹所作，但观上论，先秦道家者流中确有伊尹学派甚明，然其学不着，

故先秦书中未有道及此一学派者。”

[100] 见《孟子·梁惠王上》注疏。

[101] 宋镇豪：《夏商社会生活史》，第 306 页。

[102] 亦见《宋书》，第 311 页。

[103] 亦引自《宋书》309 页。

[104] 汪叔子编：《文廷式集》，第 692—693 页。

[105] 汪继培辑：《尸子》，诸子百家丛书，上海古籍出版社 1989 年版。

（作者系四川商务职业学院学报执行副主编、副教授）

六、伊尹文化在现代膳食文化中的提升（许 航）

1. 对伊尹文化的认知

中餐素以色泽悦目、香气诱人、滋味可口和形态美好而享誉世界。原本平常的食材原料，经过选择组合、切配处理、烹法火候以及出味入味、提味补味、矫味赋味的烹饪过程，像变魔术一样成为色、香、味、形、器、养俱佳的美好肴馔。追溯理论渊源，不可不提中华烹饪始祖——伊尹。《吕氏春秋·本味》，成书于战国末年，记载了伊尹关于“至味”的阐述。伊尹以“至味”原理，对国君解说广招贤才、推行仁义可得天下，得天下者才能享用人间“至味”。伊尹的“至味”原理，目前被公认为中华餐饮文明最古老的烹调理论，我们称之为“至味论”。伊尹认为，追求“至味”或最美的滋味，除了主食方面的“饭之美”，副食方面的“肉之美”“鱼之美”“菜之美”“果之美”，调味品的“和之美”，还要重视“水之美”。水无色无味，却能决定烹饪食物的味品。好的肉、鱼、饭、菜材料和调味料各有产地及特性，但使用了好水，通过控制火力、蒸煮烹饪、五味调和而发生嬗变，以及博采众长，就能达到美味之最。这些饮食论点形成了饮食文化的基础，所以我们说伊尹不仅仅是中华烹饪的始祖，其本身就代表着一种文化现象，我们称之为伊尹文化。

中华膳食与自然的重要论点中，伊尹强调“鼎中之变，精妙微纤”，认为蒸煮嬗变的机理，有“口弗能言，志弗能喻”的高深内涵，只可意会不可言传；提示人类追求“至味”要与生存环境大自然保持和谐，人与天地相应，道法自然；要与社会文明进化、人文教化等问题联系在一起来思考，是一种典型的生态餐饮观。

在当今世界诸多烹饪方法中，最具中国特色的方法是“调”，即“五味调和”。所谓“五味调和”，正如伊尹论点：甜又不甜得过分，酸又不酸的过分，咸又不咸得发苦，辣又不辣得浓烈，淡而不薄，肥而不腻。是一种不偏不倚、恰到好处的美味，一种自然而又超凡的滋味境界，只能意会，不可言喻。

在传统文化中，“三”“五”“九”并非普通的数字，比如“五味”。古人将金、木、水、火、土五行配属五味，谓酸属木、苦属火、甘属土、辛属金、咸属水，用以揭示不同食物内在联系与作用的规律，如同“阴阳之化，四时之数”。只能说，甘、酸、苦、辛、咸是五种基本味道。

中华膳食烹饪，在注重“火候”“水分”的同时，还注重“调和”。有荤素调和、性味调和、时令调和、风味调和、食材调和等等。中餐滋味丰富多彩，甚至同一种原料的同一名称的菜肴，在不同的地区和出自不同厨师之手，滋味也不会完全相同。但是，不管中华膳食的滋味多么复杂多变，都是从本味演化而来的，注重主副食、荤素、性味、时令、口味的调和，以及“五味调和百味美”的效果，万变不离其宗。

三四千年前伊尹所说的“肉之美”“鱼之美”“菜之美”“果之美”，调味品的“和之美”“饭之美”“水之美”，远在各地，分布广泛。伊尹认为“不先占据天下成为天子，这些好东西都不可能得到”。三四千年后的今天，中国改革开放形势大好，国内外物资流通畅达，各种食材应有尽有，“肉之美”“鱼之美”“菜之美”“果之美”“饭之美”“水之美”，调味品的“和之美”，都已便于得到。只要善于博采众长，兼容并蓄，为我所用，世间的美味也就都具备了。

中华膳食自古传承至今已形成了若干的菜系，被广泛认可的鲁菜、京菜、川菜、粤菜、苏菜、闽菜、浙菜、湘菜、徽菜等等的菜系，是中国膳食文化物质层面的骨架，受一定区域内地理、气候、物产、历史及风俗的制约，有各成体系的烹饪技艺。任何一方餐品，要走遍中国，被广泛公认，甚至饮誉世界，无不追求“至味”。那么，怎样才能达到“至味”呢？

我们认为，任何一个菜系若想长久立于不败，首要一条，就是抢占天时地利。谁能够善取“肉之美”“鱼之美”“菜之美”“果之美”“饭之美”“水之美”以及“和之美”，为我所用，率先提升“至味”，谁就真正把握了伊尹至味论的真谛。

2. 膳食文化的传承与提升

膳食文化发展到今天，创造出其特有的膳食审美观，观察膳食、讨论膳食、制作膳食、研究膳食礼仪、装饰用膳环境所创造和形成的独特的膳食艺术形态，是现代膳食思想文化的经典表现形式。膳食文化有别于一般饮食文化，是建立在民间饮食文化基础之上而又高于民间饮食文化层面的“钟鸣鼎食”形态。饮食是人类与生俱来、不可或缺的生存需求，而“钟鸣鼎食”则是人类发展到一定社会阶段才出现的饮食文化现象。膳食文化往往被打上不同时代的社会烙印，而膳食艺术作为膳食文化的精粹，可以不受时代、社会的局限而长久保存于民族食俗文化之中。这正是古老的膳食文化得以千百年传承至今的原因。

《礼记·礼运》说：“夫礼之初，始诸饮食。”阶级出现以后，人类开始有等级之分，也随之出现了身份的限制和区分。通过饮食现象形成的“礼”，是社会进步的一个新的文化体现，逐渐转化为文明社会的典章制度和道德规范。作为典章制度，“礼”是社会政治制度的体现，是维护上层建筑以及与之相适应的人与人交往中的礼节仪式。作为道德规范，“礼”是国家统治者、贵族及平民一切行为的标准和要求，辐射其社会生活的方方面面。早在殷商时代已经存在，从文献记载可以得知，至迟在周代，饮食礼仪已形成为一套相当完善的制度。这些食礼，在以后的社会实践中不断得到完善，在古代社会发挥过重要作用，对现代社会依然产生着影响，成为文明时代的重要行为规范。这也充分说明膳食文化的形成对社会发展进步的重要性。

世界上每一个民族的膳食文化，无不体现一个民族文化的积淀因素和哲学思想倾向。中国膳食文化更是如此，它自身潜在地蕴含着大量的审美文化因素，这就使得中国古代哲学和美学思想不仅可以直接从膳食中产生，而且也可以建立在这种生活基础之上。

事实上，中国历代的思想家、政治家常常以膳食之道而求安邦治国之道。商朝之开国元勋伊尹“以滋味说汤，致于王道”成为千古美谈。老子的“治大国若烹小鲜”，把“调和鼎鼐”与“安邦治国”相提并论。晏婴的“所谓和者，君甘则臣酸，君淡则臣咸”。以调味之道，解开君臣“和”“同”之异，遂使齐国称雄等等。这些都让人感受到中国膳食文化的辐射力和穿透力。

在中国膳食文化中，最能体现其核心意义的就是“和”。《易经》乾卦中有“保合太和，乃利贞”一说。“保合太和”意指阴阳会合，保合太和之气，普利万物。首先是天能“保合太和”，接着便是天地相和，天人相和，达到天和、地和、人和。由此可知，“和”这一哲学、美学范畴的文化内涵原是极为丰富的，不只包括了和合、和睦、和易、和勉、和谐、和戒、和畅、和融、和时、和柔、和为贵、和为美等一般意义上的“和”思想内涵，而且包括了自然之和谐、人与自然之和谐、人与人之和谐、人与自我身心之和谐这四个层次“和”的精神，其最高理想境界是恒久性、整体性宇宙均衡和谐。有了“和”，相互矛盾对立的事物便能在相成相济的关系中化为和谐整体。

借助膳食阐述中国哲学之“和”，以《左传·昭公二十年》最为突出而明确：“和如羹焉，水、火、醯（xī）、醢（hǎi）、盐、梅，以烹鱼肉。焯（chāo）之以薪，宰夫和之，齐之以味，济其不及，以泄其过，君子食之，以平其心。君臣亦然……若以水济水，谁能食之？若琴瑟之专一，谁能听之？因之不可也如是。”春秋时期晏婴这段话，既把深奥的哲学道理形象而浅显地表达出来，也十分具体地阐述了饮食之“和”的基本含义所在，即是非浓非淡、非咸非酸、非单非同，而是适中、平衡、和谐与统一。晋代葛洪说："虽云味甘，弗和弗美。"这又是从膳食烹饪艺术享受的角度，阐明美就是和谐。经过"和"的中国膳食，丰富而和谐，多样而统一，具有浓郁的中国哲学意识。

"和"这种独树一帜的中国膳食文化，不只体现在中国古代膳食养生方面的和霁、和膳、和成等膳食平衡思想上，也反映在传统鼎中之变的水火相济、火候适中、五味调和等调和鼎鼐观念上，还表现在饮用茶酒方面的和清、和敬、和德等茶道酒德上。"饮德食和，万邦同乐。"从滋味的调和到人伦的和谐，中国膳食文化始终追求"和为贵"的哲学境界。围桌合食的餐饮方式，孕育调动着"和"的情感。尊卑有别、长幼有序、座席方向、箸匙排列、上菜次序等，渲染倡导着"和"的规范。这既表现了中国哲学的突出特征，又是中国美学"以和为美"的重要实践依据。

在中国历史的长河中，"和而不同"在一定程度上促成了膳食文化兼容并蓄的生成机制。在"和而不同"的思想指导下，中国膳食文化广泛而有选择地摄取了域外膳食文化精华，像汉唐时吸收的"胡食"，近代引进的西餐等，使其洋为中用，都是"和"的体现。因此，只有坚持、发扬中国膳食文化独有的"和"，吸收、借鉴和融合世界膳食文化，才能使当代中国膳食文化给人们一种古朴而又清新多姿的感觉，才能使当代中国膳食文化得以进一步发扬光大。

3. 树立伊尹文化品牌打造民俗旅游产业

组织专家、学者成立《伊尹民俗文化旅游规划》课题组，在当地政府的领导与支持下，以科学发展观为指导，立足本地深厚的历史文化资源，深入挖掘伊尹文化内涵，积极打造以中华烹饪始祖伊尹为代表的民俗文化旅游品牌，将为山东省民俗旅游产业的发展注入新的活力。

（1）加快景区开发步伐，着力打造民俗文化旅游品牌。在伊尹祠、伊尹墓、汤王陵等遗址的基础上，创建以商汤、伊尹文化为主题的民俗文化园景区，在传统文化牵引下，开发"伊尹宴""汤王宴"等系列主题膳食品牌，既要保持当地民俗风味特色，又具有时代创新、符合当下消费群体的需求，使其成为中华民族传统文化的瑰宝。以民俗文化为主体，实行景观再造，遗址修缮恢复，提升其功能性，倡导绿色环保，商业旅游并行，做到以政府为主导，实现政策推动、优化投资建设环境、整合要素、培育旅游文化产业、传承历史文脉为基本定位，努力打造成具有民俗特色的历史文化旅游重地、产业经济强县和最佳宜居地,形成具有深厚历史地域文化、内涵的旅游新典范。

（2）抓好旅游主导产业，着力打造旅游特色精品。一是要在抓好旅游主导产业的同时，花大力气对文化资源进行深度挖掘整理，全新打造和系统包装旅游文化精品，塑造旅游核心文化品牌，开发提高旅游产品附加值，促进经济增长。要进一步发挥政府主导作用，大力进行招商引资，加大旅游环境综合整治力度，进一步规范旅游文化市场，引导旅游产业优化升级，积极开发旅游新产品并与生态环境保护相结合，丰富旅游内涵，不断延伸旅游产业链，提高服务水平和质量，使单一的观光型旅游向会议、休闲度假、文化研讨、科学考察等综合性旅游过渡。二是深度挖掘、开发和包装“民间小吃、民俗工艺、土特产品”和“健康养生苑”“民俗文化体验园”，利用独具特色、神秘深邃的民俗民间文化来吸引游客，用多元文化来丰富旅游内容。以旅游业带动和发展文化产业、旅游商品加工业，以历史民族文化来丰富和促进旅游业,使旅游业通过文化的注入不断增强发展后劲,激发自身的吸引力与活力，实现文化与旅游良性循环，达到共融互动、双赢共进的效果。

（作者系齐鲁膳艺餐饮研究院常务副院长、研究员，高级营养配餐师）

七、伊尹与商都亳（安作璋）

1. 一代开国贤相

伊尹，一说名挚，出生于伊水岸边，被有莘氏（古莘国在今山东曹县北莘冢集一带）国君庖人收养，及长，耕于莘野，“乐尧舜之道”，富有谋略。商汤闻其贤，乃娶有莘氏女为妃，伊尹以陪嫁奴仆身份为汤王厨师。他以烹调为喻说汤以治国之道，汤拜为右相，任以国政。他帮助商汤制定了各种典章制度，使商朝初期政治稳定，经济发展，军事力量增强。先后灭掉夏的与国葛、韦、顾、昆吾等方国，“十一征而无敌于天下”，最后一举灭夏，建立了商朝。商汤死后，伊尹又先后拥立辅佐其子外丙、中壬、孙太甲、太甲子沃丁为王，为商朝六百年基业奠定了坚实的基础，后世尊崇他为中国历史上第一位贤相。

伊尹的一生，对中国古代的政治、经济、军事、文化、教育等方面都有过卓越的贡献（参见《山东通史·先秦卷·伊尹列传》，人民出版社2009年版）。《尚书》《论语》《孟子》《管子》《吕氏春秋》《史记》等古籍都对他有很高的评价，如《尚书·君奭》曰：“成汤既受命，时则有若伊尹格于皇天。”即伊尹得到上天的嘉许，为天之代言人。《论语·颜渊》记孔子弟子子夏曰：“汤有天下，选于众，举伊尹，不仁者远矣。”子夏认为伊尹是一位仁人。《孟子·万章》载孟子曰：“伊尹相汤以王于天下。”又曰：“伊尹，圣之任者也。”他认为伊尹是一位圣人，可以和“圣之时者”孔子并列。《管子·地数》则称伊尹“善通移、轻重、开阖、决塞，通于高下徐疾之策坐起之”。《吕氏春秋·慎大》谓伊尹助商汤灭夏，立有大功（参见清华楚简《尹至》），因此“祖伊尹世世享商”。《史记·殷本纪》则说伊尹“为有莘氏媵臣，负鼎俎，以滋味说汤，致于王道”。商代甲骨文卜辞中也屡见祭祀伊尹的记载。他被列为“旧老臣”之首，其地位之尊介于殷先王与先公之间，而且还有大乙（商汤）、伊尹并祀的卜辞。直到春秋时叔夷钟铭文中还有“伊少（小）臣佳辅，咸有九州”之说。后世则把他与周朝吕尚（姜太公）并称：“伯仲之间见伊吕”（杜甫咏怀古迹诗之五），被奉为贤相的楷模。

2. 厨师之祖、中药汤剂发明之父

伊尹幼年被有莘氏庖人（即厨师）收养，故能学习烹饪之术；以后又曾为汤王厨师，经过长期的工作实践，遂成为精通烹饪的厨师，并由烹饪的体验而通治国之道。《吕氏春秋·本味》记载伊尹“说汤以至味（美味），汤曰：可得而为乎？对曰：君之国小，不足以具之，为天子然后具之”。以下就是伊尹以至味说汤的原文：

夫三群之虫，水居者腥，肉玃者臊，草食者膻，臭恶犹美，皆有所以。

凡味之本，水最为始。五味三材，九沸九变，火为之纪。时疾时徐，灭腥、去臊、除膻，必以其胜，无失其理。

调和之事，必以甘酸苦辛咸，先后多少，其齐甚微，皆有自起。

鼎中之变，精妙微纤，口弗能言，志不能喻，若射御之微，阴阳之化，四时之数。

故久而不弊，熟而不烂，甘而不哝，酸而不酷，咸而不减，辛而不烈，澹而不薄，肥而不月矦。

这篇说辞，主要内容是：

一是要烹调出美味，必先了解所需各种原料的性质，三群之虫，指水中生物，肉玃者即肉食动物，草食者即食草动物，以上三种原料，虽然鲜美，但各有腥、臊、膻等恶臭味。

二是美味的烹调，首先水质要好。五味即甘（甜）、酸、苦、辛（辣）、咸，三材即水、木、火，水为味之本，木能生火，沸是滚开水，变是变化，九者多也。就是说，要掌握好火候，用火要适度，有时用急火，有时用慢火，经过“九沸九变”，这样才能除去腥、臊、膻而出美味。

三是调味的原料，有甘、酸、苦、辛、咸各种味道，调和时，有先有后，有多有少，是很微妙的，要特别用心去观察和体会。

四是鼎中的变化精妙而细微，非言语所能形容，如射箭驾车，差之毫厘，谬以千里；又如阴阳变化，四时更替，都很难说清楚，全在于心领神会。

五是经过精心烹调而成的美味佳肴，就可以达到久而不坏、熟而不烂、甘而不哝、酸而不酷、咸而不减、辛而不烈、淡而不薄、肥而不腻的程度。

这简直是一篇有关烹调术的经典文献。其烹调的标准和水平达到这样高的程度，虽不敢说绝后，但可以说是空前的。中国烹饪学家和饮食界尊其为“厨圣”“食祖”是当之无愧的。

随后，伊尹又向商汤讲了可以制作这些美味的各地著名特产品，如肉之美者、鱼之美者、菜之美者、和之美者、饭之美者、水之美者、果之美者等。但是要想得到这些美食，“非先为天子，不可得而具。天子不可强为，必先知道”，“圣王之道要矣”，就是要实行仁政。

对以上这篇说辞，有的学者把它归纳为“五味调和论”和“火候论”。这种高超的烹饪学理论，实际上也是治国之要道。在古代，一位贤明的国君制定治国方针和政策时，一定要善于吸取和征求各方面、各阶层人们不同的意见，然后加以梳理归纳，去粗取精、去伪存真，通过“五味调和”，制定出适应国情的方针政策并付诸实施，这样就会使国家兴旺发达；否则只听取一面之词，甚至谗言，或独断专行，国家就必然要陷于衰败。《左传》昭公二十年、《晏子春秋·外篇七》均载齐相晏婴以“先王之济五味和五声”为喻，与齐景公论治政之道以及孔子的“和而不同”思想，很显然都是受伊尹“五味调和论”的影响。治国也要讲究“火候”，急躁冒进不行，怠慢滞后也不行，过犹不及，要随时注意掌握事态发展变化的规律，排除左右干扰，“允执厥中”，“致中和”。这些都涉及国家盛衰兴旺的战略问题。在这里，我还要补充一点，就是伊尹说辞最后还提出一个“天下一统论”的观点，因为只有全国统一，才能得到各地美味，这正是伊尹辅佐商汤要达到的一个理想目标。在君臣共同努力下，终于实现了这个目标，由原来臣服于夏的一个仅有 70 里的小小方国，发展成为东至大海，西至陕西，南至长江流域，北至辽东半岛的泱泱大国，也是在当时世界上首屈一指的文明大国。

伊尹还是中药汤剂疗法的发明者。据晋·皇甫谧《针灸甲乙经》序中说：“伊尹以元圣之才，撰用《神农本草》，以为汤液。”元·王好古《汤液本草》序一也说：“殷伊尹用《本草》为汤液，汉（张）仲景广汤液为大法，此医家之正学，虽后世明哲有作，皆不越此。”说明伊尹对中药汤剂确有发明之功。以理推之，伊尹出身社会下层，从做厨师的长期实践中，很有可能从医食同源的角度，体验到食物与药物的密切关系，其实食疗即医疗的一种。

以生姜和肉桂为例，伊尹论证："和之美者，杨朴之姜，招摇之桂。"杨朴，地名，属于蜀郡；招摇，山名，属于桂阳，这两种药物都是调味不可缺少之物。既是调味品也是常用的药物。伊尹在烹调时了解到姜、桂的辛温发散作用，也可用于治病是很自然的事情。本来中药汤剂就是各种药材加水煎熬而成，其法与烹调食物相同，伊尹既精烹调之术，又兼通《神农本草》，他为了治病救人，把自己烹调食物的经验用于制作中药汤剂，可以说势所必然。这是对人类健康生活的一项重大贡献。

3. 附论：伊尹故里商都（亳）文化研究

关于伊尹故里商都亳的问题，潘建荣同志主编的《商都亳研究论集》（上、下册）是对商都亳研究的集大成之作。我认为应在此基础上继续进行研究。多年来，关于商都亳的今地点，学术界说法不一，早在1995年在曹县举行的商都文化研讨会上，一些前辈专家从占有文献资料的丰富来看，多数倾向于商都亳在今天曹县境内。这个地区是先秦时期高文化区，既是东夷文化与华夏文化的交汇区，也是齐鲁文化与楚文化、中原文化交汇区，是一个文化灿烂、名人荟萃、历史人文资源极为丰富的地区。在这块古老的祖国大地上，早在秦汉时期就已形成了以"一都（商都亳）、二王（商王成汤、建立箕氏朝鲜的朝鲜王箕子）、二相（右相伊尹、左相仲虺即莱朱公）、三家（道家庄周、兵家吴起、农家氾胜之）"为主要支柱和优势的文化区。根据文献记载和初步考古调查，在曹县境内至今还保留着除亳以外的莘仲城、楚丘城、济阴城等古城遗址以及汤陵、莘仲君墓、伊尹墓、莱朱墓、箕子墓等古陵墓遗址。按照古礼和中国人传统习惯，人死后都是要归葬故里祖坟，帝王将相贵族一般都要葬在国都附近，如汤陵即在亳都东北三里之遥，其余的商代古墓也都在亳附近，这也是商都亳在曹县境内的一条有力的证据。此外，专家们都提到曹县的堌堆文化，县境内确有很多名为"堌堆"的地名，如梁堌堆、郜堌堆、安陵堌堆、燕陵堌堆等。这些堌堆大都是先秦秦汉时期的古文化遗址，这是我们的先人在其住地长期防治洪水的工程中为了加高加固而留下的一笔宝贵财富，应当予以重视、保护和研究。在古老的山东大地上先人们曾创造出商都文化，齐都文化、鲁都文化三大文化区，商都文化与后两者相比，起步较晚，无论在文献资料研究上，还是考古发掘研究方面都需要做大量的工作。1995年，我曾在《大众日报》（1995-07-12）发表过一篇小文《关于商都文化的几点思考》，可惜反响不大。十几年来，商都文化研究，除个别学者一直在坚持外，似乎没有什么新的进展，现在老一辈学者凋谢殆尽，他们在上次研讨会上留下的研究成果，多年来束之高阁，乏人问津。此次伊尹研讨会也是属于商都文化研究的一个重要内容，我建议应以此次研讨会为契机，继续推动商都文化的研究。商都亳属于古代黄河泛滥区，深埋地下，而地下水位又高，对亳的考古发掘有一定难度；但如果这项工作能够开展起来，一旦发现了亳都城址及有关商前期遗物，不仅能解答“天下第一都”历史之谜，而且对整个黄泛区考古将提供一些经验，对全国考古工作也有重要的参考意义。

当然，我们在这里研究伊尹，研究商都文化，都不是最终目的，我们的最终目的应是：为什么早在几千年前在曹县这块土地上能产生出如此灿烂的物质文明和精神文明？为什么能产生出一批杰出的在历史上做出重大贡献且影响深远的名人？我们应当从中找出一点带有规律的经验教训，古为今用，让几千年古代文明重放异彩，古都曹县再创辉煌。

（作者系山东师范大学教授、博导、史学家）

八、商之贤相——伊尹（孙忠义）

伊尹生活于夏末商初的社会大动荡时期，其事迹散见于古籍中。透过零星的记载，可从不同侧面大体了解这位先圣的坎坷经历。他一生“强力忍垢”，惨淡经营，助汤灭夏，兴商立国，扶嗣君治国安邦，其业绩永垂千古，精神流芳百世，至今令炎黄子孙津津乐道，更令曹县人引以为豪。

1. 乱世奇人　顺天承命

伊尹出生地史书载“生于空桑”，颇具神话色彩。《吕氏春秋·本味》载，伊尹之母怀孕时，有神仙托梦于她，看到舂米臼出水就快往东走，千万不要回头看。有一天，臼中果然出水，伊母急忙东去，走十几里路，忍不住回头一看，只见故乡已成汪洋，伊母的身体也发生了奇异的变化，成了一棵中空的桑树。伊尹即诞生于此树洞之中。后来，有莘氏女子采桑，得婴儿于空桑之中，就抱回献给有莘国君，国君令烰人（厨师）养之。据史书记载和史家考证，有莘国即今曹县莘家集一带。有莘国的女子采桑处，亦即空桑之地，当离有莘国不远。至于上述那个神妙的传说，无非是反映了人们对先圣的尊崇和爱戴，认为他们一生之所以功绩卓著、勋业伟烈，和他们生而不凡是有关的。元代剧作家郑光祖在其创作的《立成汤伊尹耕莘》杂剧中，说伊尹本是天上文曲星，天帝敕命他下界解救苍生，故而隐于空桑之内，被有莘国伊员外收留抚养，云云，无异也是将其神化而已。

据史书记载，伊尹被有莘国君收养后，跟着厨师，学会了高超的烹调技艺，又勤奋好学、广闻博识，贤名远扬（见《墨子·尚贤》）。时值夏桀无道，暴虐昏庸，天下纷扰，民不聊生。商侯成汤久蓄大志，欲救民于水火。他暗中扩大势力，广招天下贤才，闻知伊尹贤名后，曾连续五次（一说三次）往聘伊尹（见《史记·殷本纪》），由此可见商汤求贤若渴的迫切心情。据《孟子·万章》载，当初，面对厚礼和汤的使者，伊尹并未动心。后来，商汤的虔诚态度终于感动了他，他认为自己居田野之中，乐尧舜之道，不若让君成为尧舜那样的君主，民成为尧舜时代的民，应该以挽救苍生、解民倒悬为己任，使尧舜盛世重现，于是欣然应聘。另外还有一说：汤闻伊尹贤名，就派人聘请，伊尹亦乐为之，但有莘国君不允，于是汤就求与有莘国君联姻，有莘国君亦乐意，并把伊尹当作女儿陪嫁的男仆送给了商汤（见《吕氏春秋·本味》）。

2. 文韬武略　佐汤兴商

商汤得到伊尹后，在宗庙里举行袚除灾邪的隆重仪式，点燃苇束熏除不祥，用纯色雄猪的血涂祭器，于次日设朝举行见面礼。由此可以想象，汤对伊尹出仕辅政的兴奋心情和重视程度。面对商汤和群臣，伊尹口若悬河、滔滔不绝，借用烹调之法，纵论治国方略，而后又进一步引导商汤开阔视野，成就帝业（见《吕氏春秋·本味》）。商汤听后异常高兴，但转念一想，像伊尹这样的贤人，如果夏桀能够重用，不是就会改恶向善吗？天下安定，何必再动干戈？于是就亲自推荐伊尹到夏。

伊尹到夏都后，经常向夏桀进谏，但夏桀表现漠然。一次，当夏桀聚众狂欢时，伊尹举杯说："君王不听劝谏，国家眼看就要灭亡了。"桀一听拍案大怒，继而一想，又干笑两声斥责伊尹："你不要妖言惑众了！我有天下好像天上有太阳，太阳会灭亡吗？如果太阳会灭亡，我也就灭亡了。"（见《新序·刺奢》）伊尹见夏桀刚愎自用，执迷不悟，终日郁郁寡欢。一日，伊尹见一些喝了酒的人相互搀扶着，共同唱着一首歌："为什么不去亳？为什么不去亳？亳也够大啦！"伊尹回到住所，又听到有人唱道："醒来吧！醒来吧！我的命运确定了，抛弃黑暗，追求光明，有什么不快乐？"（见《尚书大传辑本·卷二》）听到这些歌声，更增添了伊尹的乡愁，促成了他离夏都返商的决心。

在夏都三年，伊尹返回到商汤的国都亳地。他对汤王说："夏桀宠爱末喜和爱姬琬、琰，不体察民情，听不进善言，上下离心离德，百姓怨声载道，都说夏桀已无可救药了。"（见《吕氏春秋·慎大》）史载商汤先后五次把伊尹推荐给桀，都没得到桀的信任和重用。伊尹这才与商汤计议，下决心把桀灭掉。他们共同分析了天下形势，认为灭夏时机已基本成熟，便决定采取逐个除其羽翼，最后取而代之的策略。他们先消灭了夏在黄河下游的三个属国，即韦、顾和昆吾，然后把锋芒指向夏桀（见《诗经·商颂·长发》）。

伐夏前，伊尹为商汤出谋，先不去朝贡，试探夏桀的动静。商汤依计而行，夏桀果然大怒，调动九夷之兵攻商。伊尹一看九夷族还听命于夏桀，便让汤赶快向夏桀请罪，恢复了进贡。次年汤又不进贡，桀又动怒，再召九夷起兵。九夷看夏桀朝令夕改，喜怒无常，都不肯从命。此时，伊尹认为时机已完全成熟，便辅佐商汤起兵伐桀（见《说苑·十三·权谋》）。为鼓舞军队士气，伊尹和商汤先作动员，申明夏桀作恶多端，商汤是秉承天意灭之，如果不顺从天意，是有罪的……并宣布了纪律，这便是历史上有名的“汤誓”（见《尚书》）。经过这次战前动员，全军将士斗志倍增，作战非常勇敢。最后两军决战于鸣条（在今河南省封丘县东），夏桀大败，汤追及，遂将其流放（见《列女传·夏桀末（通妹）喜》）。

推翻了夏朝，伊尹佐汤登上天子尊位，建立了商朝。伊尹为右相，他又协助汤改历法，更服色，立社稷；教民打井开渠，灌溉农田，并首创“区田法”；规定各诸侯国依照各地土产按年进贡等办法。伊尹还“闵生民之疾苦，作《汤液本草》”，被后世医家誉为医圣。另外，他在为君之道、选贤之策、驭臣之术等方面，还向汤王提供了自己的见解和主张（见《说苑·君道》《说苑·臣术》）。总之，为了商汤政权的稳固，为了黎民百姓安居乐业，伊尹竭忠尽智，不遗余力，充分显示了他非凡的政治头脑和卓越的治国才能，不愧是一位远见卓识、定国安邦的贤相。

3. 殚精竭虑　匡扶嗣君

汤王百岁而崩，其子大丁未立而卒。伊尹和仲虺（左相）先后扶立外丙、中壬为王。此三帝皆短命早殇。汤孙太甲成年后，伊尹又立其为王（见《史记·殷本纪》）。他虽然位极人臣，权持朝纲，但依然朝惕夕厉，恭谨如初。嗣君即位后，伊尹为报商汤知遇之恩，作《伊训》训导太甲，要他听祖训，行德政，刻苦耐劳，以桀为鉴。他还借助法律手段，立法制，定“官刑”，对“恒舞”“酣歌”的巫风，“贪货色，好游畋”的淫风，“侮圣言，逆忠直，远耆德，比顽童”的乱风予以严格禁止，强调“邦君有一于身，国必亡”，并要求臣下，发现君王有此乱德之行要及时加以匡正，否则要施以“墨刑”。由此可见，伊尹对嗣君的殷切期望和良苦用心，真可谓言之谆谆、情之切切。

但是，年轻的君主没有经历创业之难，不久便只知吃喝玩乐，把伊尹的规谏当作耳旁风。伊尹多次劝诫毫无效用，便决定把太甲流放到汤陵附近的桐宫，让其思先王，忆祖训，回心向善。三年之后，伊尹看太甲确已悔改前非，便亲自携带商王的冠冕朝服，到桐宫迎接太甲还朝，让其再登王位。经过这次痛切的反思，太甲果然成为一位贤君。伊尹细察太甲修身敬业，勤政为民，便告老还乡。临走之前，伊尹还不十分放心，他唯恐太甲德不纯一或任用非人，便又作《咸有一德》告诫太甲说，作为国君，必须始终如一地坚持一个“德”字，民心方可安定，政权才可长久，否则，天下就要混乱，政权就易失去；要“任官惟贤才，左右惟其人”，始终亲君子、疏小人等。可以说，为了商朝政权的稳固，伊尹呕心沥血、鞠躬尽瘁，倾注了毕生的精力。

太甲帝崩，其子沃丁继位，伊尹卒于此时。沃丁帝以葬天子之礼葬伊尹于亳。（按：今山东省曹县大集镇殷庙村有伊尹墓）。《皇览》有载，东晋杜预、臣瓒、伏滔有记。（其他地方伊尹墓皆为晚出之纪念物，与古史不合。）据《曹州府曹县志》载：北宋大中祥符元年，宋真宗赵恒东封泰山驻跸曹州（今曹县韩集镇范庄寨）曾勒石纪念伊尹，《序》曰：“始就于桀，以劝人臣之志，后归于汤，以济天下之难。咸有一德，敷祐万方。大节昭明，嗣王服其训；余庆不坠，令子成其家。旧礼攸存，明祀新享。朕因驻跸，永用怀贤。聊复刻铭，庶几旌善。”《赞》云：“成汤之仁，溥率来宾；阿衡之忠，天辅成功。民难既平，嘉谟实真，王室不衰，大训可知。苹蘩之祭，传于永世。金石之刻，表予褒德。”可见一代帝王对伊尹的推崇。对这位古代贤相，代代传颂，为永志不忘，还在其墓前建有伊尹庙，且历代不断修缮，一直保存完好。地方官员春秋两季定时祭祀，香火不断。此亦是人们忆先哲、尊贤相的意愿表露。

还是柳宗元说得好：“大矣，伊尹，为圣之首！”

（作者系曹县人民检察院原副检察长）

九、伊尹与茶之水（朱海涛）

伊尹，夏末商初人，传说是被有莘氏女子在空桑中发现，由庖人养大，从小耳濡目染，精于烹饪，后作为陪嫁佣人成为商汤厨房里干活的奴隶。伊尹借助“鹄羹”，以烹调做菜的道理解释治国之理，显示了其的政治才华。

又因其五味调和理论的提出，以及对烹饪的贡献，被烹饪界尊为祖师、厨圣。

1. 伊尹的五味调和论

《吕氏春秋·本味》中记载："夫三群之虫，水居者腥，肉玃者臊，草食者膻。臭恶犹美，皆有所以。凡味之本，水最为始。五味三材，九沸九变，火为之纪。时疾时徐，灭腥去臊除膻，必以其胜，无失其理。调和之事，必以甘、酸、苦、辛、咸。先后多少，其齐甚微，皆有自起。鼎中之变，精妙微纤，口弗能言，志弗能喻。若射御之微，阴阳之化，四时之数，故久而不弊，熟而不烂，甘而不哝，酸而不酷，咸而不减，辛而不烈，淡而不薄，肥而不腴（yú）。"

这段文字首先表明了水中、食肉和食草动物作为三种不同烹饪原料的特性，水中的味腥，食肉的味臊，食草的味膻。尽管原料味道各不相同，但是利用不同的烹饪方法，还是可以制作出美味佳肴。其次强调了烹饪中水和火的重要性。水是味之根本，食材的本味是以水为介质的烹饪方法来体现。烹饪时，酸甜苦辣咸五味和水木火三材在鼎中的沸腾和变化是靠火候来实现的。火力时快时慢，可以去除腥臊膻味。最后讲述了五味调和的道理。为调和出可口的味道，调味品的投放顺序和多少，其中的组合都是很微妙的，并且有各自的缘由。鼎中的味道变化，细微精妙，无法用语言来形容。即使心中有数，也不易说清楚，应悉心领悟。如要把握食物精微的变化，则要考虑到阴阳、四时的规律，食物就可久放而不腐败，熟而不过烂（失饪），甘而不过甜，酸而不强烈，咸而不发苦，辛而不浓烈，淡而不寡薄，肥而不腻。

通过水的作用、火候的把握和五味调和，使得烹饪原料中的异味得以去除，美味的本味得以显现，鼎中之菜成为五味调和的美味佳肴。而伊尹这些关于烹饪的理论，除了得到商汤的认同外，也指导了中国一代又一代的烹饪实践，对中国烹饪技术的发展起到了很大的推动作用。

2. 伊尹与茶之水

中国是茶叶的原产地，也是茶文化的发源地。在漫长的历史岁月里，我们的祖先发现了野生茶，随着对茶的栽培、加工和利用，逐渐形成了茶文化。众所周知，唐代陆羽结合自身的实践，写了我国第一部系统阐述茶叶科学知识和生产实践的专著——《茶经》。共十卷，对茶的起源、采茶、制茶、器皿、煮茶、饮茶、茶事、产区等进行了详尽的描述。

由上所述，伊尹提出了“凡味之本，水最为始”。可见烹饪美味之品的先决条件是水。最好的水在何处？伊尹说：“水之美者：三危之露；昆仑之井；沮江之丘，名曰摇水；曰山之水；高泉之山，其上有涌泉焉；冀州之原。”即三危山的露水，昆仑山的井水，沮江岸边名为摇水的泉水，曰山的山泉水，高泉山上的涌泉水，冀州一带的水是最好的烹饪用水。同样，对于饮茶来说，水也是至关重要的。

俗话说“水为茶之母”，水质与茶汤的优劣有很大的关系。明代许次纾（shū）在《茶疏》中写道：“精茗蕴香，借水而发，无水不可与论茶也。”明代张源在《茶录》中说：“茶者，水之神；水者，茶之体。非真水莫显其神，非精茶曷窥其体。”可见好茶必须与好水相配。茶圣陆羽在《茶经》五之煮中提出，煮茶用水“山水上，江水中，井水下。其山水，拣乳泉石地漫流者上，其瀑涌湍漱勿食之，久食令人有颈疾。……其江水，取去人远者。井取汲多者”。即是说，以岩洞中钟乳石上滴下的，以及石池里经过沙石过滤后漾溢漫流出来的泉水为最好。他在研究煮茶用水时，还评价了二十种水，其中庐山康王谷水帘水第一，无锡惠山寺石泉水第二，蕲州兰溪石下水第三，峡州扇子山下蛤蟆口水第四，苏州虎丘寺石泉水第五，庐山招贤寺下方桥潭水第六，扬子江南零水第七……并且唐代张又新《煎茶水记》、宋代欧阳修《大明水记》和叶清臣《述煮茶水品》、明代徐献忠《水品》和田艺蘅《煮泉小品》、清代汤蠹仙《泉谱》等专门论述饮茶用水的专著，以及许多茶叶专著中，都有茶与水高度相关的论述。明代张大复在《梅花草堂笔谈》中写道，“茶性必发于水。八分之茶遇十分之水，亦十分矣；十分之茶遇八分之水，茶只八分耳”。可见古代人们饮茶十分重视泡茶用的水。他们所论包括选水、试水、洗水、养水、烧水。

A. 选水

古人十分重视水源，强调用活水。天落水（包括雨、雪、露、霜）被认为是灵水，是煮茶之首选。而现今由于大气污染、酸雨等环境污染，天落水已不再列入人们泡茶用水的范畴。泉水的生态环境较好，杂质少，富含矿物质，有益健康，加热后酸性碳酸盐矿物质分解，释放出碳酸气，口感美妙，所以用泉水煮茶，甘洌清芬俱备。江河湖海等地表水，一般不宜直接煮茶。一定要用，也必须经过净化后有选择地取用。井水属地下水，硬度较大，并且人口密集地的水井，易受污染，一般不宜煮茶。一定要用，也必须选择环境清洁汲水者多的深井水。现代的评茶专家，曾在上海和杭州两地，用虎跑泉水分别与上海的深井水、自来水、蒸馏水、杭州的天落水（雨水）、西湖水、城市井水、自来水进行冲泡比较，其结果是虎跑泉水为最好。

B. 试水

在古代主要是通过感官比较来辨别水质的好坏。明代的《茗笈》记载了五种试水质美恶、高下的方法：一煮，将水置净器中煮沸，候澄清，无渣者为良，有沉淀物者为恶。二日试，将水置于日光直射之下，清澈者为良，有尘埃氤氲如游气者为恶。三试味，无味者为良，有味为次、为恶。四秤，以秤称之，轻者为上。五丝帛试，用白色的纸或绢帛蘸水候干，无迹者为上。现在鉴定水质的主要指标是：悬浮物、盐类总量、软硬度、氢离子物质量及酸碱度等。在进行集中供水的城镇，基本都能达到标准。

C. 洗水

平常只以水来洗东西，“洗水”之说，似乎荒唐。其实洗水是指用各种方法来处理净化准备煮茶之水。古人净水方法有三种。一是宋代周辉的《清波杂记》中记载了“石洗法”；二是明代高濂的《遵生八笺》中记载了“炭洗法”；三是清代徐珂的《清稗类钞》中记载了“水洗法”。不管是以沙石或木炭过滤，还是注入其他水搅拌后沉淀，使之分层，目的都是为使供煮茶之水洁净。

D. 养水

指水的贮藏应尽量保持其天然特质。明代许次纾在《茶疏》中说，甘美的泉水要随汲随用。若住处离泉眼远，理应多汲，可贮于大瓮中，但忌新器、木桶，瓮口以厚箬泥固。今天想用泉水是非常困难的，大多只能用自来水。凡无异色、异味、异臭、无肉眼可见物，浊度不超过5度，酸碱度为6.5—8.5，总硬度不高于25度，细菌指标等符合标准的水，都可泡茶。但是自来水含氯量较高，最好放置一夜后再用于泡茶。在洁净甘洌的水越来越难觅的今天，习茶者应从一杯水中悟出关爱环境的道理，自省于己。为了给子孙后代留下一杯清水，让我们大家积极参与环境保护，爱护水源。

E. 候汤

唐宋时期的茶叶多为饼茶、团茶，泡茶的形式也非当今的冲泡，而以煮饮为主。明代始有如今的“撮泡”。因此，有水有茶而不可以没有火。清代陆廷灿仿照陆羽的《茶经》撰写了《续茶经》，是我国古茶书中最大的一部，几乎收集了清代以前所有茶书的资料。其茶之煮中提到，“人但知汤候而不知火候，火然则水干，是试火当先于试水也。吕氏春秋伊尹说汤五味，九沸九变，火为之纪”。这里，陆廷灿借用伊尹的火候论来说明煮茶时火候的重要性。

候汤是对泡茶用水的煎煮火力和温度的控制。古人主张用炭煎茶为良，以“鱼目”“涌泉连珠”“腾波鼓浪”“三大辨”来掌握烧水的度。陆羽在《茶经》中描述了水的三种沸腾程度，即“鱼目蟹眼微有声”为一沸；“涌泉连珠微有涛”为二沸；“腾波鼓浪大有涛”为三沸。陆羽认为，茶水煮至二沸正好能将茶的真正滋味充分激发出来，而水至三沸已老矣。张源在《茶录》中说：“汤有三大辨：一曰形辨，二曰声辨，三曰捷辨。形为内辨，声为外辨，捷为气辨。”即形是从里面分辨，声音是从外面分辨，捷是根据气分辨的。而且他还对火候的把握进行了论述，“炉火通红，茶铫始上。扇起要轻疾，待汤有声，稍稍重疾，斯文武火候也。若过乎文，则水性柔，柔则水为茶降；过于武，则火性烈，烈则茶为水制，皆不足于中和，非茶家之要旨”。煮水时用扇来控制火力大小，如果火太文，水性就会过柔，太柔的水会被茶降伏；过于武，火性太烈，茶就会受制于水。这都不能称为调和，没有得到泡茶的要领。

现代煮泡茶用水的燃料、用具多种多样，一般只要注意清洁卫生即可。茶叶的品种也越来越多，因而泡茶的水温也要有所差异。冲泡高档绿茶，水温宜略低，80 摄氏度为宜；花茶、红茶宜用 90—95 摄氏度的开水；乌龙茶则要 100 摄氏度的开水，现沸现泡最好。粗老茶叶（如砖茶）不能冲饮，必须煮饮。一些含有特殊物质的保健茶、药茶，其冲泡温度和时间还有一定的要求。

3. 结语

伊尹作为历史上第一个以负鼎俎调五味并辅佐天子治理国家的杰出庖人，在中国烹饪文化史上占有重要地位。收录了他的“五味调和论”和“火候论”的《吕氏春秋·本味》是我国最早的烹饪理论著作。这些烹饪理论除用作指导烹制菜肴外，在茶文化中也有很大的体现。

参考文献：

[1] 林正秋：《烹饪始祖伊尹纵论五味》，《上海调味品》2004 年第 2 期，第 34—35 页。

[2] 孙润田：《烹调始祖——伊尹简论》，《开封教育学院学报》2009 年第 29 卷第 1 期，第 27—29 页。

[3] 陆羽等：《茶经》，中国纺织出版社 2006 年版。

（作者系济南大学酒店管理学院副院长、教授）

十、从伊尹是饮食业鼻祖说起（张威华）

中国的饮食，誉满天下。中华民族是最讲究吃的民族。“民以食为天”，养生全命要靠饮食来维持。“饮食男女，人之大欲存焉”，人们生活上的幸福，主要指饮食方面的质量和满足。过节过年要吃好，会亲聚友要吃好，请客送礼要吃好，办喜事要吃好，生孩子要吃好，办丧事也要吃好，平日“改善生活”要吃好，出外旅游也要品尝当地名吃；带点礼品捎回家乡也多半是吃的。见面打个招呼，是对人的礼貌，总是问声“吃了吗”？甚至在厕所相遇，也不由自主问声“吃了没”？这也许是因为在历史上我们常遇到灾荒，才使我们这样关心有吃没吃的问题。

在旧社会，各行各业，都要尊崇一个祖师。祖师是该业的创始人。那么，饮食业的创始人是谁呢？无疑地应该是伊尹。据说兴周八百年的功臣姜子牙也研究过饮食之道，但是他比伊尹晚了六百多年；道教的祖师爷太上老君李耳，说过“治大国若烹小鲜”的话，又经常守着丹灶，但是他比伊尹晚了上千年。

据《吕氏春秋·本味》记载，伊尹幼时，被有莘国厨师收养，耕于莘野，而乐尧舜之道，又跟烰人学了烹饪技术，他聪明颖悟，长大了，深通饮食和治国之道的相通处，于是，他一出仕，便“以滋味说汤”，取得了赏识和信任，得到汤的重用，得以显示他治国的才干。

伊尹究竟怎样把烹饪技术和治国大道联系起来而说汤呢？史书记载太简，使人难知其奥妙。还是《老子》说的“治大国若烹小鲜”略露其端倪。我们不妨以做事的普遍规律推之：无论做何事，必先有个理想即目的要求，而后动用各种条件，千方百计去完成它。比如要做一顿好吃而又营养丰富、适合口味的饭菜，首先必须考虑取材：主食——五谷杂粮；副食——鸡、鱼、肉、蛋，园蔬野菜，时鲜水果，山珍、海味，菱藕蒲笋等；调料——油、盐、酱、醋、香料、糖、茶等，还要有灶具和烧柴。各物具备，然后动手操作。刀功：切块、切条、切丝、切末、斩绒、捣泥、雕饰。加工方法：蒸、煮、烹、炖、煸、炒、淹、渍、拌、调、熇；火候：急火、慢火、煨火等；其聚材之广，手段之巧，令人咋舌，叹为观止。菜肴讲究色、香、味（五味）俱全。治国之道比这还复杂吗？大致不过如此吧？

烹饪是种技术，又是一门艺术，它表现了文明的一个重要方面。其数量和质量也是衡量生活是否幸福的尺度。

吃的艺术是我们的国粹，是我们的光荣。四菜一汤，生意跑光；山珍海味，美味佳肴，谁见谁喜，赞不绝口。外国朋友来到中国，无不赞美中国饮食的精美。在谈判签字的背后，吃喝之功自不待言。

政治上的高超手腕，安邦定国，被喻为“调和鼎鼐”，也就是“治大国若烹小鲜”的意思。可见饮食之道和政治原理是相通的了。

饮食和医疗保健也不是“风马牛不相及”，例如孟诜就著有《食疗本草》，还有《食疗方》。人们都说“药补不如食补，食疗优于药疗”。平时颐养保健，要靠饮食而不需药物。有理论说：“适口即为补”，烹饪之术不只是饮食之道，也应是治病保命之道。若在文人雅士，吃喝之余还会产生佳作妙什，供吟哦欣赏，流传后世。如陶潜、李白，都是爱吃喝的诗人。李白的名句：“金樽清酒斗十千，玉盘珍馐值万钱。停杯投箸不能食，……”读了给人以豪迈洒脱、社会富饶的美感，而并不觉其豪奢。可见饮食烹饪之术也和文艺密切相关了。

伊尹以国相之尊，擅长烹饪之道；上行下效，形成一种社会风气是很自然的。此风相沿，逐渐发展，形成我国独擅的饮食文明。我国华侨散居国外各地，安身立命，惨淡经营，多业饮食，生产兴隆，每年赚回外汇知多少？今后我国旅游业更进一步发达，饮食业随之更加兴旺。推源其始，伊尹功莫大焉。如能塑其雕像于文化艺术之区，外邦人士歆羡中国的饮食，仰慕伊尹的高风，必相率而来，而成为我县旅游业之大助。

孙中山先生赞美中国饮食，特在所著《建国大纲》中设专章论述，谓中国饮食以其历史之悠久、技术之高超、制作之精美、营养之丰富、理论之精深博大，在世界首屈一指，将来必能脱颖而出，取得世界人士之共识。曹县发展旅游业，饮食业是一个重要内容，也要讲一讲伊尹的功绩。

（作者系曹县工会干部学校离休教师）

十一、商代开国名臣伊尹（宋镇豪）

伊尹是商王朝开国的辅弼良臣，一名伊挚、尹挚，单称伊，又名阿衡，辅佐成汤伐灭夏桀，建立了商王朝。汤之后，太甲不遵汤法乱德，伊尹放太甲，摄朝政，保证了早期商王朝王室政权的平稳过渡。伊尹的治国大略流芳后世，到春秋战国时期乃有伊尹学派形成。

传说伊尹母为有莘氏女，居伊水之畔，生伊尹于空桑。《吕氏春秋·本味》："有莘氏女子采桑，得婴儿于空桑之中，献之其君。其君令庖人养之。察其所以然，曰：'其母居伊水之上，孕，梦有神告之曰：臼出水而东走，勿顾。明日，视臼出水，告其邻。东走十里，而顾其邑尽为水，身因化为空桑，故命之曰伊尹。'此伊尹生空桑故也。"《开元占经》卷百十四引《帝王世纪》谓："初，力牧之后曰挚，其母曰始，孕伊水之滨，梦神告己曰：臼出水而远走无顾，及明视臼中有水，即告邻而走，东十里乃顾，其地尽为水矣。"《楚辞·天问》："水滨之木，得彼小子。夫何恶之，媵有莘之妇？"王逸注："小子谓伊尹也。"有莘氏地望，在今豫东一带。《左传》僖公二十八年载晋楚城濮之战，"晋侯登有莘之虚以观师"。城濮在今河南范县，有莘之地当距此不远。《史记·殷本纪》正义引《括地志》谓："古莘国在汴州陈留县东五里，故莘城也。"此地今属河南开封。《读史方舆纪要》卷三十三谓有莘氏在今山东曹县北。

史传伊尹曾为庖厨。《吕氏春秋·具备》："伊尹尝居于庖厨矣。"《吕氏春秋·求人》："伊尹，庖厨之臣也。"《庄子·庚桑楚》：汤"以胞（庖）笼伊尹"。《韩非子·难言》："上古有汤，至圣也。伊尹，至智也。夫至智说至圣，然且七十说而不受，身执鼎俎为庖宰，昵近习亲，而汤乃仅知其贤而用之。"《韩非子·难一》："伊尹以中国为乱，道为宰干汤。"《韩非子·难二》："伊尹自以为宰干汤。"《淮南子·修务》："伊尹负鼎而干汤……是以圣人不高山，不广河，蒙齿辱以干世主。"《墨子·尚贤上》："汤举伊尹于庖厨之中，授之政。"《墨子·尚贤中》："伊挚，有莘氏女之私臣。

亲为庖人，汤得之，举以为己相，与接天下之政，治天下之民。”《墨子·尚贤下》：“昔伊尹为有莘氏女师仆，使为庖人，汤得而举之，立为三公，使接天下之政，治天下之民。”《太平御览》卷三百九十七引《帝王世纪》：“（汤）思贤，梦见有人负鼎抗俎，对己而笑。寤而占曰：鼎为和味，俎者，割截，天下岂有人为吾宰者也。初，力牧之后曰伊挚，耕于有莘之野，汤闻以币聘，有莘之君留而不进，汤乃求婚于有莘之君，有莘之君遂嫁女于汤，以挚为媵臣，至亳，乃负鼎抱俎见汤也。”《史记·殷本纪》谓伊尹“负鼎俎，以滋味说汤，致于王道”。伊尹以其掌握的烹饪技术，终能以做得一手美味佳肴，而得到接近成汤的机会，受到赏识重用。《吕氏春秋·本味》载有一段伊尹“说汤以至味”的烹饪理论：

夫三群之虫，水居者腥，肉玃者臊，草食者膻，丑恶犹美，皆有所以。凡味之本，水最为始。五味三材，九沸九变，火为之纪。时疾时徐，灭腥去臊除膻，必以其胜，无失其理。调和之事，必以甘酸苦辛咸，先后多少，其齐甚微，皆有自起。鼎中之变，精妙微纤，口弗能言，志不能喻。若射御之微，阴阳之化，四时之数。故久而不弊，熟而不烂，甘而不哝，酸而不酷，咸而不减，辛而不烈，淡而不薄，肥而不腴。

大意说食物皆有本味，要去其腥臊膻臭，使之美味可口，一要巧妙利用水火木三材烹之，细察鼎镬之变，掌握火候；二要善调，把握调味品投放次序、分量和时机。这里有后人附会成分，但伊尹利用庖厨身份，服务在成汤身边，故有机会进阶辅佐商取代夏治理天下。

伊尹助成汤灭夏桀的原委，古本《竹书纪年》有其说：

桀伐岷山，得女二人，曰琬，曰琰。桀爱二女，无子。刻其名于苕华之玉，苕是琬，华是琰。而弃其元妃于洛，曰末喜氏。末喜氏以与伊尹交，遂以间夏。

夏桀宠爱琬、琰，冷落了原配末喜氏，招致末喜的仇恨，引出一段与伊尹暗中结交、共同间夏的事来。伊尹是有莘氏族落集团的庖厨，他作为有莘氏媵臣入商而得到成汤重用。《吕氏春秋·慎大》对伊尹与末喜串通，助成汤间夏有如下一段叙述：

汤与伊尹盟，以示必灭夏。伊尹又复往视旷夏，听于末喜。末喜言曰：今昔天子梦西方有日，东方有日，两日相与斗，西方日胜，东方日不胜。伊尹以告汤。商涸旱，汤犹发师，以信伊尹之盟，故令师从东方出于国，西以进。未接刃而桀走，逐之至大沙，身体离散，为天下戮。

夏在西部而商居东方，末喜与伊尹串通间夏，末喜告以“西方日胜，东方日不胜”，是间接把夏王桀的举动和军事防御底细泄露给了商汤，致使商师绕道夏的后方，从西面攻夏所不备，一举成功。

新出《清华大学藏战国竹简》（壹）有《尚书》佚篇《尹至》《尹诰》两种，也讲述到伊尹襄助商汤灭夏治理天下。

清华战国简《尚书》佚篇《尹至》 清华战国简《尚书》佚篇《尹诰》

《尹至》竹简共五枚一百五十四字，简文“隹尹自夏徂白（亳），逯至在汤”，记伊尹面见汤，自言“我来越今旬”，从夏西邑到商亳都已逾十来天，告诉汤有伐夏的“吉志”（好主意），陈说夏王“厥志其丧，宠二玉（即前揭岷山琬、琰两位女子），弗恤其有众”，造成“民怨”四起，“见章于天”，天显异象，他愿与汤联合，“自西捷西邑，戡其有夏”。这与前述《吕氏春秋·慎大》说的成汤“以信伊尹之盟，故令师从东方出于国，西以进，未接刃而桀走”，正相印证。

《尹诰》竹简共四枚一百一十字，记伊尹在灭夏后的治国方略，指出“我捷灭夏”，是“夏自绝其有民，亦隹厥众，非民无与守邑”，建议商汤应赉民安抚民众，“致众于亳中邑”。据史传，成汤灭夏，建立商王朝，采取了努力争取四方异姓国族归服的方略，以壮大商族的力量。《史记·夏本纪》称“汤修德，诸侯皆归商”。《墨子·非攻下》说：“汤奉桀众，以克有【夏】，属诸侯于薄，荐章天命，通于四方，而天下诸侯莫不宾服。”《吕氏春秋·用民》直称“汤武非徒能用其民也，又能用非己之民”。汤能奉夏众，又能用异姓国族的“非己之民”，恐怕是其成功建立商国的关键所在，今从新出《尹诰》简文知，这乃是采纳了伊尹提出的“致众于亳中邑”的建国安民方略。

应注意的是，清华《尹诰》简文“隹尹既及汤，咸有一德，尹念天之败西邑夏……”，与《尚书·书序》所谓“伊尹作《咸有一德》”，可相补正。上海博物馆藏战国简一千二百余枚，由马承源主编《上海博物馆藏战国楚竹书》（一），其中有《缁衣》一篇，简文也引述了《尹诰》这段文字：

《尹诰》员（云）：隹尹（躬）及康（汤），咸又（有）一德。（第三简）

1993年湖北荆门市郭店一号楚墓出土七百多枚战国竹简，也有一篇《缁衣》，也有《尹诰》的这段引文。伪古文尚书《咸有一德》云：“惟尹躬暨汤，咸有一德”，与简文同，知也是有一定出处的。

上博竹书《缁衣》引《尹诰》，郭店楚简《缁衣》引《尹诰》。

北宋宣和年间，山东临淄的齐国故城出土了一套春秋晚期的叔夷钟，铭文有云：“虩虩成唐（汤），有严在帝所，尃受天命，剿伐夏后，败厥靈师，伊少臣隹（辅），咸有九州，处禹之堵。”（《集成》1.285）伊少臣即伊小臣，谓伊尹担任了小臣之职。《墨子·尚贤下》云：“汤有小臣。”《楚辞·天问》：“成汤东巡，有莘爰极；何乞彼小臣，而吉妃是得？”王逸注：“小臣谓伊尹也。”《吕氏春秋·尊师》：“汤师小臣。”高诱注：“小臣谓伊尹。”《吕氏春秋·知度》：“小臣、吕尚听，而天下知殷、周之王也。”毕元注：“小臣，汤之师也，谓伊尹。”叔夷钟铭文真记述了成唐（汤）尃受天命，又得到小臣伊尹的辅佐，剿伐夏王，完成建国大业。

成汤灭夏，建立商王朝，设置左右相，以右为上，伊尹担任右相。《左传》定公元年：“伊尹为丞相，仲虺为左相。”伊尹参与商汤立法。长沙马王堆汉墓出土帛书有古逸篇《伊尹九主》，记“汤用伊尹，既放夏桀以君天下”，伊尹总结夏灭亡教训，提出“法君明分，法臣分定”的立法构架，“以知存亡若会符者，得八主，……凡与法君为九主”，得“九主成图”，颁布刑书，“布图陈笵，以明法君法臣”。成汤崩，王位由成汤之嫡长孙、大丁之子太甲直接继承商王位，因太甲暴虐、乱德、不遵汤法、不明朝政，伊尹放太甲于桐宫。商王位出现空缺，由太甲之叔外丙即位为商王，伊尹一方面教育太甲，一方面当国摄政，保持天下的安宁。据《史记·殷本纪》云："帝太甲元年，伊尹作《伊训》、作《肆命》、作《徂后》"，《集解》引郑玄："《肆命》者，陈政教所当为也，《徂后》者，言汤之法度也。"伪古文《尚书·伊训》说成汤没后，伊尹为太甲"制官刑；儆于有位（百官）"，归纳官场腐败风气与当官者之罪有"三风十愆"，条文云：

敢有恒舞于宫，酣歌于室（纵情歌、舞，毫无节度），时谓巫风。

敢有殉于货、色（贪财、好色），恒于游、畋（耽于游玩，沉湎田猎），时谓淫风。

敢有侮圣言（简慢君主之言），逆忠直（拒纳忠直者的规导），远耆德（疏远有德的老年长者），比顽童（与顽劣小人朋比为奸），时谓乱风。

惟兹三风十愆，卿士有一于身，家必丧（没其在宗族或家族的贵族身份和社会地位）。

邦君有一于身，国必亡。臣下不匡，其刑墨。

伊尹制定的"官刑"罪名"三风十愆"，"三风"是巫风、淫风、乱风，"十愆"指恒舞、酣歌、贪财、好色、游玩、畋狩、侮圣言、逆忠直、远耆德、比顽童等十大过失。对三风十衍的惩处十分严厉；并且，有规定，如果卿士的臣属未对上级的违法行为放任不匡，不能进行劝谏，则要处以墨刑。此等"官刑"内容亦载见《墨子·非乐上》："汤之官刑有之曰：其恒舞于宫，是谓巫风，其刑君子出丝二卫"，还指明出于"先王之书"。这说明《伊训》未必出于后人杜撰，应有所本的。

伊尹还曾受商汤命令，为商王朝具体落实按自然地理之利、易得不贵，接受诸侯方国贡纳的各地土特物产，保障商国财政收入来源，事见《逸周书·王会解》所附《商书》之《伊尹朝献》篇，其文云：汤问伊尹曰："诸侯来献，或无牛马之所生而献远方之物，事实相反，不利。今吾欲因其地势所有献之，必易得而不贵，其为四方献令。"

伊尹受命，于是为四方曰："臣请正东：符娄、仇州、伊虑、沤（瓯）深、九夷、十蛮、越沤（瓯）、鬋发、文身，请令以鱼支（皮）之鞞、乌鲗之酱、鲛瞂、利剑为献；正南：瓯邓、桂国、损子、产里、百濮、九菌，请令以珠玑、玳瑁、象齿、翠羽、菌鹤、短狗为献；正西：昆仑、狗国、鬼亲、枳巳、闟耳、贯胸、雕题、离丘、漆齿，请令以丹青、白旄、纰□、江历、龙角、神龟为献；正北：空同、大夏、莎车、姑他、旦略、貌胡、戎翟、匈奴、楼烦、月氏、孅犁、其龙、东胡，请令以橐驼、白玉、野马、騊駼、駃騠、良弓为献。"汤曰："善。"（《合集》27654）这与《荀子·解蔽》篇说的汤用伊尹"受九有"而"远方莫不致其珍"，可相比照。

商代史上有不少名臣，为商王朝的发展做出了贡献。《尚书·君奭》："昔成汤既受命，时则有若伊尹，格于皇天。在太甲，时则有若保衡。在大戊，时则有若伊陟臣扈，格于上帝，巫咸乂王家。在祖乙，时则有若巫贤。在武丁，时则有若甘盘。率惟兹有陈，保乂王家。"像伊尹、巫咸等亦见诸甲骨卜辞，被统称为"我旧臣"（《英藏》1186），"我家旧老臣"（《合集》3522 正），他们因有功于商王朝而受到祭祀，即《尚书·盘庚》所说"兹予大享于先王，尔祖其从与享之"。

伊尹也因有功于商王朝而受到祭祀，如甲骨卜辞云：

丁巳卜，升岁其至于伊尹日。吉。

壬子卜，侑于岳。

壬子卜，侑于伊尹。其侑蔑眔伊尹。

□卯，子卜，【来】丁酒四牢□伊尹。

癸丑，子卜，来丁酒伊尹至……

【辛】亥卜，至伊尹，用一牛。

辛卯卜，侑于伊尹一羌、一牢。

伊尹岁十羊。三牛。

弜于伊尹，亡雨。

甲申卜，侑伊尹五示。

癸丑卜，侑于伊尹。

丁巳卜，侑于十立，伊又九。

□戌卜，侑岁于伊、廿示又三。

丁亥，贞多宁以鬯侑伊尹、鼅示。

乙酉，贞侑岁于伊、鼅示。

癸亥卜，侑于伊尹祊，惟今日侑。

“伊尹日”是指伊尹的祭日，以丁日为多，如云“来丁酒伊尹”。伊尹有与自然神岳及旧臣蔑一起受祭者。伊尹还与商先公上甲或先王祖乙、父丁、小乙、祖丁、羌甲、祖辛合祭。

所谓“伊尹十示”，如“伊尹五示”、“十立（位）伊又九”“伊二十示又三”等，都是伊尹与殷人的祖先合祭之例。“伊尹、鼅示”一作“伊、鼅示”，知伊尹可单称伊。张政烺先生释云：“‘鼅’当读’元。《说文》：‘黿，大鳖也。从黽，元声。’‘鼅’像两手捉大鳖之形，也许就是‘黿’之异体字。”（张政烺《释它示》，见《古文字研究》第1辑，中华书局，1979年）王贵民先生认为：“‘宁’在《说文》里训作‘辨积物也’，就是备置和积存财物。‘贮’也训‘积也’，意思大体相同……这些‘宁’实际当是王室在各地‘辨积物’而专设的机构，不是一般的贡纳，很可能是官商，依王室需要由他们提供东西。”（王贵民：《浅谈商都殷墟的地位和性质》，《殷都学刊》1989年第2期）“多宁”当是负责物品储存与经济交易的事务官之群称。徐义华博士指出，“多宁”既负责物品的储藏，也负责物品的流通，同时还负责在祭祀时提供牺牲和祭品，具有多重职能（《商代史》卷4《商代国家与社会》）。

“多宁以鬯侑伊尹、示”谓多宁以鬯酒侑祭伊尹和商直系先王。“伊尹祊”指伊尹祭庙之门。《诗经·楚茨》：“祝祭于祊”，《说文》：“祊，门内祭也。”可见，商人祭祀伊尹时，有用羌为人牲，祭品有酒、鬯、牛、牢、羊等，有用至十羊的。

要而言之，受到商族世代致祭的商王朝开国辅弼重臣伊尹，是中国上古史上少有的一位既载见地下出土甲骨文、青铜器铭文、竹简帛书，又见诸传世文献的真实人物，他在商代史上的贡献与历史影响，主要在于其“能用非己之民”的政治识见与施政方略，还有他的军事用间才华，以及他拟划的“法君明分，法臣分定”的立法构思与他执行的“因其地势所献，必易得而不贵”的财经贡纳管理设计，其烹饪厨艺，则显其“致于王道”之进阶焉。

（作者系中国社会科学院历史研究所所长、史学家）

十二、读《尹至》“隹尹自夏徂亳”（罗　琨）

商汤革夏，是上古一重大历史事件，而伊尹是其中一位重要历史人物，尤其是“伊尹间夏”，使商汤得以掌握夏王朝统治核心的动态、把握战机一举灭夏，作为回报，商王朝则“祖伊尹世世享商”。在古代文献中有很多关于伊尹的记载，在世代口耳相传的传说中也有很多关于伊尹的故事，而且可以互相印证。

例如《楚辞·天问》，林庚在《天问论笺》中，曾进一步论证了这是屈原于楚“先王之庙”“仰见图画”而作，一百八十八句的鸿篇巨制，包括了天地形成与人间历代兴亡史，它以三代为中心，相关发问占了整整一百句，而其中“关于伊尹的传说独多”，有十四句，占整个商代兴亡史的三分之一。而且《天问》体现的虽是南方民族的传说，关于伊尹的故事——无论是出身还是功绩，都可与北方民族的传说相呼应[1]。又如《诗经·商颂·长发》是举行大禘的乐歌，从“洪水芒芒，禹敷下土方”，到“有娀方将，帝立子生商”，历数契、相土、汤的伟业，还包括“实维阿衡，实左右商王”。前人曾提出“大禘，郊祭天也。《礼记》曰：王者禘其祖所自出，以其祖配之”，《诗经》末章却“并及伊尹”，似与礼不合[2]，而甲骨文的发现，以第一手资料证实在商代对伊尹确如先王一样，为之立示，并与大示（直系）的先王合祭[3]。总之，对于这一段历史随着新资料的发现和研究的深入，日益丰富和明晰起来。

商汤是得到伊尹之助才取得天下的，但“伊尹间夏”说，主要见于《国语·晋语》和《吕氏春秋·慎大览·慎大》，《书序·商书》所谓“伊尹去亳适夏，既丑有夏，复归于亳”，前人解释多限于伊尹弃夏归商，用古代诸侯有贡士于天子的制度来解释，如多引《孟子》赵岐注“伊尹为汤见贡于桀，不用，而归汤”[4]，《史记·殷本纪》也仅沿袭《书序》之文，是否有与汤共同谋划“间夏”之举，并不明确。近年新发现和整理公布的清华战国简《尹至》，则提供了新的第一手资料，其中记述了伊尹“自夏徂亳”，报告了夏王朝内部的重重矛盾，如“宠二玉，弗虞其有众，民噂曰‘余及汝皆亡’”，正与《吕氏春秋》所载“伊尹奔夏三年，反报于亳，曰：桀迷惑于末喜，好彼琬、琰，不恤其众，众志不堪，上下相疾，民心积怨，皆曰‘上天弗恤，夏命其卒’”。以及《史记》所谓“夏王率止众力，率夺夏国。有众率怠不和，曰‘是日何时丧，予与女皆亡’”相印证。尤其是简文明确记述汤曰：“汝告我夏隐率若时”，“汤盟誓及尹”，证实了《吕氏春秋》所载“汤谓伊尹曰：若告我旷夏尽如诗。汤与伊尹盟，以示必灭夏”。简文关于出兵伐桀时，“自西捷西邑”，也与《吕氏春秋》所谓“令师从东方出于国，西以进”[5]相合。总之，清华简《尹至》以时代较早的第一手资料证实了“伊尹间夏”的历史记载。

不仅如此，《书序》曾记述伐夏前伊尹“复归于亳”，“作汝鸠、汝方”；灭夏后“汤既黜夏命，复归于亳，作《汤诰》”，《孟子·万章》更引“伊训曰：天诛造攻自牧宫，朕载自亳”，汤与伊尹谋划革夏的“亳”究竟在何处，长期以来众说纷纭，研究者们虽然从多方面进行了探讨、推断，始终因文献记载的不足，难以指实，清华简《尹至》也为探索这个问题提供了新论据，其开篇为：

隹尹自夏徂白（亳），逯至才（在）汤。汤曰“各（格），女（汝）亓（其）又（有）吉志”。尹曰“句（后），我逨（来）越今旬日……”清华简注释：“逯”，行也。“吉志”，《说文》释二字分别为“善也”“意也”，“旬日”为合文，有合文符号。这第一次明确记载了夏与亳的距离为一旬的路程。且从汤所谓“汝其有吉志”的问话，透露出伊尹赴夏以前，二人曾有过共谋，此次伊尹“自夏徂亳”目的十分明确，即报告已掌握的敌方动态，并进一步谋划灭夏大计，在这种情况下，必然一路兼程。前人曾有“吉行日五十里”之说[6]，据此，亳之地望当去桀都五百里以上。

对于汤始居亳的众说纷纭，菏泽学者通过悉心梳理归纳为九说：北亳曹县、南亳商丘、西亳偃师、郑亳郑州说，以及有可能在内黄、山西、亳州、定陶、长垣等地点的推断[7]。其中前四个地点学者们撰文论述较多，不过，南亳商丘虽是长久以来的旧说，却难以得到近世考古学的佐证，尤其是在殷墟甲骨文中，商与亳两个地名并存，所以就目前掌握的资料看，此说可能性不很大。西亳偃师不仅有文献的明确记载，还发现了商代早期城址，是一个值得注意的地点，但它与二里头遗址相距太近，难以充任商人革夏的核心和基地，因而曹亳和郑亳成了论争的焦点，难以定论。但是《尹至》发现，尤其是以“自夏徂亳”费时一旬的尺度来衡量，不仅有力的否定了偃师说，也提示了郑亳说的可能性不大。据《元和郡县图志》，河南道一：河南府（洛州东都）……八到（东至郑州二百八十里）……偃师县（西南至府七十里）[8]。今郑州市相当唐代河南道郑州中部的管城县，据此，偃师至郑州约为二百余里的途程，显然也不需使用一旬的时间。而曹县远在郑州之东，从今天的道路交通看，从河南洛阳偃师市至山东菏泽曹县直线距离二百五十公里，走郑开大道二百七十四公里，正是五六百里的距离，最接近去桀都五百里以上，行程一旬的条件。

一旬的路程的距离多远，可以作为参证的有《尚书·洛诰》，开篇为：

> 惟二月既望，越六日乙未，王朝步自周，则至于丰，惟太保先周公相宅，越若来三月，惟丙午朏，越三日戊申太保朝至于洛，卜宅。

“惟太保先周公相宅”，《史记·周本纪》作“成王在丰，使召公复营洛邑，如武王之意”，《鲁周公世家》作“成王七年二月乙未，王朝步自周至丰，使太保召公先之雒相土”。集解：马融曰周，镐京也。丰，文王庙所在。索隐：按丰在鄠县东，临丰水，东去镐二十五里也。可见召公受命“相宅”，时当二月乙未成王在丰，紧接着记载的是召公抵洛的时间，可见当日即从丰出发，三月戊申至于洛，作营建洛邑的准备。乙未至戊申十四日，证实西周初，自丰至洛的路程须行十四日。

周初前后，宗周与成周距离约为十四日路程并非此一孤证。《汉书·律历志》录《世经》引《周书·武成》篇“惟一月，壬辰旁死霸，若翌日癸巳王乃步自周，征伐商王纣”。说解：癸巳武王始发，丙午还师，戊午度于孟津。孟津去周九百里，师行三十里，故三十一日而度。有关武王“丙午”活动的记载还见于《尚书·泰誓》：

> 惟丙午，王逮师。前师乃鼓躁，师乃慆，前歌后舞，格于上天下地。

孙星衍《尚书今古文注疏》说：此据《尚书大传》《汉书·律历志》及《诗·大明》疏。刘歆作《三统历》，引今文《泰誓》“丙午还师”，《太平御览》引《尚书大传》“惟丙午，王建师”，还与建，皆逮字之误，逮者，《释言》云“及也”。不见字书，当为“拊”[9]，王闿运《尚书大传补注》则解释，“桴也，躁，鼙也”，“慆，搯义，《诗》‘左旋右搯’，毛诗作抽，始习击刺也”，前歌后舞“言合于歌舞之节，后所以作凯乐武舞也”。这表明武王癸巳从宗周出发，行十四日，丙午到达某大军集结之地，在那里举行了誓师仪式。

这个大军集结之地即后来的东都洛邑，对于武王东征的行军路线及相关问题，杨向奎在《宗周社会与礼乐文明》中，做过专题讨论，在已有文献记载、研究成果和实地考察的基础上进行了详细考订，多方位地论证出师崤函之固道途十分险恶，而且无法规避，所谓“师行三十里”绝无可能。而另一方面“从丰镐来朝歌，过崤函，渡黄河，路长约五百余公里”，千辛万苦，艰险异常，而且武王既然能会师于孟津，那么孟津附近及以西地区已经是周的势力范围，没有必要将大军调回宗周，作为东征基地，必为“在崤函的尾部（自西向东）雒邑”。雒邑即“成”，小臣单觯铭文有“王后反克商，才成”，表明武王克商后曾在成停留，甲骨金文中的即师字，预示出“成”首先是师旅屯聚处，这里在成周营建以前就是一个东西方交通枢纽。武王第一次会师孟津，返后驻兵成，第二次遂自成起兵[10]，武王癸巳自宗周出发，经十四日，丙午到达成与大军会合。这就再一次证明当时从“周”到“洛”约略为十四日途程。

从今天的道路交通看，从陕西西安到河南洛阳直线距离 330 公里，走 310 国道 385 公里，310/323 国道 417 公里，后者路途里程与唐代《元和郡县图志》所载接近。该书关内道一：京兆府（雍州）……孝武自洛阳迁长安，改为京兆尹。隋开皇三年，自长安故城迁都龙首川，即今都城是也……八到（东至东都八百三十五里）。

河南道一：河南府（洛州，东都）……八到（西至上都八百五十里）……偃师县（西南至府七十里）。

河南道七：曹州（济阴）……八到（西至上都一千五百二十五里。西至东都六百六十五里）……济阴县……古曹国，在县东北四十七里，故定陶是也……莘仲故城……[11]。三处所载唐长安与洛阳距离均略有差异，反映当时测量的粗疏，但均在八百五十里上下，行十四日，当平均日行不少于六十里。曹州距偃师近六百里，若行十日，亦须日行六十里。

虽然以上里程数据仅为参考，远不是当时的实证，但作为对比，仍有一定的参考价值。另外，武王灭商与商汤伐夏相距整整一个商代，交通工具如车骑会有一个较大的发展，但自西安至洛阳必须过函谷踰崤陵，路途十分艰险，杨向奎《宗周社会与礼乐文明》对其路途做了详细考察，指出“函谷的西端起于潼津”，潼津即指潼关，“潼关东侧有黄巷阪，一侧临原下高崖，一侧是黄河岸边的一道高崖，近河而不见黄河，两侧高崖形成一道深巷。近潼关处有一深涧，愈为险峻”，郦道元形容“邃岸天高，空谷幽深，涧道之峡，车不方轨，号曰天险”，不仅是西端，东端和中间均不乏幽深谷道。崤陵同样是“峻阜绝涧，车不过方轨”，自古以来崤山东西通道有三，其中崤山北路是崤之战晋败秦师之通道，险峻自不待言，又如北山高道，平均坐标海拔 830 米，全长 293 华里，地貌亦复杂艰险。显然这样的道途完全无法与地处平原的偃师至曹县相比，所以参证武王、召公，由周至洛平均日行六十里，伊尹自夏都至曹亳达到这一速度也是可能的。

总之，清华所藏战国简《尹至》所载“自夏徂亳”所需“旬日”，为探讨汤始居亳的地望提供了新资料，就目前所见而言，可谓对曹亳说提供了新的支持。以上仅为一史学工作者的探讨，希望得到历史地理学专家的批评。

参考文献：

[1] 林庚：《天问论笺》，人民文学出版社 1983 年版。

[2] 清·陈奂：《诗毛氏传疏·长发》，北京市中国书店 1984 年版。

[3] 张政烺：《释“它示”》，《古文字研究》第一辑，中华书局 1979 年版。

[4] 孙星衍撰、陈抗等点校：《尚书今古文注疏》，中华书局 1986 年版。

[5] 参见清华大学出土文献研究与保护中心编 李学勤主编《清华大学藏战国竹简》（壹）《尹至》释文注释，上海文艺出版集团、中西书局 2010 年版。

[6] 清·孙星衍撰，陈抗、盛冬铃点校：《尚书今古文注疏·召诰》“越三日戊午”疏，中华书局 1986 年版。

[7] 潘建荣辑录：《商汤伊尹文化概览》，《菏泽文化论坛》专辑 2011 年 4 月。

[8] 唐李吉甫撰：《元和郡县图志》，中华书局 1983 年版。

[9] 清·孙星衍撰，陈抗、盛冬铃点校：《尚书今古文注疏·泰誓》，中华书局 1986 年版。

[10] 杨向奎：《宗周社会与礼乐文明》，人民出版社 1992 年版。

[11] 唐·李吉甫撰：《元和郡县图志》，中华书局 1983 年版。

（作者系中国社科院历史研究所研究员）

十三、以人为本的中国食文化与食祖伊尹（杨冠丰）

1.“识文断字”话“文”“化”

前人把“识文断字”作为评价人文化素质高低的标准，了解中国的食文化，读懂中国的文字是根本。

文字是人类传播文化与交流文明的工具。中国的文字是汉字，汉字是事物的名字，是有声、有形、有义的。读懂中国的文字，就必须了解汉字的形、声、义。

东汉的许慎用易经、五行学说为指导还原了汉字的构造，编撰了《说文解字》（简称为《说文》）。许慎在《说文解字·叙》中明确指出汉字不但是文明的基础而且内涵神意。《说文》是字义、字声、字源与古今字辨识的字典，也是我们“识文断字”的主要依据。

汉字是人文化的文与字之化。

在给我的专著《点解姓羊——祥和广州与华夏羊文化》的序言《一部探索羊文化的开拓之作》中，中国艺术文化普及促进会会长、作家、中国文联党组原副书记、原秘书长孟伟哉说：

羊文化是一个简称。所谓羊文化，其实是人与羊的关系的文化。离开人，无所谓文化。没有人，什么文化亦不存在。

没有人，什么文化亦不存在，汉字也演绎了与人发生关系的食文化。

中国的文字、文化都是以“人”为本，从汉字的文、字、化与人文始祖“伏羲”、食祖伊尹之名和炎帝部落的图腾“羌”可见一斑。

文字有别各有其义。

汉字的“文”与“字”是事物的名字，“名者命也”，“名不正则言不顺，言不顺则事不成。”（《论语·子路》）汉字的“文”与“字”本各有其义：独体为“文”，合体为“字”；依类象形谓“文”，形声相益谓“字”；“文”是物象之本，“字”是由“文”孕育演化而生。

文——源于人之形人纹。

甲骨文之𠆢𠆢（文）的字形，活脱就是一个叉腿站立而胸背画着花纹的人形。汉字之“文”就是“人”形，就是将口头语言——“话”转化成书面的“人纹”：人头为“文”字上的一点，肩与双手为“文”字上的一横，双腿为“文”字上的一撇一捺，中空的三角形为人身。

字——合体生育。

“字”（金文 [illegible]）由宀（“宝盖头”）与“子”组成，“子”字为初生胎儿象形 [illegible]，特征：大头，本义：婴儿。宀，象形，取房屋屋顶及其两侧墙壁之象，本意为房屋。“字”的本意是生育，在文字中指由文滋生出来的合体字，即“文”生“字”。生育之“育”字之形 [illegible]，就是头先出之“子”字，月之意为“肉”。

化——“人”文变化。

甲骨文 [illegible]（化）字的字形，像一正一倒两个人的形象。在上古先民的观念中，一正一倒人形，表示一生一死或一阴一阳的两种状态，人生的一生一死与阴和阳，就是最大的变化与改变。

伏羲——人为本之“伏”。

中华人文始祖之名“伏羲”两字由人、犬、羊、禾、兮、戈六字化合组成。犬、羊、禾是狩猎、游牧、农耕三种文明的物质代表。民以食为天，在上古时代食物资源严重缺乏之时,先民把吃饱肚子是摆在生命与生活的首位。“伏羲”一名的元素构成，体现了先民感念狗、羊、禾的意识，体现了与上古先民生活最为密切的事物（物质文明）：饮食（狗、羊、禾）祭祀（兮）与器具（戈）。狗是人类最早驯化的动物，是中华先祖在渔猎时期谋生的助手与动物朋友，是上古先人的忠实伙伴与狩猎用畜。犬从野生到“伏”“伺”于人类是人犬相依谋生存、创和谐发展的结果。“伏羲”名字之“伏”人在前，体现了以人为本的人文精神。

炎帝——羊图腾的羌族“羊人也”。

炎帝与黄帝是中华民族的始祖，炎帝部落的图腾是“羊图腾”。《说文》：

"姜，神农居姜水，以为姓。从女，羊声。"炎帝居住的姜水（陕西）亦名羊水，因该地多产羊，以牧羊为主，即以羊为氏族名称，又以氏族名称为所居地名和水名。姜是母系社会的八大姓之一，是炎帝的母亲之姓，是母系社会女始祖之姓。姜、羌本是一字之分化，分别是母系社会与父系社会以羊为图腾部落的不同表达，甲骨文中亦常互用。《说文》："羌，西戎牧羊人也。从人从羊，羊亦声。""羌"者养羊人也，羌族是以放牧羊为生的部族，是中国西部一个古老的以羊图腾的原始部落。古羌人血统遍中华，古羌人是一个对外输血的民族，古华族与古羌人有密不可分的血缘关系。

2. 与人发生关系的食文化——母体文化

（1）食之"食""品"文化

在《"鲜"为人知》一书中，我是这样以文话"食"和"品"的：

"食"是吃喝的总名，"食"由"人""良"构成，"良"者"好"也。美食之物给人带来之好（作用）有：充饥饱肚的营养功能，抗衰防病的保健功能，满足心理享受的美食功能。

"品"从"口"，口的功能有二，一是吃；二是说。"品"不仅有"物品""东西"之解，且有不离口的品尝（味）、品质（地）、品评（价）之意。食品还必须满足"口碑""口味""口感"三"口"条件。安全性是任何食品的第一要素，为众人接受并称颂的食物必需安全，即"口碑"好，吃起来无疑虑，人们才敢吃。口味和口感（质地）好的东西，人们才想吃。因此，可食之物是既能"食"，也能"品"。

品尝（味）、品质（地）、品评与口碑、口味、口感都为人的感受，动物吃的叫"饲料"，对人有害的东西为"毒品"不能为人所吃。今天看来，与人为善的美食必需具备健康、美味的条件，健康包含了安全与营养，不安全的毒品不利于健康，营养不等同健康，营养不均衡是健康之大敌，所有这些都是对人体而言。

（2）食文化是母体文化

在《羊图腾——中国人也是羊的传人》一书中，我们叙述了“崇拜文化与羊图腾”的关系：

华夏羊图腾与华夏羊祖先“羲”的关系，是华夏“羊文化”的精彩华章。从汉字同音字阳、洋、羊、昜（阳本字）、旸（阳古字）、杨与羲、曦、兮、牺、蜥的关系，也可见一斑。

羊图腾是自然崇拜、祖先崇拜、食物崇拜、生殖崇拜、精神崇拜的产物。

A. 自然崇拜——太阳图腾

曦，形：日（自然崇拜之阳）+羲（祖先崇拜），阳，万物之父，天上三光日月星之首。

羲，万物之灵，地上三皇之首。音同羲。义：东方之光，天人合一。

陽（本字为昜、暘），形：日+昜（阳鸟或蜥蜴之形），音同羊，义：阳（天上）中之阳，万物之父。

楊，形：木+昜，木（扶桑树），生长在东方大海上的汤（场）谷。音：同羊、昜、阳，义：日升处旸谷中的扶桑树，太阳之家，栖息九日之树。

B. 祖先崇拜——羲名与羌族姜姓

羲，形：羊+禾+兮+戈，音：同犧、兮、蜥（蜴），义：东方民族之祖，华夏祖先领头羊，祥和之祖。

姜，形：羊+女，音：从女，羊声，居良切（《说文解字》），

义：羌族女始祖之姓；神农居姜水，以为姓。

C. 食物崇拜——羊图腾

与食相关的汉字养、善、饈、鲜、美、羹、糕都源于主膳之羊。

D. 生殖崇拜——阳石与羊水

阳石为阳祖，羊水源于洋水，人类养生之水。

古“羊（𐃀）”字形似阳性生殖器；中国文化现象：女人为水，为阴；土、石为阳。

E. 精神崇拜——祥、兮、牺

祥，形：示＋羊，摆上祭台上之羊，音：羊声。似羊切。

义：福也，一云善，呈祥。

兮，形：祭祀时香火上升之气（信息）——香火上扬，音：同羲，义：通过香火向崇拜者传递信息，联络情感。

犠，形：牛＋羲，音：同兮、羲，义：祭祀崇拜者奉献之牲。

F. 道德崇拜

美、善、義、儀、孝（羔羊跪乳）等与羊有关。

羊与禾是中华民族最为重要的饮食资源，是游牧文化与农耕文化的代表符号，是食文化资源中的佼佼者。

产殖文化（生产养殖动植物食品）与生殖文化（人的再生）是人类步入文明社会的两大文化。从以上羊文化，我们可以清晰地看到这两大文化与食文化的关系。从饮食之羊禾，到祖先伏羲之名、炎帝部落之图腾与生殖之羊水、阳石，从食物羹糕到味道之鲜美，从祭祀求祥和到道德的美善义和等，从羊文化汉字精品：鲜、美、羹、糕、馐義善养到禾文化汉字精品：穗、秀、萘、香、利我稷和稳，从物质到文化再到精神，无不深深地打上食文化的烙印。

在“民以食为天”的国土里，以上这些都是“食文化是母体文化”的生动演绎。

善源于口中之羊，和源于口中之羊，与人为善、和而不同都是食文化的产物。与人为善、和而不同，是世界性、跨文化性的中华食文化精髓，是维护和平世界、构建和谐社会的两大文化基石，是可以从中华走向世界的食文化内涵。

3. *伊尹文化*

（1）伊尹之名

伊尹一名，如伏羲一名一样，人在前，体现了中华文化以人文本的精髓。

伊尹名尹，一说名挚，夏末商初人。

在出土的甲骨文中，可见祭祀成汤和伊尹的卜辞。历代商王均把伊尹作为功臣与先王一同祭祀，祭祀伊尹的卜辞大量存在。如：

癸酉卜侑伊五示（《甲骨文合集》32722）。

丁亥有歲伊五牢（《甲骨文合集》32746）。

甲子卜侑于伊尹丁卯（《甲骨文合集》32785）。

癸丑卜侑于伊尹（《甲骨文合集》32786）。

丁丑卜伊尹歲三牢兹用（《甲骨文合集》32791）。

卜辞中的甲骨文文明（文字表明）了伊尹的真实存在。甲骨文是中华进入文明社会的符号与见证。

（2）伊与尹

甲骨文的“伊”（ ）字像手持杖，以示有权势之人。本义是有权力的人。《说文》：伊，殷聖人阿衡，尹治天下者。从人从尹。

尹，古代官的通称；另一字义是“治理”。甲骨文的“尹”（ ）字像手持杖形，表有权威的人、统治者、指挥者、管理者《说文》：尹，治也。从又、丿，握事者也。西周时，尹可以是官吏之泛称。《尚书》和金文中的“百僚庶尹”“百尹”“诸尹”，意即百官、百僚。

甲骨文的“君”（ ）字像手持杖，口示发令之义。本义是“握有权柄的发号施令者”。《说文》：君，尊也。从尹。發號，故从口。尹和君，最早都有首领、管理者的意思，卜辞中尹、君常通用。

“尹”是独体之“文”，“伊”与“君”都是合体之“字”，从字源分析，该是先有“尹”，后有“伊”和“君”；“伊”源于“尹”，“伊”者尹人也。

伊尹任阿衡（职位相当于宰相）之官职，掌握国家管理大权。伊尹之名“挚”，其字义就是“握持”。古时挚与鸷相通，鸷是一种凶猛的鸟，如鹰、雕、枭等。鸷从鸟，承载了“天命玄鸟，降而生商”、商族崇拜阳鸟以及其与东夷族的密切关系的信使。

4. 历史人物伊尹的历史纠结

（1）《尚书》中记载的伊尹——生于空桑

《尚书》是我国最古的皇室文集，是我国第一部上古历史文件和部分追述古代事迹著作的汇编，它保存了商周特别是西周初期的一些重要史料。《尚书》相传由孔子编撰而成，但有些篇是后来儒家补充进去的。

《尚书》中的《吕氏春秋·本味》记载了“伊尹生空桑”的故事：

有莘氏女子采桑，得婴儿于空桑之中，献之其君。其君令烰人养之。

察其所以然，曰：“其母居伊水之上，孕，梦有神告之曰：‘臼出水而东走，毋顾。’明日，视臼出水，告其邻，走东十里，而顾其邑尽为水，身因化为空桑”，故命之曰伊尹。此伊尹生空桑之故也。

中国第一个王朝——夏王朝时期的建立，标志着中国原始社会的基本结束，阶级社会从此开始，它的诞生成为中华文明史上的一个重要里程碑。夏商周是标志着中华文明由兴起到繁盛的三代。

由于中华文明真正有文献记载年代的“信史”始于西周共和元年（前841年，见于《史记·十二诸侯年表》），此前的历史年代都是模糊不清的，为此，我国启动夏商周断代工程。《史记·殷本纪》中记载商代世系在安阳殷墟出土的甲骨卜辞中得到证实，商周的存在与世系的信史都被国际承认，夏朝的存在与否则有较大争议。

尽管商代世系已经清晰，但甲骨卜辞提供伊尹身世的史料十分匮乏，《尚书》中所述传说的伊尹，如何解读、解密存在疑点与争议。

（2）纠结所在

一是伊尹的父母。上古圣人，大都被神化，若父母身世平平，就神将不神、圣将不圣了。厨圣伊尹亦然。从以上信息看，伊尹生父母情况不详。

“有莘氏女子”“得婴儿于空桑之中，献之其君。其君令烰人养之。”名不见经传的无名氏“烰人”（厨师），可能是伊尹的养父。

长而贤。汤闻伊尹，使人请之有莘氏。有莘氏不可。伊尹亦欲归汤。汤

于是请取妇为婚。有莘氏喜，以伊尹为媵送女。（《吕氏春秋·本味》）

伊尹聪明好学很有才干，成为一位名厨。商汤听说后，派人向伊尹的主人有莘氏索要伊尹，遭到拒绝。为得到伊尹，商汤向莘国公主求婚。有莘氏答应了，伊尹成了陪嫁。可见伊尹与文中的有莘氏公主无生养关系，应为其奴仆。伊尹是否有莘氏部落之后，是个问题。

二是伊尹的生地。《吕氏春秋·本味》有几处蕴含伊尹出生地的信息。一是有莘氏；二是伊尹母“走东十里”，未尊神意回头“顾其邑”，而身“化为空桑”。

古有莘氏的分布范围很广，古人逐水而居，今陕西、山西、河南、山东的黄河两岸一线，均是有莘氏的活动区域。有莘氏的地望，陕西人说是他们的合阳，河南人说是他们的伊川、睢阳及内黄，山东人说是他们的曹县……，其实这些地方都曾是有莘氏的居住地。传说中的夏朝开创人大禹，即出自有莘氏；其父鲧娶有莘氏女修已，生子禹；禹子启，被封于莘地。商汤娶有莘氏女为妻。《本味篇》中，其时其人的有莘氏女之居住地，就是伊尹的出生地，但没有“文”可明其在何处。

从“有莘氏女子采桑，得婴儿于空桑之中”与“化为空桑”中，有学者还提出了“空桑”为地名，是伊尹的出生地的观点。

三是为何叫伊尹。《水经注》为《吕氏春秋·本味》注解：“昔有莘氏女采桑于伊川，得婴儿于空桑中，言其母孕于伊水之滨”，“殷以为尹，曰伊尹也”。一方水土一方人，伊川、伊水、以伊为氏，加以被委以官职“尹”的重任，“伊尹”之命就名正言顺了。

《水经注》作者郦道元为北魏时期人，其补充伊川、伊水后解读“伊尹”之名，很有特色，但值得商榷。

从字源分析，该是先有“尹”后有“伊”，“伊”源于“尹”，“伊”者尹人也。甲骨文的“尹”字展示了权威的管理者的形象，是内臣（臣正）抽象之名，而“伊”才为具体之人。在殷商早期卜辞出现被祭祀的对象“伊”

与“伊尹”，同为一人。那么，是先有尹人“伊”后有伊川、伊水，还是先有伊川、伊水后有尹人“伊”即伊尹是否伊川、伊水之伊氏？不能定论。

5. 伊尹在中华文化中的地位

伊尹是我国古代烹制食物和五味调和方面最为出色的厨师。伊尹“教民五味调和，创中华割烹之术，开后世饮食之河”，在中国烹饪文化史上占有重要地位，被中国烹饪界尊为“烹调之圣”“烹饪始祖”“厨圣”和“食祖”。伊尹是古代中国十大名厨的首席代表，是中国第一个哲学家厨师，被民间敬为厨神。3000多年前，伊尹负鼎以“至味”说汤的典故，精彩荟萃，奠定了伊尹在中华烹饪食文化中的至尊地位。

（1）中华“和”文化的杰出贡献者

伊尹从烹调美味的诸多技术要领引发出治国平天下的道理，说任用贤才、推行仁义之道是治国之本，君臣、君民关系必须理顺调和，才能得天子，享用人间所有美味佳肴，即“天子成则至味具”。伊尹辅佐商汤王灭掉了夏朝，又帮助商汤制定了各种典章制度，使商朝初期社会稳定，经济发展，伊尹是商朝开国与朝政管理的杰出功臣。

从哲学上看，烹调与治国有相通之处。由烹调之道说到治理天下的大道理，是伊尹得宠于商汤的原因。成语中“割烹要汤”“调和鼎鼐”和“治大国如烹小鲜”等典故，均由伊尹辅佐商汤成其大业而来。

从伊尹的五味调和，到“若作和羹，尔惟盐梅”（《书·说命下》），到西周时期晏婴指出和“如羹焉。水火，醯醢，盐梅以烹鱼肉，火单之以薪，宰夫和之，齐之以味，济其不及，以泄其过”。（《左传·昭公二十年》名臣晏婴与齐景公之间关于“和与同”的一场著名讨论）与史伯的“和实生物，同则不继”。(《国语·郑语》)，再到孔子的“君子和而不同，小人同而不和”。（《论语·子路》）“和”成为中华民族文化的精髓。

中华文化薪火相传五千年绵绵不绝，56个民族组成的大家庭世世代代和睦相处，多种宗教共存共荣，为民族分歧和宗教分歧而开战端不曾有过，这是人类文明史的奇迹！这全得益于华夏文明的一切社会运作以“中和”二字为基本理念。

五味调和是中华“和文化”的源头之一与现实形象，“中华和文化的杰出贡献者”伊尹受之无愧。

（2）中华烹饪食文化的奠基者

中华食文化源远流长，有人有物，有文有化，有味有道。

伏羲时代是父系社会的起始，伏羲是降服野生动物为狗、羊牲畜，为游牧文化奠定物质（食物）基础的代表人物；羲中有羊有禾（通祥和），伏羲是中华的祥和祖先。

神农炎帝开创了中国远古的原始农业，是为农耕文化奠定物质基础的代表人物。

食以味为先，中国烹饪特别讲究味，既重视原料的本味，又重视调味品的赋味，更着眼于五味调和。调味是制作肴馔的“精髓”所在，调味之调，贵在调和。中国古代的烹饪就最讲究一个“和”字，烹调的技术也全在一个“和”字上。“和”是烹饪的最高标准、最高追求。伊尹“善均五味”，提出了“凡味之本，水最为始。五味三材，九沸九变，火为之纪。时疾时徐，灭腥去臊除膻，必以其胜，无失其理。调合之事，必以甘、酸、苦、辛、咸。先后多少，其齐甚微，皆有自起。鼎中之变，精妙微纤，口弗能言，志不能喻”。“故久而不弊，熟而不烂，甘而不哝，酸而不酷，咸而不减，辛而不烈，淡而不薄，肥而不月俟”的调味理论。为后世烹调学和“五味调和”的理论奠定了基础。《本味篇》成为我国古代烹饪史的一份不可多得的重要资料、中华烹饪食文化与中华饮食调味理论的源头。

根据古代的传说，我国中医的“汤液疗法”也是源于伊尹。晋朝皇甫谧的《甲乙经·序》说：“伊尹以亚圣之才，撰用《神农本草》以为《汤液》。”伊尹做的汤，既可做菜肴，也可做治病的汤药。也就是说，伊尹既是厨师，也是医师，是个多面手。因此，伊尹又是食药同源、药膳同功的实践者，是我国保健食品的创始人，是我国食疗药膳之鼻祖，是烹饪王国的至尊人物。

（作者系广东省食文化研究会会长）

十四、话说伊尹（徐子红）

中华民族号称五千年文明，先民从披树叶，持石块、棍棒狩猎捕鱼，茹毛饮血，攀树穴居以避虫兽，后来发现了火，始有熟食。尧舜时期，鲧、禹相继治水，终于战胜洪水，先民得以降丘居土，离开船筏登岸，始以农牧为生，定居平原，筑城以居，掘井保持水源，在长期语言交流中，发明了表意文字，创设了礼器、礼制，进入文明社会。经过几千年的繁衍生息，争斗融合，发展到几亿人众。慎终追远，民风乃厚，饮水思源，要寻根问祖，追忆民族的先圣先贤。中华民族形成世界人口最大的集合体，是我们最感自豪的。生命是第一位的，追溯民族历史，我们不能忘记带领先民战胜洪水，万民安居创立夏王朝的大禹王，也不能忘记饮食文化的鼻祖伊尹，俗话说得好：民以食为天。人一天不吃饭就难以生活。这里，我们可以自豪地说，大禹、伊尹，就是我们的里人，我们这里是中华文明最重要的发祥地。今天我们就专门讲讲伊尹。

伊尹是被商朝创立者商汤称为元圣的政治家，他也是一个伟大的谋略家、军事家、食祖、农学家和中药祖师，他的功劳与民生关系最大，所以中华民族几千年来代代祭祀，到处纪念他。目前，这位大圣人的出生地、活动地、死葬地有几十种说法，特别是近年发展文化旅游产业，许多地方都想用名人作发展旅游文化的大文章，更是争论激烈，各地都由领导倡导支持，找到学者为之论证。山东曹县对于伊尹的研究尚在起步阶段，需要得到学者的支持和认识。我们作为地方史志工作者，对地方文化、名胜古迹、先圣先祖有义不容辞的论证之责，更需努力认真研究，以无愧于先圣、无愧于时代。

1. 怎样看待全国多处争伊尹故里、活动地、墓葬地的现象

有着五千年文明的中华民族，在历史的进程中必然形成民族的核心价值观。其中当然包括强烈的善恶感、荣辱观、是非观。凡为民族发展有过大贡献的圣贤，世世代代的先民寻根问祖，祭祀不绝，念念不忘，铭记于心，口耳相传，使之永垂不朽。很多姓氏追溯姓氏来源，都要和帝王、君主、名哲、圣贤连上，这里面就有荣辱观，绝没有人称自己是民族罪人之后，他们为什么不敢说，这不光彩嘛！

为什么中国北方数省都有伊尹的说法，就是他太伟大了，对民族的贡献太大了，他的后裔迁到那里，都把他的事迹带到那里，为之建祠庙，立坟茔，甚至把山、水、村、乡，以至把行政区域名称也带到新居地，代代传承，时间久了，人们就不再考究这是原始居名还是后迁之名了。如果伊尹是一个居于家乡的大好人，为了本村人做过很多好事，村上人说上三五十年就不会有人提到他了，他也不会被民族尊称为元圣、千古贤相、食祖、中药祖师、农学家，等等。明白了这些，就无须批评中国这么多地方纪念伊尹了，也不必愤愤然地说你那儿的伊尹是假的，我这儿的伊尹是真的。伊尹只有一个，没有真假之分，兴我们祭祀纪念伊尹，也应该容许别人祭祀纪念，不必过分在故里上做文章，只许我纪念，不许你纪念。你要祭祀只能来我们这儿，不能在你们那儿祭祀，不能在你们那儿建祠。从古及今，都可知这种想法，是不可能的。伊尹的后裔走到哪儿就会在哪儿立建筑物纪念，弘扬他的精神，他曾活动在哪儿，哪儿的人就一定会纪念他。这是中华民族传统价值观的体现。民族伟人，任何人都可以纪念，但不要都说成故里，就行了。有了这个心态，什么问题都好说了。

2. 伊尹故里、活动地、墓葬地

历史文献对于这些记载很丰富，无须什么考证。（并不像现在一个人工作几处，就把骨灰放在几处，就建几个纪念馆，以致数省皆有。）所以说起伊尹来，并不会出现什么争议。懂得历史的人都很清楚，并不像各地文物景

点的导游，把神话、传说讲得绘声绘色，三下五除二，把人搞糊涂了。

（1）伊尹出生地。史籍记载伊尹生于空桑之中，为有莘氏采桑女发现，并献给有莘国君，国君令他的厨师收养。因为不知道伊尹的生母是谁，后人称为伊尹。屈原《天问》说有莘在汤都亳的近处，商汤从莘娶了妃，得到了贤人伊尹。《禹贡》说古代济河间为兖州，贡桑蚕。《诗经》说卫国濮阳有“桑间濮上”之音。墨子说宋有桑林。桑树生长地在今菏泽、濮阳一带，有莘国为夏禹母家，为晋、楚城濮之战的首发地，晋文公取卫、曹以南救宋，楚攻宋以救曹、卫，二国军队在宋之北、曹之南相遇，晋文公观师莘北，杜预等解释很清楚。由亳、莘、宋国之北、曹国之南的地理关系考之，空桑只能定位在今曹县之地，伊尹生地即在此，其他地方仅有后世传说，是后世的次生地，与伊尹生地无关，一些高山巨川之地既不可能是洪涝漫淹之地，也非产桑养蚕之地，当然与空桑、洪水无关，更不可能是伊尹生地。尤其值得注意的是司马迁在《货殖列传》中，班固在《地理志》中都说到尧、舜、汤活动之地在陶、睢阳间，所以伊尹才受先王尧、舜之道熏陶，与汤居之亳近。

商汤是怎样发现、认识伊尹的？史籍记载不十分清楚。《吕氏春秋》说是商汤闻伊尹贤名，以娶有莘国公主为名，与有莘联姻，伊尹以男仆身份随公主陪嫁。《史记》既说伊尹想为汤治国献策而无因由，自己主动做有莘公主陪嫁男仆，以烹饪道理说服成汤行王道；又说，伊尹是一位有学问的平民，汤派人聘迎他，前后五次伊尹才同意到亳都做汤的臣子，为汤讲解为王为圣治国的道理。以理推之，成汤发现、结识伊尹是第一步，如果商汤只是闻伊尹贤名，就派人五次聘他，最后才见到伊尹，就不符合商汤求贤若渴的心态，不考察、不了解伊尹却聘伊尹为相这不太可能。

所以还是屈原在《楚辞·天问》中所说情况最接近史实。《天问》说：“成汤东巡，有莘爰极，何乞彼小臣？唯吉妃是得。”成汤是在东巡的路上到了和商国邻近的有莘国，怎样才能得到小臣伊尹，就要与莘国联姻，娶莘国公主为妃才可以。

成汤为什么一定要得到小臣伊尹并重用他，不会是他听到别人说伊尹有贤名，而是他亲自见到伊尹，认识了伊尹，感到伊尹对他是不可多得的治国建国人才，于是想出和有莘联姻，从而让有莘国君愿意将伊尹做公主陪嫁的厨师去商国。这是商汤的大智慧。

商汤和伊尹是怎样见面的？合理的解释应该是成汤东巡，归途中到了有莘，莘仲君接待商汤时，由伊尹主厨烹调，伊尹想着到商汤之国推行尧舜之道，他就下功夫，配好调料，掌握好火候，烹调的菜肴色、香、味俱佳，先上后上适当，……成汤吃得津津有味、赞不绝口，于是提出要面见厨师感谢慰劳一下，并想当面询问做菜的诀窍。莘仲君命伊尹拜见商汤。商汤不耻下问，谦恭地向伊尹请教烹调的精妙之处。而令他意想不到的是伊尹借着烹调的精妙，讲起尧舜之道、治国之术。这对于要让商国发展壮大的一代名君商汤真是喜出望外，如见神仙降世。这一次君臣见面，确定了商国的大业，从而改写了中国的历史，启蒙了中国新一个王朝的创立者首倡革命的雄心大志，使革命有了方向、目标、道路和方法，也使一个莘野耕夫、地方名厨成了一个中国历史上的大圣人，千秋万代敬仰的伟人，这是历史的机遇，也是中国商代先民的幸运。君臣二人相见恨晚，成了心心相印的莫逆之交。怎样能挖走这位治世圣贤呢？成汤提出娶有莘国公主为妃，要伊尹以汤妃陪嫁的男仆身份跟到商国，有莘国君很乐意结下这门亲，伊尹也愿意到商国去。但商汤并不是让伊尹去为他掌厨做菜，而是想让伊尹当卿士，当权臣。可是回到商国后，成汤虽贵为一国之君，他提出要重用一个陪嫁男仆还是奴隶身份的人当朝理政，贵族们可不干了。他们一致反对，商汤也不好过于坚持。伊尹很尴尬，无法再在商国留下来，他就辞别了商汤，重新回到莘国，耕于莘野。史籍记载商汤几次重礼行聘，但伊尹没有接受，直到商汤做好工作亲自驾车去迎聘伊尹，他才接受。

依据《吕氏春秋》，空桑在莘国附近，莘国靠近商都亳，商汤赶车去接，二地间路程不过几十里，所谓伊河，正如潘建荣先生所析，就是发大水的那条河，并非确指。空桑之地既在春秋宋国北境，其位置就已确定。

根据历史文献、甲骨卜辞、见于汉晋前古籍记载的商代地面实物（如汤陵、伊尹墓、箕子墓、有莘国君莘仲君墓、盘庚陵、鞍邑、曹国南山、商国亳都都在曹县之境）一些考古学者如张光直、栾丰实、杜金鹏、郑伯昂据考古资料定商都亳在商丘之北，这当然不是夏桀之都二里头遗址，除了曹县，不会在其他任何地方。那些自称有莘、伊水、空桑、商都亳的地方，并不具备这些系列证据，当然与历史的真实无关。

（2）伊尹的活动地。根据史籍记载，除了他少年时代躬耕莘野，其他时间主要活动于夏桀之都和商都亳，在商的历次征伐中也都随军决议大事，可谓足迹遍天下，所以到处都有他的遗迹和传说就不足为奇了。

（3）伊尹的葬地。《史记·殷本纪》说他葬在亳。三国魏时的《皇览》详记历代帝王及名人冢墓，记伊尹墓在汉代己氏县平利乡。晋代的杜预、伏滔等人亲临其境，记入其著作，把商汤陵、伊尹墓、箕子墓、商都亳讲得很清楚。三国及魏晋比起南北朝来，社会、民族尚未有大的动乱和迁徙。南北朝之时民族大迁徙，一切都乱了套。北魏时，有个酷吏郦道元请了些幕僚，效法吕不韦，编了一套书为汉代桑钦的《水经》作注，引用了一些古史、方志做证据，但由于调查不认真，对古史没有研究，就轻易下结论，故一书前后矛盾，多数结论荒诞不经。有些研究先秦史的人把它当作经典。结果越证越混乱，完全背离了史实。隋、唐安定时期，各地纷纷建起纪念先圣先贤的建筑，这种行为无可厚非。唐朝时，一位太子找了些幕僚，编出了一本《括地志》，把各地出现的纪念建筑都收进去了，更没有什么历史真实性可言了。以后出的《元和郡县图志》、张守节《〈史记〉正义》、司马贞《〈史记〉索隐》在这方面沿袭了《括地志》记载，也是没有多大价值的，是无法为先秦实际做凭据的。现在恰恰有许多学者及文人拿《括地志》及以后的记载当信史，作先秦之事的依据，这是违背科学的。

3. 伊尹对中华民族的贡献和历史地位

商汤为商王朝的创立者。但商汤是有了伊尹的辅佐，才得以实现武装革命推翻夏王朝夏桀的残暴统治，建立商朝的，他是最明白伊尹的作用。所以他在灭夏后，于亳东郊的三千诸侯参加的镳宫大会上，发布《汤诰》，称伊尹为元圣，要诸侯和商之君民以伊尹之言为准则。《吕氏春秋》说伊尹之功使他能世世享有商人的祭祀，甲骨卜辞记载显示商代后期确实如此。

伊尹对中华民族有哪些贡献呢？

首先，伊尹是一位大政治家，所以被称为“千古贤相第一人”。

柳宗元说伊尹五就桀五就汤，司马迁《史记》和其他许多史书都记载伊尹曾多次去夏都。为什么伊尹被商汤聘任为相后还要离开商国投奔夏桀，这是伊尹背信弃义、明珠暗投，还是商汤派伊尹去夏国劝导夏桀弃恶从善实行德政，还是商汤派伊尹去打探夏国情况，还是伊尹认为商国太小，不能实现他的抱负，让天下和夏桀都能实行尧舜之道？这四种情况除了第一种情况不合史实，二、三、四种情况都见于史籍记载，也都是合理的。史籍有商汤伊尹共谋，在伊尹奔夏时，商汤故意亲自拿箭射伊尹，让伊尹奔夏，不会引起夏桀怀疑，这种说法应是最后一次伊尹到夏国去，即第四种情况。至于第二、第四种情况都是合理的，显示了伊尹、商汤对民族的发展之贡献，即不以一己之利而反对夏桀，而后来决心灭夏是为了拯救天下黎民百姓。史籍记载伊尹确实劝谏过夏桀，夏桀听不进去，三年后，伊尹返回商都亳。史籍还记载伊尹确实同夏朝的君臣关系密切，还和夏桀妃子末喜通。末喜把夏桀梦见东西有二日，两日相斗，西方日胜，东方日不胜，以及夏桀自比太阳，只防备东方的情报透露给伊尹。商汤、伊尹确定灭夏，于是不顾农时，从夏国之西偷袭过去，夏桀未接刃而一路东逃，最后失败。

史籍记载伊尹耕于有莘之野而乐尧舜之道，在那个时代，有莘离尧舜之都成阳必不甚远，尧舜之都司马迁在《史记·货殖列传》、班固在《汉书·地理志》都记载其地在陶、睢阳之间。

尧舜之道是什么？由史籍可知，有一条是尧立诽谤之木，即后代王都的华表。当时诽谤是褒义词，君主让人们独立思想，让人们在各种场合说话，讲错了也不追究，行仁政，讲民主。舜之道是什么？其中一条就是孝道，乌鸦尚知反哺，人类不能连禽兽不如吧。尧舜之道是中华民族的核心价值观，孔夫子祖述尧舜，毛泽东主席在 1958 年写诗，还说：六亿人民皆舜尧。可见尧舜之道是中华民族核心价值观，任何人都否定不了的，是优秀的先进文化的集中代表，绝不是封建主义的反动学说。伊尹无法让夏桀改恶从善，实行尧舜之道，他转而在商国实行尧舜之道。

商汤去世时，太子太丁已先去世，王位没有合适继承人，伊尹让汤妃之弟外丙继位暂代，几年后又让太丁之弟中壬继位，待太丁之子太甲年长后，又让太甲继位为王，当发现太甲不遵汤法时，感到这对立国不久的商王朝是危险的，鉴于夏王朝王统中断的教训，他果断地放逐太甲到汤王陵的寝宫——桐宫去反省，他自己摄行政当国，自己管理起国家。我们可以设想，如果不是他在创立商朝时立下了大功，换了另外哪一个人把国君流放，自己秉持国政，会见诸侯，一定会遭到商国君臣的一致反对，这不是篡朝了吗？但伊尹能够安如泰山，执政三年，三年中经常去桐宫训教太甲，可见他在商国的权威。三年后，他认为太甲确实已改过自新，就带领满朝的文武官员迎接太甲回朝，正式把王位重新交给太甲，这就是历史上有名的“伊尹训太甲”的故事。

古本《竹书纪年》为晋代束皙整理本，在商代纪事中说：伊尹把太甲放于桐宫反省，太甲潜回王宫杀了伊尹，把他的土地家产分给了他的两个儿子。从晋时发现汲冢竹简后，经多年整理才成书，其时有功臣武将篡位自立危险，当政君主有危机感，想伪造历史警戒野心家，才编造了伊尹被太甲杀死的谎言记于古书。而《史记》记伊尹在商代第五个君主沃丁之时才去世，由沃丁以天子礼葬于亳。但《史记》并不是晋时社会上流传的书，所以晋代的当权者敢于编造历史。甲骨卜辞也显示伊尹世世享商。所以古本《竹书纪年》此说违背史实无一人相信，是极其可笑的。

由以上几件史实，可以看出伊尹是一位大政治家。

从伊尹教商汤网开三面恩及禽兽，汉南四十国归之；不向夏王室纳贡，继而再纳，再不纳，试探夏王室能不能调动九夷之师；亲去夏都察看夏的国情、防御阵势；在商汤被夏桀囚禁后，伊尹以美女、珠宝贿赂夏桀及其重臣，使夏桀释放商汤；以商之女工丝绣换取夏之粮食；不顾农时，从夏国都之西突袭以应西方日胜，这许多故事看，伊尹是一个军事谋略家。

伊尹还发明了汤液疗法，从此人们不再直接嚼食草根树皮，而是饮用药液，既快捷简便，更易吸收，疗效提高。所以伊尹也是中药学尊崇的祖师。

伊尹首创“区田法”，据中国第一部农书《氾胜之书》记载：“汤有旱灾，伊尹作区田。”伊尹还教民打井开渠，抗旱防涝，灌溉农田，提高产量。可见伊尹还是一位最早的农学家。

这里要补充说明的是：直到商朝最强盛之时的名君武丁，其一位妻子妇姘主管农业，是井方的女子，而井方就在亳都附近，甲骨卜辞记井国君主到商汤宗庙祭祀。史学家唐兰认为妇姘就是被称作“后（司）母戊”的人，安阳殷墟王陵出土的“后母戊”鼎号称中华第一鼎，是国之重器，现在曹县在妇姘的故里立个“后母戊”鼎也是实至名归，完全有道理的。农业为中国立国之本，无粮不稳，人类毕竟不是食肉、食草动物，而是以五谷杂粮为主食。曹县有大禹之母修己、大禹之妻塗山氏女、商汤妃有莘氏女、武丁之妻妇姘，这几位中华民族伟大的女性先祖先圣，值得曹县人、中国人永远纪念。

伊尹是饮食文化的祖师，这是大家一致的看法。

现代人不再担心吃不饱了，不再是“瓜菜代”“糠皮混”了，而是讲档次、讲营养、讲品位、讲美味，中国八大菜系竞争，满汉各族特色纷呈，中西大餐排比。但说来说去，还是讲五味调和，色香味俱佳。由此可见，当初伊尹这位食文化的先圣总结前人烹调经验、技巧、方法，传至今日，还是万变不离其宗。现在虽有软包装速食食品，各种罐头食品，但人们要想吃美食，还是要下饭店或自己烹饪，待客也是如此，绝不会不动火、不动刀，撕开买来的食品包装袋放在盘里待客。看来想吃美食，还是要请大厨，讲“五味调和”，讲“火候”的。

中国著名烹饪理论学者熊四智先生在《当立伊尹为厨坛始祖》一文中，详解伊尹食文化理论，提出要做菜，先要认识原料的自然性质，去腥、臊，用好水、火候适当，调和五味很精妙。并提出：伊尹在烹调技术及烹饪理论等方面无人能及。各位专家、大款见得多、食得多，研究得更多，我更愿意听听大家的高见，就不在这儿絮叨了。

4. 弘扬伊尹文化的设想

要弘扬伊尹文化，先要研究伊尹，把有关伊尹的文献记载，见于古籍的地面实物搞清楚，也要把千百年来关于伊尹的传说记录整理出来。过去讲人生在世有三不朽，所谓立言、立功、立德。在这三方面，伊尹都数得着，所以流传千古、永垂不朽。

要弘扬伊尹文化，这要在方方面面进行。

（1）在领导干部中开展优秀传统文化也即先进文化的教育，让他们从传统文化中学到做人的品德，以人为本，向先圣先贤，如伊尹学习，实行尧舜之道。

（2）在学校中开展传统文化教育，明善恶，明是非，潜移默化。

（3）以民众喜闻乐见、传播快，便于演出的电影、电视剧、动漫、坠子、大鼓、评书、戏曲，以至小说、诗、画等各种文艺形式真实介绍伊尹。

（4）加快景点建设，刻碑、布展，写导游词，介绍伊尹事迹。

（5）欢迎专家学者，各界朋友出谋划策，集思广益，支招指导，批评指正。

（作者系菏泽历史文化与中华古代文明研究会副会长）

十五、伊尹的文明成果与“水火”观念（高成鸢）

伊尹作为中华“厨祖”的地位无可争议，1997 中国烹饪协会应海外业者的愿望在广州举行的小型研讨(参与的七八位研究者多已去世)已取得共识。后来又出现“十大名厨之首”等提法。当年徐州方面曾提出彭祖，但权威学者早已论证,其“人”本指该部落的几代首领。至今还让伊尹与虚拟人物为伍,即使不顾时序而把他擢升到首位而与各色人等并列,实际上反是对他的贬低。

从文明史的角度来看，有根据说伊尹是最伟大的开创者之一，至少有两件具有中华独特价值的文明成果都是由他正式确立的：一是最早的烹调成品——肉羹；二是标志着中医成形的中药剂型——汤液。从这两项物质文明的基础发明,分别演绎出中国的伦理(近于烹调原理)及哲学(近于中医原理)。

关于伊尹的生平事迹及其地理、历史背景，有很多权威学者研究评价，轮不到笔者这样的边缘学人多言。这里仅从一个特殊角度来对人所共知的事物试着提出几点新看法。

1. 伊尹对肉类“恶”味的认识至今远超西方

人类都曾经过肉食阶段，恩格斯也曾加以肯定。[1] 中国更独有不少明确的古文献记载，汉代《白虎通·号》总结说“古之人民，皆食禽兽肉”。肉类稍不新鲜就开始变臭，古语说“入鲍鱼之肆，久而不闻其臭”，以肉食为主的文化，对肉的气味难得有清晰的认识。

《礼记·王制》说华夏人自称“粒食者”,并把异文化的人称为“不粒食者”。先民因为“禽兽不足”而“尝百草”，最终筛选出稷（粟、黍），作主食。粒食不能像肉类一样烤熟，因而先民相继发明了中华独有的鬲、甑，由煮粥改进到蒸饭。黍饭吃在口中有暗香的感觉，篆体“香”字即由黍、甘组成。反衬之下，会觉得肉类带有不良气息。早期的粟饭粗涩难咽，必须借助羹、浆来“下饭”。羹本来是肉汁，除了润滑作用，更能以“味”刺激唾液分泌。

肉类不足时只好用菜填充，于是人们更加酷嗜肉味；另外，菜的清香甚于米饭，世代习惯于植物的清香，又会对肉的不良气味变得难以忍受。肉的美食价值发生矛盾，恰好受到意外的提示：羹中的肉与菜在加热中自然发生反应，生成令人愉悦的新味道。

这种微妙的变化只有智慧超常的高人才能发现，并据以形成理性认识来指导实践。伊尹正是这位高人。他对做羹的工艺进行重大改进，创造了中餐史上，也是人类饮食史上第一件烹调成品——雉肉羹（据《天问》王逸注为天鹅肉羹[2]）。到了春秋时代，又有智者深化了烹羹中“和”的原理，表述为“让两种东西互相改变对方”。（《左传·昭公二十二年》：“和如羹焉。”《国语·郑语》：“以他平他，谓之和。”）

深刻地看，伊尹创生了以羹为载体的美“味”。他从本质上分析出美味创生的原理，阐述在《本味》篇中。

伊尹在《本味》中的一项重大创见，是提出动物分类法，并从烹调价值的角度对各类肉料的不良气息加以命名。《本味》说：“夫三群之虫，水居者腥，肉玃者臊，草食者膻。”

动物被分成三类：水生的，其气味叫“腥”；吃肉的，其气味叫“臊”；吃草的，其气味叫“膻”（吃肉的原指野猪之类，猪驯养成杂食家畜后仍作“臊”的代表）。

对比西方，几千年后对这三种气味仍然没有明晰的认识，表现为语言中缺乏相应词汇。例如腥，《汉英词典》只能描述为 smell 。fish and seafood（鱼和水产食物的气味），这仍然不完全不准确；华人还用“腥”表示血味，以及铁锈味（“五行”学说中与“金”对应的五味是“腥”）。

伊尹提出的另一重大创见是：肉料虽有种种恶味，仍以美味为本，只要分别采取不同的烹调手段以祛除之，就能变成纯美之味。《本味》中把这一认识概括为“臭恶犹美，各有所以”。

关于“臭恶犹美”必须说明，笔者认为前人的解释值得商榷。东汉高诱《吕氏春秋注》解释成“以臭为美”，汉人郑康成注《礼记·内则》引文时曾举益州有杀鹿埋臭而食者为例，这于理颇为不顺：以提出美食的普遍规律为主旨的《本味》，怎么会论及臭豆腐之类极个别的现象？只有解释成“肉有不良气味也美”或“肉唯其有臭才能改良而生香”这才更符合中国烹调的哲理。

《本味》的语句中还蕴含着对“鲜”味的觉察：“鼎中之变，精妙微纤细，口弗能言。”他发现了鲜味在雉羹中的存在。《说文解字》解释“鲜”为“新鱼精”。对于“鲜”味，饮食史上长久无以名之，曾描述为“味妙”“醉舌”等。其实明代豆芽汤已被用作“液体味精”。近代日本人掌握了提纯技术，抢占了发明权，名之为UMAMI。[3] 对人类味觉中“鲜”的研究漫长的过程，实际上是从伊尹开始的。

2. 标志着中医成形的“汤液”是烹羹的孪生发明

伊尹对文明的另一重大贡献是首创中药汤剂。这一业绩不像烹羹那样广为人知，是因为记载没有那样详明，只有晋代医家皇甫谧《针灸甲乙经·序》中的一句：“伊尹以亚圣之才，撰用神农本草以为汤液。”记载简略使理解有分歧，肯定者的理由也没有足够的说服力。例如有学者借伊尹的名字立论，称《说文》释“尹”为“治也”；或者说“尹，像手执针之状”，连官名“尹”也是由此衍生的；又有学者联系到上古大臣多兼为巫师的现象，由那时巫医不分的思路来推断伊尹精通医学。

说伊尹除了贤相还是厨师完全成立，据《本味》他从当奴隶时就做饭，得到汤王重用之前始终以此为业。说伊尹是巫师，不无矛盾之处。身为奴隶的伊尹，可以成为厨师，难以成为巫师。

其实更有说服力的理由，在于中药汤剂与流质的羹之间有天然关联，甚至有很大的同一性。中华文化“医食同源”，这种独特现象的由来，只能用群体饥饿的经历来解释。公认中华文化始祖的神农曾“尝百草”，“百”表示无数。从《淮南子·修务训》的记载，前边描述饥饿之状，后边还有半句：“一日而遇七十毒”。“神农”不是“神医”，或许由于典故主要借医药常识而流传，人们只是从医学史来理解，反而忘记食物史。试想人在极端饥饿时，顾得上寻求药物吗？草药只能是在草木中筛选食物过程中的副产品。

伊尹发明的“汤液”，是草药有效成分的水溶液，前提是有水。单纯用水浸泡，获得的有效成分不多，经过一定时间的加热，才能充分萃取有效成分，剩下弃物的药渣。对无毒或有毒的鉴别，也该包括煮成溶液之后。人类学家说，初民除非被生存危机所逼，是难得有所发明的。[4]群体食物的饥饿重于个体的疾病，所以水煮食物理应在水煮药物之前。谷类只有煮熟才能吃，这样说，中药与中餐的关系就很明显了。

在从神农到伊尹有漫长的时间间隔中，针对某种身体不适的单方草药应当早已出现。伊尹的贡献是创始由多味本草组配的药剂，古代医生曾赋予“汤液”以方剂组配的意义，例如《汉书·艺文志》有托名伊尹所作的古医书有《汤液经法》三十二卷。各味草药性能互相作用。可以用烹调原理中的“叠加作用”（例如鲜味借助咸味才能凸显之类）做譬，才能用复杂的药理来应对复杂的病理。中药品种的量词是借自烹调的“味”，也发人深思。

“汤液”要求方剂中不同药材的成分互相发生作用，例如“和百药”的甘草能使各味药性都变温和。比照烹羹，同样要使多种原料、调料互相作用，《本味》概括为“五味三材”；后世智者晏子谈“和羹”说“水、火、醯、醢、醢、梅，以烹鱼肉”。一剂有效的“汤液”像一鼎美味的雉羹，都要以其整体功能来达到治病或享味的理想效果。

伊尹发明汤剂的合理思路，应该是他在熟练掌握了烹调技艺后，在灵感的提示下自觉从事实验，把同一原理用于医药，其成功经验被专业医生采纳运用。

3. 华人奇妙的“水火”观念出自独特的饮食实践

伊尹的两大发明，原理都是奇妙的“水火”关系。只有粒食的中华文化能超前掌握运用这种原理。用中国俗语说，就是通过“水火交攻”来“把生米做成熟饭”。

“水火交攻”是远古华人的伟大发明。发明之难，在于水火本性极端相反，在自然条件下两者不能共处，用俗语说就是“水火不容”。但煮饭要求必须用水做火的“热介质”，这逼着先民发明了“鬲”，解决了难题。《淮南子·说林训》分析其奥妙说：“水火相憎，镨在其间，五味以和。”（《文子·上德》

“错”作“鼎鬲”）

《尚书·洪范》关于“五行”的理论指出水火的另一相反本性：“水性趋下，火性炎上。”煮法利用鬲的隔离实现了反自然的状态。尤为难能可贵的是，远古智者就用八卦符号体系对于这种人为状态做出了高度的哲学抽象，即“既济”卦。此卦上部的坎象征水、下部的离象征火，象词“水在火上”描绘了人为的“水火平衡”。从现代物理学来看，水的特性是摄氏100度开始沸腾，同时吸收热量却不再升温，直至全部汽化。煮法就是古语所谓“水火既济”。“蒸”从水火平衡升级为更奇妙的“水火交融”使火（热）潜入蒸汽中，内压使甑中的温度高于100度，其本质是“水火交融”。

煮法、蒸法成功地使水火关系从对立变为合作，就是古语所说的“相反相成”，出自《汉书艺文志》：“（百家争鸣）其言虽殊，譬犹水火，相灭亦相生也，……相反亦相成也。”“相成”即如在煮、蒸中做成粥、饭。

伊尹发明的羹，把水火“相成”的成果提升到更高的层次，从单纯的致熟到创生美味。就是上引《淮南子》说水火协力的成果“五味以和”。从简单的饭到复杂的羹，成分从单一的米变成繁杂的主料（鱼肉）、辅料（菜）、调料（盐等），也就是从“烹饪（饪本义为熟）”变成“烹调”。调羹的本质是多种食料的之间的互相作用，水溶液则是发生反应的“场所”。除了有水作溶解剂，还必须有火作催化剂，通过用火加热来强化水的渗透力，促成充分的化合。加热时间、温度变化（烹调术语称为“火候”）都会影响味道。《本味》简练地把这些原理综述为“水最为始，火为之计”“五味三才，九沸九变”。

而西方先民，烹饪的前提不是水，而是火。西方文化从打猎过渡到畜牧，曾长期以肉为主食，致熟以烤法为主，连“主食”（他们并无主副食观念）面包也是烤熟的。中西餐之间可说有水火之别，现代文人俞平伯还用“陌炙”代称西餐。[5]尽管华人也经历过肉食阶段，也用烤肉调节副食，但相对于繁多的烹调技法，烤法可以忽略。谯周在《古史考》中总结饮食史时说，“及黄帝始有釜甑，火食之道成”。[6]用煮、蒸标志“火食”的正式开始，意味着直接火烤被排除于中国烹饪史的史前时代。

笔者探究比较饮食文化十多年后，悟出一个大道理：对于水火关系，洋人与华人之间的认识是十分不同的。华人从远古就掌握了使水火相容甚至相成的反自然能力，而西人由于缺少生活实践的提示，连“水火相灭”的现象都因现实的提示而尚未给予特殊的注意。水能灭火，当然是常识；火能灭水，则决不属于常见的自然现象。远古西方人的生活中，水与火是远离的。在他们观念中甚至不曾把水、火联系起来，词语上两者并提的 water and fire 也很罕见。

华人能对“水灭火”规律做出逆向判断，是出于饮食生活的特殊实践。在“水火相成”的烹饪中，粥中的水时时都在减量。“火灭水”的现象，是华人天天亲自操纵的，更明显的是烧沸水。华人开不了开水，“‘扬汤止沸’不如‘釜底抽薪’”，两个成语连用于《三国演义》第三回，似乎华人生活中经常有水在沸腾，需要琢磨用哪种手段来“止沸”更为有效。这是西人难以理解的。他们完全相反，笔者初步判断，甚至可说他们自古就没喝过开水（未见在咖啡及茶叶传入前烧开水的记载）；打猎时代饮清流，畜牧时代饮牛奶；早在 15 世纪意大利已制定了《饮用水供应标准》。[7] 在中华文化中，水火不但时常并提并形成词组“水火”，水在火前，符合华人的烹调实践：可以没有火不能没有水；不加热的水浸也能达到较微弱的“调和”效果。

“水火”还像“阴阳”一样形成了一种认识模式。例如用来比喻伦理上的仁义，《孟子·告子上》：“仁之胜不仁也，犹水胜火。”

“水火范畴”最重要的运用恰好是在中医理论体系中，例如“肾水”“心火”等术语；“心肾不交”的病理被表述为“水火不济”。

与“水火”范畴有密切关系的领域是烹调和中医，而伊尹的两大贡献恰好都在这两大领域中。这也为伊尹发明“汤液”的论证增添了理由。

参考文献：

[1] 高亨：《老子正诂》中国书局 1988 年影印，第 18 页。

[2] 恩格斯：《自然辩证法》，人民出版社 1962 年版，第 142 页。

[3] 金开诚等：《屈原集校注》，中华书局 1996 年版，第 378 页。

[4] 高成鸢：《食—味—道：华人的饮食歧路及文化异彩》，紫禁城出版社 2011 年版，第 2、11 页。

[5] 人类学《远古的发明》。

[6] 俞平伯：《略谈杭州北京的饮食》，《学人谈吃》，中国商业出版社 1991 年版，第 97 页。

[7] 《太平御览》（卷七五七）引《古史考》。

[8] Gunther Hirschfelder：《欧洲饮食文化》，中国台湾左岸文化出版 2004 年版社，第 156 页。

（作者系天津食文化研究会副会长、天津市社科院研究员）

十六、考古饮食谈：商代主粮与肉食（唐际根）

伊尹所在的商王朝，其饮食生活的真相如何？学术界曾有诸多讨论，最具影响的研究是宋镇豪先生在《夏商社会生活史》中的论述。宋先生引甲骨文材料，例如卜辞中有关“大食”“小食”的记录等，谈到商代的饮食习惯[1]，十分精彩。有关商人饮食，更多更直接的材料来自考古发现。本文根据商王朝后期都邑安阳殷墟的出土实物，从纯考古的角度谈谈商王朝时期的饮食。

农业是商代特别是殷墟时期社会经济的基础部门。以农业为基础的社会，决定了殷人的村落式定居模式和生活模式。

考古发现的商文化遗址，均是定居农业遗址。安阳殷墟遗址位于洹河河畔，近年沿洹河流域展开的区域考古调查表明，殷墟以西的商代聚落，全部分布于洹河上游水资源丰富、土壤发育较好的箕形盆地内。殷墟以东则多位于当时的河道近旁。商代遗址的此种分布规律，应与农耕需要有关。

《尚书》之《汤誓》《盘庚》《酒诰》《无逸》等篇，则从另一方面显示了商代农业耕种已是普遍的生产方式。如《尚书·盘庚》篇中，盘庚直接提道：“若农服田力稼，乃亦有秋。”

甲骨文中有“小籍臣”和“小刈臣”的名称，应是负责农业的生产管理的官吏。

己亥卜，贞令吴小籍臣。

己酉卜，贞令吴省在南廪。

两片卜辞连在一起解释，可知“小籍臣”吴是掌管耕作之事的臣僚。吴作为“小籍臣”，曾外出省视仓廪。

卜辞中还有“小刈臣”，从字形即可知是掌管收割之事的臣属。据统计，甲骨文中有关“省田”的卜辞多达187版，238条。可见商王对土地管理的重视。

左（由右往左读）：贞我不其受年。意即：卜问，我们是否有个丰年？中（由上往下读）：南土受年。意即：卜问，南部地区是否会是个丰年？右（由上往下读）：甲辰贞其登黍。意即：甲辰日卜问，是否征收黍？

问题是商人种植的是什么？

甲骨卜辞中，除祭祀记录外，最丰富的是“受年？”或“受禾？”卜辞。

甲子卜，王禾。

年即年成。但禾是什么？

卜辞中又有占问黍的记载。

小臣令众黍。一月。

黍又是什么？

学术界比较通行的理解是，禾本意是粟，但用于占卜时可能是作为粮食的统称。黍与年、禾有所不同，是某种谷物的专指。甲骨文中的黍，与《尚书·酒诰》中“妹土，嗣尔股肱，纯其艺黍稷……孝养厥父母”的记载的记录相印证。

据学者研究，商人卜问年成时，有时在“年”前加谷物名。如“受秫年”“受来年”等。这些谷物显然系特指。因此考证出商人还种植小麦、水稻，甚至大豆[2]。

尽管甲骨卜辞提供了商代某些具体的粮食作物的记录，但如果没有实物证据，很难真正将这些文字形式的“粮食”与真正的实物相对应。

1997 年，考古队员采用“浮选法”技术，从殷墟灰坑中用水冲洗出小米和小麦颗粒。随后又从偃师商城等遗址中发现了水稻。由此可知，商代已经种植了粟、稻、麦等作物。至于黍，学者们认为即今天北方的黍子，去皮叫大黄米。预计将来也有可能发现其实物。

学者们通常将卜辞中的“禾”理解为粟。这是由于“禾”的字形具有聚而下垂的穗，与粟的实形相同。既然殷墟遗址中找到了碳化的粟标本，可证甲骨学者的解释应该是正确的。

殷墟以粟为主要作物，古代文献中也有所反映。《史记·殷本纪》提到商纣王“厚赋税，以实鹿台之钱，而盈钳桥之粟”。《史记·周本纪》中也有相关记载。

在粟、稻、麦、黍等作物中，哪一种是商人的主要粮食作物？

我们不妨先看看甲骨卜辞中的线索。商代涉及粮食作物的卜辞中，“受禾”“受年”的记录数量最多。如果将“禾”理解为“粟”，则可知粟应是商人食用的主要粮食。即使“受禾”卜辞中的“禾”系指各种粮食作物的泛称，将“禾”理解为商人的主要粮食作物也合理。

近年有新的证据证明，粟是商人食用的主粮。这种证据来自殷墟出土人骨和动物骨骼中的食性分析结果。

通过测定人体骨骼中碳十三和氮十五的量，并与古代或现代小米或小麦中的同种元素量相比较，可以知道古人的日常食物结构。考古人员检测了商代成年男女人骨架骼中的碳、氮同位素比值，并与商代及现代安阳所产小麦和小米中的碳、氮同位素相比较，可以清楚看出，商族人骨骼中的碳、氮同位素比值更接近小米。不仅人骨如此，甚至商代牛骨中的碳、氮元素也如此。

由此可知，尽管粟、稻、麦、黍都被商人种植，但粟才是商人日常食用的主要粮食。

商代的炊器类陶器，习见者有鬲、甗、甑等。

由鬲、甗、甑的器形观察，可知当时的粮食加工方式主要是烹、煮和蒸。殷墟出土的陶鬲和陶甑的下部，有时还残留有烟炱痕迹，可以证明这一点。

我们没有做过专门的统计，但据多年来的发掘记录，几乎可以肯定鬲、甗的数量远远多于甑的数量，因此商人加工粮食的方法主要是煮。

商代的粮食加工，还有一种更“高档”的方法，是将粮食加工成酒。历年的殷墟发掘中，酒器占很大数量。

殷墟发现的商墓，但凡死者有一定身份，都会随葬一套青铜酒器，至少是一觚一爵。即使是平民百姓，也常常以陶质的觚、爵替代。酒的酿造，是以粮食为基础的。

商族人嗜饮。西周武王伐纣成功后，总结商王朝亡国原因时，即将酗酒列入其中。考古发现证明，商族人爱酒之事不虚。绝大多数商族人身死之后，别的可以不随葬，酒具却是要带到阴间的。相对贫困的平民，哪怕使用一套象征性的明器（专门给鬼制作的器皿）也好。

饮酒既是商人的生活方式，更是“礼”的一种反映。对于有一定社会地位者来说，随葬酒器的多少，更是身份的标志。觚和爵既是核心的酒具，也是核心的“礼器”。1 件觚加 1 件爵为一套。随葬 3 套或 3 套以上者，多为王族成员或者诸族和“族尹”（族长）。

殷墟发掘中出土有大量动物骨骼，包括马、牛、猪、羊、狗和鸡。1986 年发掘花园庄东南废料坑，出土大量兽骨。许多墓葬中以狗、猪、羊随葬。腰坑中及填土中则普遍以狗作为殉葬的牺牲。

考古发现的家畜骨骼通常有三种出土环境，一是居址内，骨骼以牛、羊、猪、鸡骨为多。二是祭祀坑中，主要是马、牛、羊，偶然会有猪。三是墓葬的墓室内，大多数情况下会是犬，而且墓葬内的犬又集中发现在腰坑内或填土中。反映商族人食用以牛、羊、猪、鸡为主，祭祀以马、牛、羊为多，犬比较特殊，似用来与主人相伴生死。

卜辞中的祭祖记录中，用牛的数量通常最多。

卜，争，贞燎口百羊、百牛、百【羌】。

这条卜辞是说，某一天贞人争卜问，是否要用燎祭的方式，献给（祖先）100 头羊、100 头牛、100 名羌俘?

牛、马则既用来殉葬，更用于祭祀。这些大规模用牛、羊，甚至人来祭祀，得到了考古发现证实。猪在卜辞中称豕或豚。也是商朝人大量圈养的家畜。

商代铜器铭文中有一些生动图像，虽然字不可顺读，但意义十分明朗。

商人畜养的家禽还有鸡。

殷墟墓葬中，鸡是常见的祭品。清理墓葬时常常可见有鸡骨盛于陶质随葬品内。比如说陶豆中、陶簋中。

从殷代墓葬出土的玉雕鹅、鸭形饰品看，殷墟时期也可能饲养有鹅、鸭。

一个有趣的问题是：商族人吃狗肉吗?

殷墟商墓中半数墓葬在棺木之下，大致在死者的腰部开设一坑，称之为腰坑。腰坑内，多数情况下又会埋狗 1 条。有时候也会将狗埋在填土中。甚至会在腰坑内和填土中同时殉狗。

铜器铭文中，曾有一人豢养多只爱犬的图像。人犬寻欢之情，溢于画面。加上商族人的居民点很少发现残剩的狗骨。似乎表明商人可能并不食犬。

商代的盛食器，有簋、盘、豆等。功能有所区别，但又常常可以兼用。

考古发现表明，商代肉食的盛放主要即是通过这几种器物实现的。

殷墟墓葬随葬品中，簋、豆、盘都相当常见。已经多次在簋、豆、盘之中发现肉食。出土实例中，三种器物之中常常见到同样的动物骨骼，最多的例子是鸡骨和羊骨。如大司空村的一座殷商墓葬中，陶盘与盘内的羊一起出土。

在殷墟的随葬品组合中，豆更多地见于早期，而晚期时，陶盘取代豆。因此盘的功能与早期的豆相似。

对于商代贵族而言，宴饮活动或死后的落葬仪式中会使用铜器。肉食体量较大时，往往会置于铜鼎中。殷墟墓葬随葬品中，已多次发现牛骨、猪骨和羊骨被盛放在铜鼎中的例子。

鱼骨因体量较小，相对多见于陶簋和陶豆。

陶豆的另一项主要功能可能是盛放粮食而非菜肴。

商人宴饮的场景，已经难以完全复原。考古发现的“案”或“俎”，以及青铜器图像铭文中的某些资料，或许可以帮助我们大致了解商人的宴饮情景。

殷墟出土的铜器上，许多图像都是人们跪在地上生活的描写。例如两个人分别蹲在一堆东西的两侧，旁边平摆着一副抬舆。表现的或许正是收获粮食的场景。然而跪地生活并不意味着商代没有类似桌子一类的东西。不过当时的“桌子”应该有别的名称，或许像汉代一样称为“几”或“案”。

参考文献：

[1]　宋镇豪：《夏商社会生活史》，中国社会科学出版社 2005 年版。

[2]　杨升南：《商代经济史》，贵州人民出版社 1992 年版。

（作者系中国社会科学院考古研究所研究员、中国文字博物馆副馆长、安阳殷墟博物馆副馆长、中国社科院考古研究所安阳工作站站长、中国社会科学院考古研究所考古学理论研究中心副主任）

十七、中国食祖伊尹（樊庆堂）

伊尹，夏末商初人，名挚，作为我国有史记载的第一个开国贤相，他出身卑微，历经坎坷，以其聪明才干，不仅成为一代著名的政治家、思想家和军事家，而且以其烹饪的实践和高超的饮食烹饪理论水平，被尊崇为中国的食祖。

1. 空桑弃儿　陪嫁奴隶

伊尹生于伊水，幼年时随其母因避水逃到有莘国（今曹县莘家集一带），他的母亲是一位采桑养蚕的奴隶，不久，其母又亡，伊尹成为弃婴。一天，有莘国的女仆在伊水河边的桑林中去采桑喂蚕，发现在空桑中放着一个被遗弃的婴儿，就抱回去献给了有莘国君，国君命令庖人收养。

伊尹虽身为奴隶，但他自幼聪慧，勤学上进，不但跟着养父（庖人）学了一手烹调的好手艺，还足智多谋，聪明异常，志向远大，乐尧舜之道，有显才用世之志。

由于厨艺高超，伊尹深得有莘国君一家人的喜欢，国君的女儿尤爱吃他做的饭菜。有莘国的女儿端庄秀丽，聪明贤惠，商汤听说之后，就派人向有莘国的女儿求婚，有莘国君见商汤年轻有为，就非常高兴地答应了。国君女儿出嫁，因为女儿非常喜欢吃伊尹做的饭菜，就把伊尹作为陪嫁的奴隶一并带去，这样，伊尹就背着锅案，来到了商汤的领地亳（今曹县南土山集一带），做了商汤的厨师，被商汤用为司厨，掌管膳事。商汤是商族部落的领袖，商族部落是契的后裔，最初居于亳，因过着游牧生活，先后共迁徙八次，到商汤时，又迁回亳地，并在此处兴建亳邑，此处也成为商王朝最初的发祥地和根据地。

2. 商汤厨师　烹饪鼻祖

伊尹做了汤王的厨师，是中国最早的烹饪大师。中国的史籍中，记载伊尹为技艺高超的厨师的用语不少，如枚乘《七发》“伊尹煎熬”，梁昭明太子《七契》“伊公调和”，司马迁《史记》“伊尹负鼎俎”，《汉书》“伊尹善割烹”，《鹖冠子·世兵篇》“伊尹酒保”等，还有《尚书》《孟子》《皇览》等均有记载。

《吕氏春秋·本味》中，曾记录伊尹许多饮食言论，这些言论以今天的标准来看，他的烹饪理论也是绝对一流的。充分说明了伊尹对饮食调味确有精深的研究，在烹饪和饮食的实践和理论上确实高人一等，他是中国美味饮食的开创者，是烹调之圣。他曾亲自烹调过一份鹄羹（天鹅羹）奉献，大受汤王赞赏。而《吕氏春秋·本味》也就成了中国历史上记录伊尹饮食学说最详细的烹饪饮食文献了。

伊尹向成汤绘声绘色地讲述了天下饮食美味的精妙，他说，烹调美味，首先要认识原料的自然性质，如动物原料，“肉类水中游的有腥味，食肉动物肉臊，食草动物肉膻，要使这些肉成为美味，水是第一重要。其次用甜、酸、苦、辣、咸等多种调料，谁先加谁后加，谁多谁少，很有讲究”。

他讲美味的制作“火候很关键，快慢缓急掌握好，有时得用武火，有时须用文火，九沸九变，全靠火来调节，就能很好地去除腥味，去掉臊味，减少膻味”。

伊尹说：“美味全由鼎中精妙的变化而产生，只能意会不能言传，应悉心领悟，就像射箭、驾马，阴阳变化，四季规律那样，须花费时间，多多实践，细心观察体会。掌握了其中的奥妙，制出的肉就会熟而不烂、香而不薄、肥而不腻，五味恰到好处。”成汤听了伊尹的论述很高兴，说：“你能做吗？”伊尹回答说：“你的国家太小，不能满足置办制作美味食品所需要的东西，只有你成了天子，才有具备的条件。”

接着，伊尹给成汤讲述天下的美味特产，他说起天下的肉和鱼，最美味的肉有猩猩的唇，熊獐的掌，燕雀的尾肉、述荡的蹄筋，旄象的腰，流沙之西、丹山之南凤鸟的蛋。美味的鱼有洞庭腹鱼、东海鲕鱼、醴水的朱鳖，六只脚，有百串透明的珠子。灌水的鳐鱼，像鲤鱼却长着飞翼，经常从西海夜飞，游于东海。

伊尹给成汤讲述天下菜中的美味有“昆仑山上的灵芝；寿木的花。指姑东边中容国有红木黑木的叶子，南极石崖上青色的嘉树菜。阳华山的芸菜，云梦泽的芹菜，具区泽的菁，浸渊的土英”。讲述天下调和味道的美味调料有“阳朴的姜，招摇的桂，越骆的菌，膻鱼的酱，大夏的盐，宰揭的露，长泽雪白如玉的卵石”。

伊尹还讲述了天下做美味饭食的粮食有“玄山的禾麦，不周山的小米，阳山的黄黍，南海的黑米”。天下最好的水有“三危山的露水，昆仑山的井水，沮江丘陵的摇水，曰山的水。高泉山的涌泉，是冀州的水源”。

伊尹还说到，天下美味的水果有“沙棠的果，常山之北投渊的上游有百果，是君王们爱吃的。箕山东边的青岛，有甘甜的栌，江浦的橘子，云梦的柚子，汉水的石耳”。

伊尹给成汤讲述天下的美味后，启发成汤说，“以上这些美味特产，要想得到它们，必须用‘青龙’‘遗风’等快马，如果不成为天子，无法全部得到它们，但天子必须懂得古往今来治国之道，加强自身的德行修养，成为天下之主，那所有的美味就很容易齐备了。所以，了解近处就能知道远方，成就别人也就成就自己，这是王者之道啊”。成汤听了伊尹关于饮食美味和天下特产的论述，认为伊尹确实是个饮食烹饪方面难得的奇才。

由此可见，伊尹在饮食烹调理论与实践方面具有首开先河的历史地位，功勋卓著，他不仅亲自调研，对各类食材了如指掌，而且亲自实践，有精湛的技艺，有选材配料的眼光；他不仅是烹饪的高手，而且善于把实践上升到理论的高度，理论与实践结合，对烹饪与饮食的理论有独到的见解。他创立的“五味调和说”与“至味论”“火候论”是世界上已知的最早最完整的烹饪理论，至今仍是中国烹饪的不变之规，伊尹确实是中国烹饪食文化的奠基者，是饮食调味理论的源头，是中国当之无愧的食祖。

3. 第一贤相　辅汤灭夏

伊尹虽为烹饪厨师，但却有治国安邦之才。伊尹利用给商汤做厨师的机会，得以亲近商汤，商汤因菜肴美味经常召问伊尹，伊尹说做菜既不能太咸，也不要太淡，只有调好佐料才有味道。伊尹进而以饭菜的滋味，做饭调味的方法比喻为政之道，从简单的烹饪道理入手，给商汤讲了治国之策。就是烹饪要“知味”，治国要“知人”，烹饪要“五味调和”，治国也要像烹饪中的“调和”一样，制定出适应国情的方针，处理好国家大事。治国如烹饪做菜，要讲究“火候”，既不能太急躁，也不能松懈怠慢，只有随时掌握变化规律，恰到好处，才能把事情办好。伊尹博学多识，与汤畅谈远古帝王的事迹和九类君主的不同作为及结局，还向汤王讲天下一统论的观点，这正是伊尹辅佐商汤要达到的一个理想目标，由此显示出伊尹经天纬地之才，这是饮食学说在治国方面的最佳应用。一席话使商汤大受启发，顿开茅塞。在以后的多次接触中，商汤发现伊尹不仅是位技艺高超的厨师，而且还是位治国安邦的良才。

伊尹在被商汤任相之前，曾到夏国，劝夏桀实行仁政，并探查夏国的虚实。伊尹在夏朝的宫殿拜见了桀王，并反复劝他修德政，省民力，行尧舜好善之道，桀王根本听不进去。伊尹终于明白了夏桀已是病入膏肓，无法可救，于是便束装东行。

伊尹这次入夏国，虽然没有达到预期的目的，却掌握了夏朝的基本情报，为其日后助汤灭夏奠定了基础。伊尹回到亳，在北城门遇见了商汤的贤臣汝鸠与汝方，向他们诉说了这次返商的心情，并告以夏朝的形势，然后返回有莘国。

汝鸠和汝方将伊尹的话转告了商汤，商汤早就想对伊尹委以重任，就立即遣人携带厚礼迎聘伊尹，但一连两次都被伊尹推辞，商汤于是不惜降身求贤，驾车亲自造访伊尹。曹县城北有个莘冢集，是当初有莘国之地，明宣德元年，此处建有阿衡祠（即伊尹祠），迎门的照壁上赫然题有“三聘之居”，商汤三聘伊尹，这就是“三聘之居”的来历。

伊尹入商后，被商汤拜为相（主持国政的宰相），位居阿衡（相当于辅佐帝王的三公）。汤在伊尹的辅佐下，行德政，宽民力。之后，汤按照伊尹的计划，伐葛、载，征洛、荆，不几年，商便成了东方的强国。以亳邑为中心，方圆数百里的广大地区，成了商汤的根据地。

伊尹见夏桀逐渐孤立，时机已经成熟，便力劝商汤伐夏，于是，商汤联合诸侯兴师讨伐夏桀，商汤、伊尹亲率大军先后北伐韦国（今河南滑县），顾国（今山东鄄城），昆吾（今河南濮阳）三个属国。夏桀三十一年春，伊尹劝商汤乘虚直捣夏都，商汤从其计，率兵突袭钧台，双方先后在有（今山西蒲州）、鸣条（今河南封丘）展开大战，夏桀大败，随后退守三嵕（今定陶东），又被商汤攻破，最后带着妻子末喜南逃到南巢（今安徽省巢湖市），并死在那里，夏朝自此灭亡，汤登上天子位。汤称伊尹为元圣，并训示后代尊崇伊尹，一如商王。

商朝建立后，伊尹辅导汤王制定了各种典章和法律制度，并注意体察民情，发展农业生产，因此，商初政治安定，经济繁荣，人民安居乐业。商汤在位三十年而崩，葬于曹县南山之阳，今曹县城南十八里土山集有汤王陵。《皇览》曰：汤冢在济阴亳县北东郭，去县三里，即此地。

时太子太丁已死，伊尹于是立太丁之弟外丙为王，外丙即位三年而崩，伊尹又立外丙之弟中壬为王，中壬即位四年而崩，伊尹又立汤的孙子太丁之长子太甲为王。伊尹教导太甲务必勤于政事，继承先王遗德，亲近忠良，治理好国家，不要做亡国之君。

然而太甲即位后，听不进伊尹的规劝忠告，对国事政事不尽心办理，开始沉溺于歌舞酒色之中。伊尹看到年轻的国君竟如此不争气，又想到汤王临终前的嘱托，于是伊尹毅然将太甲流放在汤王陵旁的桐宫中，让他去自省，自己代行国政。三年后，伊尹见太甲悔过，便迎他回宫，还政于他，自己仍居相位。

太甲复位后，伊尹一直尽心竭力辅佐他。太甲死后，伊尹又扶立太甲之子沃丁为王，沃丁即位后，伊尹年事已高，因而不再过问朝政。伊尹百岁去世，《尚书》《史记》记载，按照商初丧葬习俗，帝沃丁以天子之礼葬之于亳邑之东北，与汤王陵相距六公里（伊尹墓在今曹县大集镇殷庙村）。根据历史记载史以“伊、吕（望）”并称，班固在《汉书》中列伊尹为仁人，商代各王对伊尹与商汤同祭，甲骨卜辞中屡见其文。

伊尹为相辅佐五代商王，称得上五朝元老，他勤政修德，体察民情，按章办事，把商朝治理得繁荣昌盛，为商王朝延续五百多年的统治奠定了坚实的基础。他德高望重，辅佐有方，忠心辅佐商汤，除去夏桀暴君，又教导太甲，身居显位而不乘机图篡王位，这种高尚的行为和品德为后人所歌颂，无不称赞伊尹的德行，不仅尊崇伊尹为中国的食祖，也将他尊崇为中国历史上的第一贤相。

（作者系菏泽市中华文化促进会副会长）

十八、伊尹其人研究（潘建荣）

据文献记载分析，商汤小臣伊尹生于曹县东南，成长于有莘之虚，为官于商都曹亳，死葬于曹县己氏故墟。伊尹的一生，一直与曹县息息相关。

1. 伊尹故里在曹县尹城

伊尹的先祖是少昊。少昊的儿子封于尹，以地为氏，久之，其子孙把原来的姓氏己姓放弃，就把尹作为自己的姓氏。伊尹是少昊后，在《尚书》中，他又多次自称“尹”，“尹”是伊尹的居地，以地名为氏无疑。他的名叫什么？笔者反复研究，伊尹是以氏族的图腾、旗帜“鸷”为名，称尹鸷。这个名字明确指示给别人。此人生于尹地，姓尹，族属为鸷，是东方信仰凤鸟为图腾的嫡系子孙，这一名字，足以能够受到东方各氏族的尊重。

伊尹既然姓尹，以地为姓氏，那么，少昊儿子最初所封的“尹”在哪里呢？考究尹地，春秋前有三：一在山西汾阳；二在河南洛宁；三在山东曹县。

（1）山西之尹城，为商王封伊尹之后

《元和姓纂·氏族略》云：“少昊之子，封于尹城，因氏焉。”[1]宋郑樵《通志》亦云：“尹氏，少昊之子封于尹城，因以为氏，子孙世为周卿，食采于尹。今汾川有尹吉甫墓，即其地也。”[2]二说相同。照此说，少昊之子所封尹城在今山西省汾阳县。4600年前的少昊为东方以鸟为图腾的氏族，其足迹范围不会达到这里。南宋罗泌《路史·国名纪乙》下云：“尹，殷之封，今汾川（即今汾阳县）。郑樵说故尹地及周为尹氏采，有尹吉甫墓。”罗泌的说法道出历史的迷津。原来，山西汾阳县的尹城是殷商时所封的方国。武丁时期甲骨卜辞有“……尹方至”（《合》8174）；廪辛、康丁时期的卜辞有：“王其呼，甲，尹方卫于……”卜辞中的尹方即伊尹后裔在商后期的封地。周初，伊尹的后裔尹佚、尹吉甫、尹伯等分别为周文王、武王、周宣王的执政大臣，世居山西汾阳的尹地。尹地在汾阳，《左传》可证。《左传·隐公五年》载：“曲沃庄伯以郑人、邢人伐翼，王使尹氏、武氏助之。”[3]西周桓王时的曲沃，在今山西闻喜县的东北；翼在今山西翼城西南十里故城村；邢在今邢台市西南；郑在陕西华县。这次伐翼奉周桓公之命，师出有名。郑从南面进攻，邢从东南进攻，尹氏奉命从北面进攻，正合西周地望。时翼侯是晋鄂侯，失败后逃到隋城，今介休西南二十五里。不久，曲沃庄伯又叛周王，王命虢公讨平，而立哀侯于翼。西周之尹城在此，合乎当时形势。

（2）河南洛宁之尹，为东周封尹吉甫之后

公元前678年（周僖王四年），曲沃武公灭晋侯湣，统一晋国版图，尹氏被迫离开汾阳，周王重新把尹氏安置在洛阳西南，今洛宁、宜阳县一带，故此地留下尹川、尹谷等地名。《左传·昭公》二十三年（前519）“六月壬午、王子朝入尹。癸未，尹圉诱刘佗杀之。单子从阪道，刘子从尹道伐尹。单子先王而放刘子远。己丑，召伯奂、南宫极以成周人戍尹。庚寅，单子、刘子、莫齐以王如刘。甲午，王子朝入于王城，次于右巷（近洛阳东城）。秋七月戊申，鄩罗纳诸庄宫。尹卒败刘师于唐（在洛阳东）”。丙辰，又败诸鄩。甲子，尹卒取西闱[4]（在洛阳市东）。这次伐尹、尹攻洛阳之战，共进行一个半月，地名多在洛阳西南一带。再如，定公七年（前503）四月，“单武公，刘桓公败尹氏于穷谷”。[5]注家皆以为在洛阳东南一带。又可证春秋末时尹氏封地的确在王城附近。如前分析，从曲沃武公灭晋侯湣，统一晋国，迁尹氏于洛宁县（约前678），上溯至殷武丁迁殷（前1250），尹氏封于汾阳为殷王室西方屏障约五百七十年间，伊尹的后裔尹氏封地就在今山西汾阳县。《姓纂》《通志》《路史》的记载是真实的。清乾隆朝学者江永撰《春秋地理考实》，注昭公二十三年王子朝入尹，云曰：“杜（预）注：尹氏之邑。《彙纂》曰：今山西汾川（汾阳）有尹吉甫墓，即古尹城也。今按子朝从京（洛阳）入尹，从尹入王城，皆在周地。若山西汾川府（清初汾阳县）距河南远，其地属晋，虽有尹吉甫墓，当非东周尹氏之邑也。《水经》叙洛水迳宜阳县故城，南注洛水，又东共水入焉。水北出长石山，其西有共谷、共水出焉，南流得尹谷口，水出西北尹谷。疑尹氏邑，以尹谿、尹谷得名。然则尹邑在宜阳。”[6]当代学者杨伯峻注此句认为：后魏宜阳城在今城西五十里，今洛宁县境。[7]这说明，江永没有把晋武公前之尹城和尹迁徙后之尹城区分开来的结果。汾阳的尹氏城为殷武丁时所封，至晋武公；洛阳西南的尹氏邑为周僖王或周惠王重新为尹氏所封，二者有前、后年代之别。

（3）山东曹县之尹

不论是山西汾阳之尹城，还是河南洛宁、宜阳之尹邑，在距今四千六百年上下都不是以鸷鸟（凤）为图腾的东方少昊氏族的居地。少昊之子所封之尹城，还需在东方寻找。《国语》胥臣曰："黄帝之子二十五宗，其得姓者十四人，为十二姓：姬、酉、祁、己、滕、蒇、任、荀、僖、姞、儇、衣是也。唯青阳与夷鼓同己姓。"[8]姓由母出。这是说青阳，夷鼓的母族是己氏氏族。《世本》说，己姓于出少昊。杜预注《左传·昭十七年》少昊氏云："少昊，金天氏，黄帝之子，己姓之祖也。"[9]当代学者都不认为少昊是黄帝的儿子，但对"少昊是己姓之祖"的论点，却从来没有人怀疑过。按《史记·楚世家》帝颛顼的六世孙昆吾氏的母族也是己氏。李学勤研究祝融八姓，认为昆吾氏的支裔温姓、苏姓也出自己氏。[10]《国语·郑语》云："己姓、昆吾、苏、倾、温、董。"[11]这反映出己氏这个古老的氏族和黄帝、少昊、帝颛顼及其以后的六、七代子孙都有着婚姻关系。直到春秋末期，己氏后人还在鲁西南戎州一带居住，并杀死了卫庄公。那么，最早的己氏原居地在哪里呢？找出己氏，对研究少昊及其儿子的原居地会很有启发。己氏之族，见于《左传》哀公十七年，戎州人攻卫，卫庄公被戎州己氏杀死。晋杜预注云："己氏，戎人姓。"[12]看来这支戎人的母族是己氏。据顾颉刚考证，戎即有娀，为太昊后裔。

对"己氏"的地望，在甲骨卜辞和先秦文献中尚未发现。但是，《汉书·地理志》梁国下已有己氏县，《水经注》汳水下记载得非常清楚，地在今曹县东南五十里楚天集一带。《中国文物地图册·山东分册》曹县下有高庄遗址，注为汉代，已发改汉代板瓦之类，疑为汉己氏故城所在。[13]众所周知，汉承秦制，其地很可能是秦砀郡己氏县。秦汉人为什么在古包水、汳水之间设置己氏县，一定有其深刻的历史文化渊源。如在古菏泽东岸设乘氏县，《世本》

云："古乘氏所居，乘睢，古贤人也。"又如在单县置单父县，即源于尧舜时期的氏族首领单圈。

考古证明，汉乘氏、古单父都是龙山文化遗址。己氏也和乘氏、单父一样，是古老氏族己氏的发祥地、世居地。《左传》云戎州己氏。杜预注云："戎州，地名，己氏，戎人姓。"[14] 照此分析，己氏的原居地可能在曹县北部，即少昊氏的原居地有可能在这一带。少昊氏的儿子封于尹，按惯例应称尹己，汉己氏县在曹县东南。文物普查证明己氏县高庙遗址为汉遗址，尹己的原封地不会离此太远。查高庙遗址西十二里殷庙村伊尹墓一带，是龙山文化遗址。伊尹于沃丁执政后，致仕退休归其封地，即其出生的祖居地养老。殷庙村龙山文化遗址，应是少昊之子尹己所封之地。历代注录说到戎人，总是和曹县东南的汉己氏县密切联系起来，但越说越乱，总是说不清楚。现在知道，此地就是少昊儿子的封地，伊尹姓尹，是己氏尹的后裔，这里应是尹姓的源头。

2. 伊尹生于曹县尹地之空桑

对伊尹的出生，《吕氏春秋》为我们留下一段宝贵的文字："有侁氏女子采桑，得婴儿于空桑之中，献之其君，其君令烰人养之……"

《史记·殷本纪·索引》引《帝王世纪》云："伊尹，力牧之后，生于空桑。"[15] 空桑究竟是地域名，还是一个地点的称谓?

《山海经》云："白马山又北二百里曰空桑之山，空桑之水出焉。"这里的空桑是山名，是水名，今天已很难确指其地望。笔者认为，文献中的空桑与桑林、桑中、桑间为同一词义。《汉书·地理志》："卫地有桑间濮上之阻，男女亦亟聚会，声色生焉。"《左传》成公二年云："夫人有三军之惧，而又有桑中之喜，宜将窃妻以逃者也。"[16]《诗》："期我守桑中"，旧指男女幽会为"桑中之约。"《墨子·明鬼下》："宋之桑林，楚之云梦也，此男女所属而观也。"[17] 照此，桑林应是宋国、卫国男女相会之地。今曹县南部、东部皆属西周、春秋、战国时宋国之地。

唐《括地志·兖州》曲阜县下引干宝《三日记》云："徵在生孔子空桑

之地，今名空窟，在鲁南山之空窦中。”此空桑显然是指孔子生于桑林之中的空地之中。伊尹也是如此，按吕氏所记传云，其母生伊尹时，正遇河水泛滥，母去儿存，被有侁女子收留，送于有莘国君，命烰人养之。高诱云：“烰，犹庖也。”即让厨师收养了这个弃婴，就是后来的伊尹。河水涨水之时，其母将婴儿送到桑林中空间的高地之上，或桑树的空洞中，故使小儿得以生存。孟士凯先生亦认为空桑即桑林中之空地。按《左传》，宋国国君曾请卫公有桑林之舞，可证在春秋时卫国南部、宋国北部还有男女在桑林中约会的遗风。这种民俗源于母系氏族社会，在夏末商初尚还普遍存在。伊尹就可能是两位不知名的男女相亲而生的孩子，是母亲死去，还是不负责任的逃去，不好乱猜。因为伊尹是历代儒家推崇的圣人，故不好明说此为私生子，隐为生于空桑，实为桑林中之空地中。这个空桑之地究竟在哪里？笔者认为应该在曹县境内有莘氏之国不远的地方。

伊尹之母生伊尹于桑林或桑树空穴之中，这棵桑树长在什么地方？秦汉五部文献都没有明确指出。这说明在之前尚无明确地点。《路史前纪三》云：“空桑以地纪，……若乃伊尹之生，共工氏所灌，则陈留矣。”（但罗泌又自注驳斥云：“伊尹产空桑在陈留，非鲁地。吕不韦等谓伊尹之母化为空桑，尹生其中，大妄。”）又云：“乃若共工氏之振滔鸿水，以薄空桑，则为莘、陕之间。伊尹，莘人。故《吕氏春秋》《古史考》等俱言尹产空桑。故城在今陈留，固非鲁也。故地记言，空桑南杞而北陈留，各三十里，有伊尹村。”看来，宋时，对伊尹生于陈留，且有空桑城、伊尹村，已为主流说法。

查遍两汉魏晋历史地理文献，没有一处说伊尹的出生地在哪里。就连北魏郦道元《水经注》中的汳水、睢水注中，多次写陈留、雍丘（杞县）的名人、名胜、古迹，竟也一字未提陈留、雍丘有什么空桑城、伊尹村。

追溯文献所记，最早说陈留和伊尹发生关系的是唐宰相李吉甫所撰《元和郡县图志》，云：“故莘城在（陈留）县北三十五里。古莘国地也，《国语》：汤伐桀，桀与韦、顾之君拒汤于莘之墟，遂战于鸣条之野。”但这只能间接说明汤与伊尹在这里和夏桀打过一次仗，而和伊尹出生地无关。

北宋《太平寰宇记》认同《元和志》的观点，但又重审曹州济阴县（曹县）有莘之野为伊尹农耕之地。陈留说的真正鹊起，乃是宋真宗御驾祭伊尹于陈留之时。从此，空桑城成为元圣伊尹之始居，伊尹后人开始聚居于此，伊尹村逐渐形成。但是空桑在陈留不但是晚出之说，而且有城、有村，和伊尹出生在桑树空穴之中的原意不符，系唐宋以后人的附会之说。

那么，空桑或桑林中枯树应该在哪里？这需要从伊水说起。《吕氏春秋》言伊尹母亲居伊水之滨，没有说明伊水在哪里？郦道元在《水经注》把伊水安放在洛水支流的伊水，第一次说“昔有莘女，采桑于伊川，得婴儿于空桑之中，言其母孕于伊水之滨，梦神告之曰，臼水出而东走。……”[18] 这段记载比《吕氏春秋》《淮南子》等汉及前记载多于“伊川”二字，显然系郦道元附会。郦氏附会了伊水，但忘记还有采桑的有莘氏女子。既在伊水附近采桑，于桑树空穴中拾得伊尹，那么莘国不会离伊水太远。遗憾的是，从古至今均未有伊川、伊河两岸有莘国的记载，今天出版的《中国文物地图集》，对此也没有标注。郦氏之说影响后人达 1500 余年，但认同者寥寥无几，故伊尹出生地又产生多说。我们认为，对伊尹的出生地还需在古莘国附近去寻找。笔者在《商族起源与商汤居亳、都亳、葬亳》一文中已经考辨，古代五个莘地，山东莘县莘亭，安徽界首北之莘地，均为春秋之邑，属莘人迁徙之地；河南陕县之莘，属西周之邑；陕西郃阳古莘城，为商、周莘国之城，属大禹支子所封之莘国，姓姒氏，与夏商时之姺姓莘国不同姓、不同族。现在唯有曹县之有莘遗址，才符合伊尹出生时有莘采桑女所在之地。曹县境内虽然没有伊水，但有莘之墟就在黄沟水岸边。按《水经注》黄沟水为古济水支流，由河南封丘西南出济水东南流，过古陈留北、外黄县故城（今民权县西北三十八里内黄集）南，东过葵丘下（古考城县东），东北流，过曹县北、定陶南、楚丘（曹县东四十里，楚人发祥地）北，郜城（成武）北，从单县北境，东南流，于平乐县城（单县东境终兴镇）南会包水，东入泗水、入淮、入海。而包水则是黄沟水的支流，自今民权东境出黄沟水，过贯城（曹县西南十二里潘白刘庄先商文化遗址）北、曹县南、往东南流过伊尹墓龙山、商文化遗址，又东南十二里过春秋己氏邑、汉己氏县故城北，东入孟诸泽，出泽水东流过单县南，再东流于汉平乐故城汇黄沟水。包水之南还有汳水。伊尹墓就坐落于黄沟水之南、汳水之北、包水所经之处。这三条水的上源是黄河的大支流济水，古时候每遇黄河涨水或豫东大雨，汳、黄、包三水将泛滥成灾，这一带最符合伊尹母亲所居桑林之地，直到春秋，此地仍有桑林、桑中、空桑之名。在夏末，这几条河未必有名。吕氏所谓伊水，原意即这条河、那条河。伊字从古至今都保留着语助词的原义。《诗经》中数十个"伊"字，多是助词、发语词或作"是"字解。伊尹墓坐落在龙山、岳石商文化遗址之上，反映出此地为尧舜禹或以前先人聚落点。这个聚落点就是伊尹的祖源之地、己姓尹氏所居的尹城。

3. *伊尹姓名考辨*

伊尹的名字究竟是什么？仅凭现有文献很难搞清，让我们试以分析考证。

（1）伊挚说

《清华简》：尹至。（最新发布的国宝《清华简》有《尹至》篇。李学勤先生认为，尹至即尹挚，是目前最早关于伊尹名字的记载。时"至"与"挚"通。）

《史记》：伊尹名挚，为汤相，号阿衡。

《孙子兵法·用间篇》：伊尹名挚。

《楚辞》：下逢伊挚。

《孔传》：伊挚佐汤，功至大夫，谓至太甲。

《后汉书》：伊挚丰下锐上。

《帝王世纪》：力牧之后曰伊挚，耕于有莘之野。

《尚书正义》：伊尹名挚。

以上文献说伊尹名伊挚。

（2）保衡说

《说命》：昔先正保衡。作我先王。

《尚书》：唯嗣王不惠于阿衡。

《史记》："伊尹名阿衡。"

郑玄曰：阿、依；衡，平也。……太甲改曰阿衡。

《商颂·那》注：祀成汤称为烈祖，明保衡即伊尹也。

按《诗经》《史记》，伊尹名阿衡。

（3）伊尹说。主要出于《尚书》和《史记》。

《吕氏春秋》：有侁氏命之曰伊尹。

《诗经·缁衣》注引郑玄云：伊告，伊尹之告。

《宋书》：伊尹将应汤命。

《尚书》："伊尹作书曰"，"成汤既没，太甲元年，伊尹作《伊训》"，"伊尹乃言"，"伊尹祀于先王"，"伊尹乃明烈祖之成德，以训于主"。"太甲既立，不明，伊尹放诸桐"，"伊尹作太甲三篇"等，称伊尹。

《史记》："伊尹坂。""伊尹作《咸有一德》。""伊尹作《伊训》，作《长命》，作《徂后》。"

《史记》："帝太甲既立三年，不明，暴虐，不遵汤法"，"三年，乱德，于是伊尹放之桐宫。三年，伊尹摄政当国，以朝诸侯。……于是伊尹迺迎，帝太甲而投之政，……伊尹嘉之……"

"伊尹卒，既葬伊尹于亳，咎单遂训伊尹事，作沃丁。"[19]等，皆称伊尹。

（4）单称"尹"

《尚书》：伊尹自称："惟尹躬先见于西邑夏。""惟尹躬克左右，厥辟宅师。"《甲骨卜辞》：多次单称尹，也称伊尹、伊等。涉及伊尹的辞达四十条之多。

通览《尚书》，"伊尹"二字出现十七次之多，阿衡、保衡各出现一次，伊尹自称尹两次。《史记·殷本纪》中伊尹之字出现十五次；阿衡出现两次。《诗经》出现"阿衡"一次。以上这些纷乱无序的名字，究竟哪一个为真？《史记》

云：伊尹名阿衡。阿衡应该是伊尹的名字。伊尹在《伊训》中两次自称“尹”，可以理解为是他以地名“尹”氏。最新发布的《清华简》，直书伊尹为尹至，进一步证明在最早的文献中，“尹至”反映出的伊尹姓尹，名至，即后来说的尹挚。伊尹自幼被莘人称为阿尹、伊尹。后来用图腾“挚”为名。但人们习惯上仍称他为伊尹即阿尹。这种解释也许不能服人。伊尹究竟姓什么、叫什么、后世总是在伊尹的名字上出现那么多分歧，大概是永远争论不清楚的问题。

我们认为，尽管伊尹是己姓、尹氏，族（国）属为挚，是少昊氏的嫡系子孙，但这对被称为元圣的伊尹都不重要，重要的是他为建立商王朝立下的莫大功勋，其族属、国属，姓与名都已被伊尹的名字所代替。所以《尚书》《史记》以及后人，无不以“伊尹”这个宏伟的名字来称呼元圣，其他不过是研究学术的一种追求罢了。

4. 伊尹自幼学庖厨技艺

伊尹是否当过庖厨，两千年争讼不已，让我们试析之。

《文子》：伊尹负鼎而干汤。

《楚辞·天问》：“初汤臣挚，后兹承辅；何卒官汤，尊食宗绪？”“闻百里之为虏兮，伊尹烹于庖厨。”

《鹖冠子》：伊尹酒保，立为世师。

《鲁连子》：伊尹负鼎佩刀以干汤，得意，故尊宰舍。

《战国策》：“伊尹负鼎俎而干汤，姓名未著而受三公。”

《庄子》：汤以人庖宠伊尹。

《吕氏春秋》：“伊尹尝居于庖厨矣。”“伊尹庖厨之臣也。”

《楚辞》：伊尹烹于庖厨。

《七发》：于是使伊尹煎熬，易牙调和。

《新语》：是以伊尹负鼎，居于有莘之野，修道德于草庐之下，躬执农夫之作，意怀帝王之道，身在衡门之里，志图八极之表，故释负鼎之志，为天子之佐，克夏立商，诛逆征暴，除天下之患，辟残贱之类，然后海内治，百姓宁。

《韩诗外传》：“伊尹故有莘氏僮也，负鼎操俎调五味，而立为相，其遇汤也。”

《淮南子》：“伊尹之负鼎。”高诱注：“伊尹负鼎俎，调五味以干汤，卒为贤相。”

《汉书》：“伊尹蒙耻辱，负鼎俎，和五味以干汤。”

《帝王世纪》：汤思贤，梦见有人负鼎抗俎对己而笑。寤而占，曰：“鼎为和味，俎者，割截天下。岂有人为我宰者哉？”

《反经》：伊尹负鼎而干汤，吕望鼓刀二入周。

《甲乙经·序》：“伊尹以亚圣之才，撰用神农本草，以为汤液。”

古往今来如此多的文献论述伊尹是庖厨出身，恐怕是孟子等大儒们否认不掉的。尤其是《吕氏春秋·本味》用了洋洋七百余字，大写伊尹与商汤关于食品调味、天下美味等方面的问答，虽然内含很多政治哲理和治国之道，但至少也反映出伊尹确确实实是烹调大师。

按《吕氏春秋》《淮南子》《楚辞注》，伊尹出生后，无父无母，被有侁氏女送给有莘国君，国君命烰人养之。烰人，就是厨师，就是今天的烹调师。这个养伊尹长大成人的庖厨就是伊尹的义父。伊尹自幼在国君的庖厨身边长大，身不由己，耳濡目染，无师自通地就会成长一名优秀厨师。大概孟子及不少先儒们认为，作为元圣的伊尹是庖厨出身，有失圣人的身份，就有意掩盖这一事实，说“伊尹耕于有莘之野”。亚圣此说一出，呼应的还真不少。《焦氏易林》云：“尹伯智士，去桀耕野。”贾谊云：“伊尹负鼎，居于有莘之野，修道德于草庐之下，躬执农夫之作……”至于唐宋明清诸儒，更是津津乐道地大谈伊尹农耕之作。清儒文廷式还专门撰文，力主伊尹非庖厨。[20]诸儒们似乎以为，农夫耕田要比庖厨的身份高贵一些，最低也是有隐居的表示。其实，农耕说的先生们错了。在上古时代，人们以渔猎为生，负责宰杀野兽、牲畜的庖丁，又是负责分发食品的主宰，由于主宰分配的公平合理，故大多是氏族首领担任。今天的“主宰”一词，直接源于此。后来人们开始食用熟食，有了陶器煮肉，学会了调味，又是庖宰最先掌握了这门技术。氏族长或部落长，乃至夏商的诸侯亲自执宰烹调的行为，在当时是合乎“礼俗”的。《礼记·乐记》云：“天子袒而割牲，执酱而馈，执爵而酳，冕而摠干，所以教诸侯子弟也。”[21] 最高领导亲自执宰，能说是下贱的职务吗？《周礼》云：“膳夫掌王之食饮膳羞，以养王及后世子，王燕饮酒，则为献主。”[22] 又可见膳夫（即庖厨）是兼掌礼仪的重要职位。商代青铜器《四祀邲其卣》就记载了商纣王亲自操持烹饪活动的经过，反映出身为庖厨的角色极为重要。

宋镇豪先生在大作《夏商生活史》中说：“夏商高级权贵大都懂得较好的烹饪技巧，往往在重大飨饮场合充当主厨角色。此乃源于原始时期体现人与人关系的‘酋长掌分，合族以食，别之以礼’的古老饮食俗尚。”[23] 宋先生的研究成果证明了伊尹身位庖厨不是卑贱，而是身贵的本来面目。

伊尹是一个弃婴，而有莘之君却把他安置在烰人处抚养，进而培养成为一个位高知礼的执宰，完全是出于伊尹为少昊嫡裔的身份。抚养伊尹的烰人也许和伊尹具有同样的血统，至少在血缘上应与伊尹有关。由于伊尹是有莘氏最信任的庖厨，战国学者就浮想联翩，把伊尹演绎为“伊尹为有莘氏女师仆”。（《墨子》）“有莘氏女之私臣”。（同上）“伊尹，故有莘氏之媵臣”（《说苑》）“嫁女于汤，以挚为媵臣”（《帝王世纪》）。不论私臣、媵臣都是指奴隶身份，和汤的御手彭氏子所说的贱人是一回事。有意把伊尹的身份贬低，来反衬伊尹的大智和以后的身居高位，完全是战国说客、术士所用的一种常见伎俩，如五张羊皮换回百里奚等。现代的学者只把此作为一种文化现象，而根本不用相信此说。

5. 伊尹究竟当的什么官

伊尹在文献记载、青铜铭文、甲骨卜辞中有多种官职称谓，这使我们弄不明白，伊尹究竟出任的是什么职务。但是，我们把文献中有关伊尹职说的出现年代排列一下，就会发现一些规律。

《墨子》云：“汤有小臣。”《楚辞·天问》：“何乞彼小臣，而吉妃是得。”《吕氏春秋》：“汤师小臣。”“汤学小臣。”（《新序》）《叔夷钟铭》：“伊小臣隹辅，国有九州，处禹之堵。”甲骨卜辞：“小臣伊尹。”从文献到金文、甲骨卜辞，皆言伊尹是汤之小臣。伊尹曾官居小臣是可以认定的，而且这些说法都比较早，是最可信的。

《伊尹·九主》云：“汤用伊尹，既放夏桀以君天，伊尹为三公，天下太平。”

《尚书·伊训》云：“成汤既没……百官绳己以听冢宰。”

《竹书纪年》云：“太甲名至，元年辛巳，主即位，居亳，命卿士伊尹。”

《鲁连子》云：“伊尹负鼎佩刀以干汤，得意，故尊宰舍。”

《楚辞注》云：“汤出观风俗，乃优下民，博选于众，而逢伊尹，举以为相。”

据李学勤考证《伊尹·九主》篇约撰于西周之时，说伊尹为三公，是以周人的角度看商初之官。[24]《竹书纪年》，伊尹为卿士，在太甲时，亦不可信。《鲁连子》《楚辞注》中的“宰舍”为相皆泛指。

《书序》云：“伊尹相汤伐桀，升自陑。”《尚书传》：“伊尹相汤。”《韩诗外传》：“于是伊尹接履而趋，遂适于汤。汤以为相。”《论衡》：“伊尹为相，箕子为奴。”《初学记》：“殷太甲时，伊尹为太保。”

《书序》《韩诗外传》《尚书传》等言伊尹为相，是实职，意为后来的宰相。商初并无此职，是西汉人根据秦汉“相邦”“相国”职务而给伊尹臆定的官位，但却和伊尹实际职位相当。而冢宰一职，古人谓为尧舜时官职，商初并无此官位。

然而，伊尹究竟是担任的什么官职？我们认为，伊尹进入商汤集团后，通过交流，商汤发现伊尹是个大人才，并没有马上授予“小臣”之职。而是派他到夏桀的中央政府任职。由于当间谍功大，返回后又出任“小臣”职务。小臣一职，在夏商历史上是一个非常重要、位高权重的职务。于省吾先生认为“甲骨文的小也地位有高有低”，有的“地位等于后世的大臣”；[25]李亚农先生研究认为，“卜辞中习见之小臣，职位皆甚高”；[26]王维缇先生综合二家研究成果认为，小臣的主要职务是负责祭祀和征伐，且本人拥有奴隶。[27]“国之大事，在祀与戎。”[28]（《左传·成十三年》）本来应由国君办的事，都由小臣来做，可见伊尹出任的小臣一职是商初最高领导集团的一员。《尚书·伊训》中伊尹自称冢宰，意即主宰百官的是伊尹，而实际职务仍名小臣。《竹书》云：太甲时伊尹职务是卿士。其实，这是《竹书》受《诗经·商颂》的影响，误解诗意的结果。云：“昔在中叶，有震且业；允也天子，降予卿士；实维阿衡，时左右商王。”是说商汤靠伊尹辅助振兴了国家。此处卿士不是职务，而是官位的泛指。阿衡也是伊尹的名字，不是官位之名。到了西汉，孔安国注《尚书》云：“伊尹相汤”，《韩诗》的“汤以为相”，《论衡》的“伊尹为相”，都是按战国、秦汉的相国、相邦、丞相的官职权限类比的伊尹，不可信。后世还出现了“伊尹为汤右相”的说法，就是受《左传》“伊尹放太甲而相之”和“仲虺居薛，为汤左相”的启发而衍生出来的伊尹为右相说。至于《初学记》说“太甲时，伊尹为太保”，更是后世出现了“太保”一职，类比而出。

一句话，伊尹的官职就是小臣，相当于后世的宰相一职。

6. *伊尹辅佐五代商王于曹亳*

商都在曹县之亳，伊尹官居小臣相汤，居住在商都曹亳是可以肯定的。汤自商丘迁亳，在伊尹的帮助下终于灭夏建商，定都于亳。伊尹除去中间“五就汤，五就桀”，从事间夏活动的时间外，其他时间就是在商都曹亳为商王效力。

（1）辅佐商汤三十年。汤为天子十三年，伊尹辅政，天下大治。

（2）辅佐外丙、中壬七年。汤死葬于亳，伊尹主祭，立外丙，三年而卒，伊尹葬外丙于亳（其墓地待考）；伊尹又立外丙弟中壬为商王，四年而卒，伊尹又葬中壬于亳。时太丁之子，汤孙太甲已成年，伊尹再立太甲为商王。

（3）辅佐太甲约十五年。《尚书·太甲》云：“太甲既立，不明，伊尹放之于桐。”《史记·殷本纪》云：“太甲既立三年，不明，暴虐，不遵汤法，乱德，于是放之桐宫三年。”《史记索隐》云：“桐宫，盖殷之墓地。”[29]

是伊尹让太甲暂时离开国君位子，住在商汤的陵园内反省、学习、修德。太甲放后，伊尹自己“摄行政当国，以朝诸侯”。这就是《竹书纪年》所说的“伊尹放太甲于桐，乃自立”。《竹书》又云：“七年，王（太甲）潜出自桐，杀伊尹，天大雾三日，乃立其子伊陟、伊奋，命复其父之田宅而中分之。”果如《竹书》所记，伊尹不会在有商一朝世世受列隆重祭祀。《竹书》之说不但受历代诸儒的痛斥，也被甲骨卜辞隆重祭祀伊尹证明是错误的。伊尹被杀说纯属战国术士之言。

《尚书·太甲中》又载：“伊尹曰：兹乃不义，习与性成。予弗狎于弗顺，营于桐宫，密迩先王，其训，无俾世迷。王徂桐宫居憂（忧），克终久德。”唐人孔颖达疏云：“太甲居桐宫，既不知朝中之事，惟行居丧之礼。伊尹亦使兵士卫之，选贤俊教之，故太甲能终信德也。”孔氏所云，大体是符合当时太甲居桐宫的情况的。太甲改造好，伊尹就自动归政于太甲。《尚书·太甲中》载：“惟三祀十有二月朔，伊尹以冕服奉嗣王（太甲）于亳。”《史记》载：“帝太甲居桐宫三年，悔过自责，反善，于是伊尹迺迎帝太甲而授之政。”[30]伊尹把国政归于太甲。伊尹辅佐太甲又有十五年。按《史记·鲁周公世家索引》：案《纪年》，太甲惟得十二年；而《前编》云：“太甲十七年甲子。”对太甲之年不妨折中：按太甲十五年计。

（4）伊尹退休，八年而卒。伊尹还政后，已是年愈八十岁的老人，他要求退休。《尚书》云：“沃丁既葬伊尹于亳，咎单遂训伊尹事。”皇甫谧云：“沃丁八年，伊尹卒，卒年百余岁。”把商代这些纪年相加，可证伊尹在商辅佐了五位商王达六十年之久。假如伊尹三十岁上下为饱学之士而归汤，死时已达九十岁余。可见古籍记载是有不少根据的。

（5）伊尹年龄析。《后汉书·冯衍传》刘劭注云：“伊摰丰下锐上，色黑而短，偻身而下声，年七十而不遇。汤闻其贤，设朝礼而见之。摰乃说汤，致于王道。”按刘说，伊尹见汤已是一个年逾七十岁老态龙钟的老人。此说不可信。但考虑到汤创业十七年，立国十三年，外丙、中壬共七年。这些数字相加，竟达六十年之长。假如伊尹三十岁上下归汤，则太甲十五年，沃丁八年，伊尹卒，年已达九十岁余，已是耄耋老人。《尚书·咸有一德》称："伊尹既复政厥辟，将告归，乃陈戒于德。"孔安国注云："告老归邑，陈德以戒。"孔颖达疏云："自太甲居桐而伊尹秉政。太甲既归于亳，伊尹还政其君，将欲告老归其私邑……未知在何年也。"《尚书·君奭》云："在太甲时，时则有若保衡。"《左传·哀公二十一年》云："伊尹放太甲而相之，卒无怨色。"照此，则伊尹在太甲时没有被批准退休，重新任职小臣，辅助太甲，故曰相之。十五年后，太甲卒。《皇览》云："太甲陵在济阴历山。"对此，清儒孙星衍撰《太甲陵考》，力辨在今鄄城历山，即舜耕处。伊尹为什么把太甲葬在远在亳北250里的历山？杨向奎认为夏都在河济之间的东方；[31]李学勤认为，夏后氏的姻亲及同姓诸侯，多在东方；沈长云认为，夏后氏起源于雷泽历山；[32]我们认为，夏都一直在鄄城、成阳、濮阳一带；自孔甲开始经营西方洛阳一带，偃师尸乡夏邑遗址，即夏朝晚期西方重镇。汤灭夏，放夏桀于历山，死而葬之，是表示叶落归根。照此推绎，伊尹葬太甲于历山，就是为了以太甲阴魂，弹压亡国之夏民。其子沃丁即位，新王上台伊始，伊尹不可能马上提出退休。但《尚书》云："沃丁既葬伊尹于亳。咎单遂训伊尹事，作《沃丁》。"《史记》同之，照此，好像伊尹一直到死没有退休。二书均未说伊尹死于何年。晋人皇甫谧云："沃丁八年，伊尹卒，百有余岁。大雾三日，沃丁葬之以天子之礼，祀以太牢，亲自临丧，三年，以报大德。"孔安国注云："伊尹既致仕，以三公礼葬。"孔氏认为伊尹是退休后才死的。孔颖达也认为伊尹是致仕终老。伊尹究竟何年退休？《纪年》云："沃丁名绚，元年命卿士咎单。八年祠保衡。"这告诉我们，是伊尹辅佐沃丁即位后，时年已八十有余，申请退位，并推荐忠贤之臣咎单接了自己的班。

伊尹退休后，按夏商惯例回到自己的封地。"尹"地是伊尹故国，商汤封伊尹于此，合乎情理。退休后的伊尹回到"己氏"故地之"尹"养老。沃丁八年，年约九十岁余的千古元圣死于故里，此地西距亳都中心三十里，仍属亳都京畿之内。故《史记》云："伊尹卒，既葬伊尹于亳。"

7. *伊尹死葬于亳*

对伊尹死而葬亳，《尚书》《史记》有载。古今有伊尹坟墓的地方不少于十处，究竟哪个为真？检索文献，把历史上所有的伊尹墓葬排列比对，发现文献中最早的伊尹墓在山东曹县曹亳之东三十里，汉己氏县西北十二里，今曹县大集镇殷庙村。

226年，三国魏刘劭撰《皇览》："伊尹冢在济阴（郡）己氏平利，亳近己氏。"

370年，东晋伏滔《北征记》云："望亳、蒙之间，成汤、伊尹、箕子之冢，今为丘墟。"[33]（注：蒙与亳东南、西北相去三十里）

500年，北魏郦道元《水经注·泗水》："水上承大荠陂东径贯城北，又东径己氏县故城北，王莽之己善也。县有伊尹冢。"[34]

642年，唐魏王李泰《括地志》："伊尹墓在洛川偃师县西北八里，"又云"楚丘县（己氏）西北十五里有伊尹墓，恐非也。"[35]

976年，北宋乐史《太平寰宇记》：伊尹坟在楚丘县西北十四里。今验坟西有亳城，在京东考城县。[36]（唐以后至元，商都曹亳故址属考城。）

1166年，南宋《鹤林玉露》：伊尹墓在（陈留）空桑北一里。

1460年，《大明一统志》：伊尹墓在归德府州城东南四十里，墓前有碑。

1720年，清康熙《平阳府志》荣河县下：伊尹墓，仲虺墓，世传俱在汤王祠前。

通过对曹县、偃师、陈留、商丘等地伊尹墓在文献中出现年代的排列，我们发现最早的伊尹墓在曹县，与汤都曹亳东西相距三十里。偃师伊尹墓是因西亳而出汤墓，又因汤墓而出的伊尹墓，最早为隋唐人为之。陈留伊尹墓概因此处有莘人遗迹。《陈留风俗通》云："陈留外黄有莘昌亭，本宋地，莘氏邑也。"外黄在今民权西北境，东汉时归陈留郡，但与杞县和开封县无关，因此，此莘氏邑不在宋朝的陈留县。即使有，也没有说与伊尹有关系。北魏郦道元《水经注》最爱展示郦氏博学，但在陈留、雍丘二地下只字不提伊尹与此地的关系，可见北魏时陈留县尚无伊尹文化。150年后，唐朝宰相李吉甫撰《元和郡县图志》，就在陈留下作了与汤有关的记载："故莘城，在县东北三十五里，古莘国地也。《国语》：汤伐桀，桀与韦、顾之君拒汤于莘之墟，遂战于鸣条之野。"[37] 这里唐人第一次提出此莘与汤和桀的关系，但没有说伊尹与这里有任何关系。就连有空桑的雍丘县（杞县）也没有记载空桑的地名，更没有与伊尹的关系。汤与陈留莘邑的关系由此始。《宋太平寰宇记》陈留下："古莘城，在县东北三十五里，古莘国。《国语》：汤伐桀，桀与韦、顾之君等拒汤于莘之墟，遂战于鸣条之野。"[38] 该书重审了《元和志》的观点。但也没有说伊尹与此地有关系，说明宋初人尚不认为伊尹在此。该书在楚丘县下肯定了伊尹出生、死葬在曹县东楚丘县。宋真宗时，为了祭祀的方便，真宗皇帝亲赴陈留莘邑祭祀伊尹，并立碑刊诗于上。从此，陈留与伊尹关系开始密切。伊尹之后人陆续迁此定居。随之出现了空桑城、伊尹村，成为伊尹后裔的聚居地，也成为历史上伊尹文化大放异彩的一片热土。这是皇帝亲祭伊尹的结果。

伊尹葬商丘，明朝以前尚无此说。元代之前，伊尹葬在楚丘县，一直属于宋州（今商丘），没有搞两处伊尹墓的必要。在元、明之际，一条大河把楚丘县隔阻在黄河之北，楚丘县连同伊尹墓被划入山东布政司兖州府曹州。洪武二年，曹州南迁盘石镇（今曹县城），撤楚丘县入曹州。洪武四年，撤曹州为曹县。自此至今，汉己氏县、唐宋金元之楚丘县的属地划入曹县之境，伊尹墓随之属曹县。自古隶属"宋"地的伊尹墓，转眼间划归山东曹县，原宋地不论官员还是民间，无不对失去商汤、伊尹文化而痛心疾首。经过一段酝酿，于是在皇甫谧所说的南亳之西南五里，新修一个伊尹墓，地方、民间祭祀不断。在百年后的天顺年间编纂《大明一统志》时，就收入了河南归德府呈报的伊尹墓。云："伊尹墓在归德州城南四十里，墓前有庙。"这是迄今为止所看到的商丘有伊尹墓的最早记载。现在该墓属河南省商丘市虞城县店集乡，东北距谷熟镇六里。虞城县每年都进行一次祭祀伊尹的食文化活动，非常值得赞颂。查明清《归德府志》《商丘县志》《虞城县志》，该墓最早的墓碑为明代，该墓始于明代可证。

另外，山东莘县也有伊尹文化。《莘县志》云：“莘之北门外曰伊尹田，伊尹田北八里，古有莘亭。世传伊尹躬耕处也。”康熙五十五年（1716），东昌（聊城）知府程光访求古迹，亲书“莘亭伊尹耕处”六个大字，并题曰：“尧舜之道，畎亩之中，圣作物睹，龙虎风云。”并令知县刘萧勒石立碑，以永志之。其碑今在莘县城北单庙乡大里王村西。在此，有伊尹庙一处，“伊庙清风”，为古代莘县八景之一。莘县的伊尹文化是由春秋“莘”地而起，应是有莘氏在商亡后北迁徙居之地。

8. 曹县商文化遗存

由于商族起源于孟渚泽周围，商汤至太戊九王曾都曹县之亳，曹县境内留下众多商文化。

（1）商都亳遗址：按《皇览》所记，汤陵在亳城北，东郭三里。即亳城在今汤陵西南三里。按《太平寰宇记》，伊尹坟西十里即亳城。可能是亳城之东郭。按宋儒所示，汤陵在亳城之中。在战国之前，墓在城中也是正常的。按顾炎武《肇域记》，明末清初曹县亳城城形犹存。[39]古往今来无数文献诠释曹县之亳，方位明确。由于金、元、明、清黄河泛淤，亳城已完全淤于地下。根据2007年春，山东省文物局勘探古成阳城的经验，城墙一般距地表五十厘米左右。现在的问题是，没有人去勘探这座事关中华文明起源的古城。只要去认真勘探，最多用几个月的时间就能找到城址轮廓。

（2）汤陵、伊尹坟遗址。

（3）己氏古城遗址：位于曹县城东南四十里，方位明确，稍一努力，比亳城更易勘探清楚。

（4）楚丘城遗址：在曹县侯集镇。楚、商同源，按《水经注》：楚丘城在黄沟水东岸，与楚丘隔河相望，方位清楚，但没有寻觅。

（5）莘仲城遗址：在曹县城北春墓岗一带。现有二十万平方米夯土，可供勘探。上有“阿衡祠”“莘仲君祠”“伊陟、伊奋庙”。

（6）有娀氏遗址：在曹县西北与牡丹区交界处。安陵堌堆是太昊氏六千年前的居住区，其北安陵村属牡丹区，也是龙山文化遗址，系商周有娀氏之国都。秦相魏冉曾都此城，后死而葬陶，墓在安陵，史称安平陵。

（7）仲虺墓遗址：传说是汤的左相，少昊之后，伯益裔嫡孙。其墓在曹县城西南十里潘白刘庄，葬在早商文化遗址之上。按文献载，此处是古贯丘，即有“崇鼎、贯鼎天子之器”之称的古贯国所在地。

（8）盘庚村遗址：在曹县西南十里。据罗泌《路史》，盘庚迁北蒙，即亳城一带，今人丁山等学者力主北蒙在曹县。唯有曹县古称蒙，亳也称蒙。安阳殷墟称蒙是一说，是武丁迁往安阳殷墟后之名。清儒雷学淇云：“故殷墟在商丘。”意在亳都。曹县之亳是故殷墟，箕子《麦秀歌》可证。邹逸麟先生力主此说。

（9）盘庚陵在曹县北古汜水之阴。对此，徐子红先生考证甚确。

（10）箕子坟：在曹城西南十里盘庚村，自魏晋起有记。

（11）古商村：在曹县北四十里青岗集北，亘古相传，商村是也。

（12）曹县境内二十几处古遗址在龙山文化之上，皆有岳石文化存在，可证先商文化与曹县的密切关系。

参考文献：

[1]　林宝：《元和姓纂》，中华书局 1994 年版，第 970 页。

[2]　《续通志》，浙江古籍出版社 2000 年版，第 3774 页。

[3]　《左传（春秋经传集解）》，上海古籍出版社 1997 年版，第 32 页。

[4]　《左传（春秋经传集解）》，上海古籍出版社 1997 年版，第 1499 页。

[5]　《左传（春秋经传集解）》，上海古籍出版社 1997 年版，第 1649 页。

[6]　《皇清经解·春秋地理考实》卷二百五十四，第 214 页。

[7] 杨伯峻：《春秋左传注》，中华书局 1990 年版。

[8] 《国语》，齐鲁书社 2005 年版，第 173 页。

[9] 《左传（春秋经传集解）》，上海古籍出版社 1997 年版，第 1421 页。

[10] 李学勤：《谈祝融八姓》，《江汉论坛》1980 年第 2 期。

[11] 《国语》，齐鲁书社 2005 年版，第 251 页。

[12] 《左传（春秋经传集解）》，上海古籍出版社 1997 年版，第 1833 页。

[13] 《中国文物地图册 · 山东分册》，中国大百科全书出版社 2005 年版。

[14] 《左传（春秋经传集解）》，上海古籍出版社 1997 年版，第 1833 页。

[15] 《史记》，中华书局 1959 年版，第 94 页。

[16] 《左传（春秋经传集解）》，上海古籍出版社 1997 年版，第 655 页。

[17] 《墨子》，中华书局 2007 年版，第 118 页。

[18] 《水经注疏》，江苏古籍出版社 1989 年，第 1342 页。

[19] 《史记》，中华书局 1959 年版，第 99 页。

[20] 文廷式：《伊尹事录》，《文廷式集》，中华书局 1993 年版。

[21] 《礼记》，岳麓书社 2001 年版，第 524 页。

[22] 《周礼》，岳麓书社 2001 年版，第 31、32 页。

[23] 宋镇豪：《夏商社会生活史》，中国社会科学出版社 1994 年版。

[24] 凌襄（李学勤）：《试论马王堆汉墓帛书〈伊尹 · 九主〉》，《文物》1974 年第 11 期。

[25] 于省吾：《甲骨文字释林 · 释小臣的职别》，中华书局 1979 年版。

[26] 李亚农：《中国的封建领主制和地主制》，上海人民出版社 1961 年版。

[27] 王维缇：《衣冠古国》，上海古籍出版社 1991 年版。

[28] 《左传（春秋经传集解）》，上海古籍出版社 1997 年版，第 722 页。

[29] 《史记》，中华书局 1959 年版，第 99 页。

[30] 《史记》，中华书局 1959 年版，第 99 页。

[31] 杨向奎：《夏民族起于东方考》，《禹贡》第七卷（6）（7），1930 年。

[32] 沈长云：《夏后氏居于古河济之间考》，《中国史研究》1994 年第 3 期。

[33] 《太平寰宇记》，中华书局 2007 年 11 月出版，第 222 页。

[34] 《水经注》，浙江古籍出版社 2001 年 1 月出版，第 402 页。

[35] 《史记·殷本纪·集解》，中华书局 1959 年版，第 99 页

[36] 《太平寰宇记》，中华书局 2007 年 11 月出版，第 223 页。

[37] 《元和郡县图志》，中华书局，2007 年 11 月出版，第 177 页。

[38] 《太平寰宇记》，中华书局 2007 年 11 月出版，第 223 页。

[39] 顾炎武《肇域记》，上海古籍出版社 2004 年 6 月出版，第 569 页。

（作者系菏泽历史文化与中华古代文明研究会会长）

第三节　伊尹暨中华食文化论证会成果

2011 年 5 月 29—30 日，由中国食文化研究会、山东省华夏文化促进会、菏泽市人民政府主办，菏泽市华夏文化促进会、曹县人民政府承办的中国食祖伊尹和食文化论证会在曹县召开。这是中国食文化的一次高峰论坛，也是中国食文化研究史上规格较高、规模较大的一次盛会。

论证会共邀请国内专家学者 23 名，出席这次会议的有中国食文化研究会和全国各省市自治区食文化研究会和菏泽市、曹县有关方面的领导同志，以及菏泽市部分食品和餐饮企业的优秀代表共 150 余人。会议期间，全体与会代表还实地参观考察了修整后的曹县土山集汤王陵、殷庙村伊尹祠、伊尹墓。会议所提交论文 23 篇，突出两大主题。一是对商都亳、商汤、伊尹的学术论证；二是对中国食文化创新发展的研究。每篇文章都涉及不同的角度，研究探索不同的问题。有的引经据典，有的分析入微、新见迭出，既交流了对伊尹文化研究的最新成果，也深入探讨了如何通过对食文化的研究，从而促进食品工业、烹饪饮食业和旅游开发方面的最佳结合方法和途径，并提出了中肯可行的建议。许多专家学者的论文不但资料翔实、观点鲜明、论证严谨、见解新颖，而且富有理论创新精神，给人以耳目一新的感觉。

论证会的成功举办，开启了中国食文化研究的新篇章，使全体与会代表对今后食文化研究的必要性和迫切性的认识更加深入，为继续挖掘整理伊尹文化和食文化，打好食祖伊尹和食文化这个文化品牌与民生品牌，促进全国的饮食、烹饪、食品工业、旅游业等食文化产业的发展，都具有重大的现实意义和深远的历史意义。

伊尹，夏末商初人，名挚，原为空桑弃儿，有莘国君命庖人收养，故成庖厨。商汤与有莘国君女儿结亲，伊尹随之来到商汤身边为厨师。他以烹饪之道寓治国之理，商汤十分赏识，任以国政。伊尹辅汤灭夏，佐五代商王，是我国有史料记载的第一位商朝开国贤臣，是中国古代史上第一位由弃婴到厨师，再到名臣转变的传奇式人物。伊尹以高超的饮食烹饪理论和技艺，被誉为中国的食祖、食圣、食神，当之无愧，而且还是我国古代历史上一代著名的政治家、思想家和军事家。

关于商汤都亳、葬亳，会议认为，商都为亳，即今菏泽市曹县南 20 里土山集一带，史称北亳。因商汤伐桀之时，于景山会诸侯誓师，故又称景亳，还因春秋此地称蒙，秦汉置蒙县，又称蒙亳，西晋皇甫谧创三亳说，此地又称北亳。司马迁、扬雄、班固、臣瓒，北魏郦道元，清顾炎武、孙星衍，现代学者王国维、顾颉刚、刘启釪、翦伯赞、史念海、孟士凯、王玉哲等史学大家，无不把商都亳论证在曹县南、汉亳县故城。著名史学家罗琨先生论述有理、有力，她通过甲骨卜辞的考证后结论是“亳作为通行的地名只有一个，即近曹县的北亳，亦即汤有景亳之命的景亳。从甲骨文及诸文献记载看，这就是汤始居之亳。”

对于商汤的贤臣伊尹，究竟姓什么、叫什么、出生在哪里，历来众说纷纭。伊尹之名，已鼎立千秋、名传后世，被誉为元圣、食圣、千古名相，已经足矣。从史料记载，曹县之莘和伊尹关系最早，且有龙山文化遗址为证，当可信。伊尹作为辅佐商汤灭夏的大臣，除去“五就桀”到夏都做间谍工作的时间，几乎都是和商汤在一起。灭夏后为辅政大臣，辅佐五位商王达 60 年之久。《尚书》《史记》都说，伊尹卒，帝沃丁将其葬于亳。

伊尹究竟葬在哪里？《皇览》曰："伊尹冢在济阴己氏平利乡，亳近己氏。"今曹县东南25里、汤陵东30里殷庙村有伊尹庙和伊尹墓，其下为龙山文化遗址，应是伊尹之故地。晋《伏滔北征记》《水经注》《寰宇记》《城冢记》等历代文献都有明确记载，"伊尹之墓在蒙，与北亳相去三十里"；"己氏县有伊尹坟"；"伊尹坟在己氏县城西北十四里"，秦汉己氏县在今曹县东南楚天集村，西北距殷庙村12里，正合汉14里里程。

可见，根据历史记载和遗址考证，最早关于伊尹葬地的记载是《史记》伊尹葬亳；最早记载伊尹坟的文献是三国《皇览》，伊尹坟在己氏平利乡，遗址考证就在今曹县东南殷庙村。伊尹生于莘，相于亳，葬于亳都己氏尹地，当为史实。

伊尹是中国最早的烹饪大师，中药汤剂发明之父，而且他从烹饪的体验能通治国之道。大量的史料都明确记载了伊尹烹饪饮食方面的言论，特别是《吕氏春秋·本味》中记载道：一要烹调出美味，必先了解所需各种原料的性质。二是美味的烹调，首先水质要好，水为味之本；要掌握好火候，用火要适度，这样才能去除腥、臊、膻而出美味。三是调味的原料有各种味道，调和时有先有后、有多有少，要特别用心去观察和体会。四是鼎中的变化精妙而细致，非言语所能形容，全在于心领神会。五是经过精心烹调的美味佳肴，就可以达到久而不坏、熟而不烂、肥而不腻的程度。

伊尹这种高超的烹饪学理论，实际上也是治国之要道。在古代，一位贤明的国君要治理国家，一定要善于征求各方面意见，通过"五味调和"，制定出适应国情的方针，才会使国家兴旺发达；只听一面之词，独断专行，国家就要衰败。治国也要讲究"火候"，不能急躁，不能怠慢，随时掌握变化规律。这就涉及国家盛衰的战略问题。全国统一、天下一统论的观点，正是伊尹辅佐商汤要达到的一个理想目标。由此显示出伊尹经天纬地之才，这是饮食学说在治国方面的最佳应用。

伊尹的"五味调和说"与"至味论""火候论"，是世界上公认的最早最完整的烹饪理论，至今仍是中国烹饪的不变之规。伊尹不但是中国烹饪食文化的奠基者，是饮食调味理论的源头，同时也是我国食疗药膳保健食品的创始人，是中国当之无愧的食祖。

中国的食文化独树一帜，在世界上引为自豪。孙中山先生曾指出，中国唯饮食之进步，为文明各国所不及。毛泽东同志早在 1953 年就曾说过，中医和中国饭是中国人民对世界的两大贡献。追溯中国食文化的历史，中华民族的祖先很早就开始利用火，并将火用于熟食。熟食文化，是食文化的起源，也是人类文明的开端。商周时代，在陶器的基础上，出现了原始瓷器，陶器文化和原始瓷器文化，是食文化发展史上的重要里程碑。在发明陶、瓷之后，又发明了漆器，锡、铜、金、银、竹、木等餐饮器具先后问世，美食同食具食器文化的结合，是对人类文明的又一贡献。中国是世界上最重要的农作物起源中心之一，农耕文化开拓了人类的食源。由此，为烹饪文化的发展奠定了基础。中国的美食佳肴精美绝伦，变化无穷。中国的烹饪文化在家庭中普及，经过餐馆、酒楼，走向社会，传遍全世界，这不能不说是中国食文化对世界文明的一大贡献。在此基础上，食品加工工业和食品文化，不断融合与发展。中国的食品文化颇具代表性和影响的还有粮油食品文化、酒文化、茶文化、盐文化等。各地食品文化如朵朵奇葩，争奇斗艳，使中国的食文化更加绚丽多彩。之后，又发展创造了膳食文化和养生保健文化，膳食文化讲究食物结构要科学、合理，讲究吃得卫生、吃得健康，解决了“吃什么好”的难题。而养生保健文化强调以食强身、以食增智、以食美容、以食益寿，指导人们健康地生产与生活。这些，都是中国食文化堪称“世界第一”的创造发明和引以为豪的文化遗产。

中华民族素以节俭为荣，讲究礼仪，热情好客，是中华民族的优良传统。而现在社会上却出现一些不良风气，如婚丧嫁娶大摆宴席成风，有的生活困难，也迫于压力借债请吃。城市摆阔气、讲排场更盛，有的动不动就大吃大喝，慷公家之慨，一桌动辄成千上万，种种浪费现象十分惊人。在中西文化交流的今天，许多人盲目追求西方饮食方式，盲目摄取营养，致使很多儿童肥胖，中老年人心血管病生病率上升。因此，研究我国人民的饮食动向，提倡科学合理的饮食方法，已成当务之急。

论证会上，专家学者的建议和《中国食文化宣言》明确提出，充分利用伊尹在历史以及当代餐饮界的影响力，整合中华美食资源，在山东曹县建立“中国食祖伊尹研究基地”，让全国的专家学者定期不定期前来研究伊尹，提供研究成果，献计献策。经过充分准备，可在曹县召开祭祖大会，参拜食祖伊尹。通过整合这一历史文化资源，开发出多种伊尹食文化项目，丰富食文化产业。

论证会主题鲜明，内容丰富，各位专家学者畅所欲言，各抒己见，发表了很多真知灼见，达成了很多新的共识。大家一致通过并发布了《中国食文化（曹县）宣言》。这个宣言代表了各位食文化专家学者和与会领导、嘉宾对食文化研究和进一步开发利用的共同心声，并为中国食文化的发展指明了方向，必将会在全国产生重要影响。

第四节　菏泽食文化的传承与发展

中华饮食文化是中国传统文化的一个重要组成部分。饮食文化是饮食材料、饮食加工技艺、饮食品具以及饮食的习俗风尚、与饮食有关的美学思想的总称。中国饮食文化源远流长，内容丰富，既是我国历代社会物质文明、精神文明的重要组成部分，又是检验这两种文明的发展程度的一种准则。菏泽作为中华文明重要发祥地，农耕文明独领风骚。历代菏泽人，秉承食祖伊尹饮食思想和烹饪主张，通过不懈探索和努力，在食文化创新和饮食业发展方面，积累了丰富的经验，取得了丰硕的成果，为中华食文化的传承和发展做出突出贡献。

一、先秦时期菏泽食文化的发端

地质资料表明，太古时期华北大平原是一个大海湾，是黄河冲积扇的推进，填海为陆，慢慢塑造出大平原地貌。其中鲁西南境内就有流经原阳—长垣—鄄城—范县、开封—民权—曹县、开封—曹县—定陶—成武等三条古河道，携带大量黄土填充着菏泽大凹陷。到了一万年前，境内先后形成雷夏泽、菏泽泽、大野泽、孟诸泽四大湖泽和十三条河流。泽边河岸、岗丘田野之中，林木茂密，果实丰盛，禽兽出没；水泽之中的鱼、虾、鳖、蚌丰盛，藕、荠、芡、菱繁多。考古发现证明，居住在雷泽周围的人们已种植粮食，用石磨棒压挤食粮成糁而食。史料表明，炎帝时菏泽一带已进入农耕、畜牧时代，人们的主食以粮食为主，辅以家畜肉类，渔猎已降为次要的地位。

史料记载，夏商二族借居河济之间盖数百岁。商族一直与夏后族互为婚姻，借居鲁西南、豫东等地。到了商族十四代首领成汤时，又把都城从商丘北迁回玄王契的故地亳（今曹县南部）。商族之众，慢慢从错居的夏族聚居地退出，相对集中到济水南岸。当时亳都南临孟诸泽，北有汳水、包水。这种以渔水为条件的地理位置，自然水产品和林中飞鸟、野兽，驯化的畜禽都是商人的食物来源。但商族最主要的食品还是粮食。当时人是以黍、稷为主粮。《诗经》中提到的食品，植物性的就多达130多种，动物性的有200多种，表明当时人的食物来源丰富，人们在吃的方面开始讲究，饮食文化已开始形成。

先秦时期，人们普遍信鬼神，尤信祖宗神灵，对祖先的祭祀特别隆重。祭祀的祭食、祭酒、祭仪、祭礼逐渐形成，反映出由饮食文化而产生出礼仪文化。

由于粮食尚不能加工成面粉，不管是平民、贵族，皆以粮食为主、如小米饭、小米干饭，煮黄豆、黑豆、小麦、绿豆、豇豆、小豆等原料为粥、为干饭。进食几乎全部用手抓食，稀饭、稀食用木匙、竹匙之类，有条件的用陶匙之类。粟、稻、大麦、荞麦等带壳食粮的加工主要用石臼、土臼，以木杵、石杵捣之去壳。菽类或原粮用石舂碾压成糁，煮食之。

肉食主要是猪、羊、牛、犬、鸡、鸭、鹅等已经长期饲养的禽畜。鲁西南夏商遗址中各种动物骨骼已证明了这一点。食用这些禽畜肉，主要是两种方法：一是烧烤；二是蒸煮。伊尹就是当时的烧烤大师。今天风靡全国的曹县烤全羊、烤羊肉、烧泥鸡、烤鱼等多种烧烤方法，大都是上古及商代烹调大师伊尹所传。

先秦时期，人们已开始种菜。已经出现的酿酒业，不但有果酒，还有药酒。商代的食器为陶制品，诸如鬲、甑、甗、簋、罐、瓿、觚、碗、盆、盂、瓮等；饮器主要有斝、觚、觯杯、盉等。人们已熟练掌握调味技术，主要调味品有盐、梅、酒、花椒、糖、醋等。

二、秦汉魏晋时期菏泽食文化的新发展

自秦汉起，菏泽的饮食文化出现较大发展。一是新调料的应用。糖的出现，使食品制作和菜肴加工出现新的转机。鲁西南多水源，盛产鱼类，传统名吃糖醋大鲤鱼约始于西汉。二是新主食的推广。大米是鲁西南的重要食粮之一。《后汉书·秦彭传》记载：秦彭于建初元年（76）连续六年任山阳太守（巨野昌邑），“以礼训人，不记刑罚”“兴稻田数千顷”，汉章帝闻之，诏天下齐同其制。可见当时鲁西南一带已有几十万亩农田大面积种稻，成为天下州郡学习的典范。稻谷丰收，大米自然成为当时人主食之一。三是畜牧业的兴盛。当时鲁西南一带，每遇节日都杀猪宰羊大宴宾客。山阳太守秦彭每年 8 月还以酒肉宴请乡间老人。四是酿酒业发达。反秦战争时，楚将宋义率兵数万驻安阳（今曹县东）四十六日不前，终日饮酒聚会，可见当时鲁西南产酒数量之大。

三、南北朝至元代菏泽食文化的融合发展

自 317 年，晋室南迁，鲁西南先后被前赵、后赵、前秦、前燕、北魏、东魏、北齐、北周等少数民族政权统治近达三百年之久。胡人的生活习俗逐渐影响鲁西南人。在民族大融合时代，饮食文化、厨艺厨技不断得以交流。

隋唐时期，鲁西南原有出自黄河的水源日竭，四泽十三水逐年断流或退减面积。加之战乱、旱灾，人民生活比较困苦。当时，有几种特产名扬天下。

一是鸡头米，一名芡实，一名雁啄。按《图经》记载，鸡头米以雷泽中的最佳，叶大如荷，角皱而有刺，其大若拳，形似鸡头，实若石榴皮，青黑。二是巨野大菱。俗称菱角，处丛如盘，浮在水面，有四角、二角之分。三是黄芩，名贵中药，出自曹州宛朐。四是白桑皮，以铜刀割去皮，取白穰，出自曹州，贡品。五是泽泻，名贵中药，出自单县孟诸泽，贡品。六是瓜蒌，中药，出自曹州、曹县，贡品。七是柔皮纸，土人以桑树皮制之，贡品，出自曹州。八是香油（芝麻油），贡品，出自曹州。九是靛青，重要染料，出自曹州。十是巨野比干庙丰夏和防城寺中药，皆为贡品，名扬天下。

四、明清及民国时期菏泽食文化的提升

元朝末年，鲁西南地区饱受黄泛、战乱之苦，百姓流离失所或死于战乱或死于黄泛，人口稀少，大量土地荒芜，明朝廷命江北人口稠密之处移民山东、河北、河南、安徽、江苏，其中鲁西南从江苏南京、安徽凤阳、山东青州、山西洪洞、长治等地移来众多百姓，今天菏泽市约有85%以上的人群是明代移民的后裔。这些来自四面八方的移民，把各地的饮食习俗带到鲁西南，再加上本地传统的饮食习俗，使饮食文化增加很多内容。

从1950年上溯至明代，百姓以谷类为主食。富裕人家以白面为主，杂以谷类；中等人家以白、杂相间；贫苦人家以杂粮为主。平民百姓很少食肉，遇有来客、过年节方买肉“奢侈”一下。菏泽自宋金以来属黄泛区，长期以来有食用鱼虾、鳖、蚌的食俗。民间食鱼多为蒸、煮、炸、炕、糟，制作简单、食用方便，这五种民间做鱼方法，除炸鱼外，皆为上古所传，属食圣伊尹饮食文化传统食法，堪为鲁西南民间传统名吃。

因平民百姓无经济实力去制作精美食品，为满足部分富裕家庭的消费和解决部分客人一时食饮的需求，鲁西南各县城和重要集市，甚至较好村庄，都曾出现一些著名饮食店铺和小吃。如菏泽的济祥春饭店、孟家馆、宝庆饭店。著名小吃有赵家烧饼、蒋家水煎包、朱家馄饨、武家油馍、吴家烫面包子等；

曹县的三合村泰和号、五福楼等。著名小吃有糟鱼、烧牛肉、烧羊肉、羊肉垛子、烧鸡、红烧野兔等；单县的四合居、五福楼、聚英斋、兴盛馆、三义春羊肉汤馆，著名小吃有羊肉汤、丸子汤、吊炉烧饼等。

五、中华人民共和国成立后菏泽饮食文化的创新发展

中华人民共和国成立后，鲁西南人民逐步告别贫困，物质生活和精神生活发生了翻天覆地的变化。特别是改革开放以来，群众生活日益富裕，饮食内容和食品来源丰富多样、应有尽有。

主食习以粮食作物制成，多种多样。副食主要有菜、瓜、肉、鱼、蛋类等，另外还有用糖、面、花生、豆、果、油炸等制成的许多副食品。同时，也从外地购进一些山、海产品作为副食。

菏泽人民热情好客，亲友临门或喜庆、节日、请人、办事，均摆酒席。饮酒习惯用白酒、甜酒、葡萄酒、果子汁、啤酒、汽酒等。外地来酒以贵州酒、汾酒为名贵酒。县产酒主要是用麦曲、玉米、地瓜干、甜菜等融制的白干酒。市名酒以花冠、四君子、菏泽特曲、陈王、水浒为主。

菏泽人还有采食野菜的习俗，有些野菜、树叶至今仍喜食用。采食野菜、树叶充饥是先民维持生命不息的重要途径。这一传统至今仍在延续不断，不过现在的人们吃野菜、树叶已成为一种时尚，是对维生素和粗纤维的一种补充。

近年来随着人们对食品安全的日益重视，菏泽地方食品的美誉度更是日益凸显。境内最主要的肉食是菏泽鲁西南黄牛肉、菏泽青山羊肉、菏泽驴肉、菏泽柴鸡、淡水鸭、溪水鹅，曹单黄河故道和东明、鄄城黄河滩区的野兔肉，菏泽黄河野生鲤鱼、野生鳖、淡水野生泥鳅、刺黄鱼、鲶鱼、鲫鱼、大蛤蜊等，均属天然绿色食品。植物类有芦笋罐头、黄桃罐头、杏罐头、马蹄罐头、梨罐头、苹果罐头、葡萄罐头等十多个品种。昆虫类有金蝉罐头、全蝎罐头、鱼罐头等。这些食品是无添加剂、无农药污染的纯绿色食品，已成为菏泽饮食文化的亮点，正在吸引海内外更多的民众认可，一些菏泽特色食品走俏海内外。

第五章　伊尹的颂扬诗文及剧作

第一节　伊尹的盛赞文论

一、伊尹五就桀赞（唐·柳宗元）

伊尹五就桀，或疑曰："汤之仁，闻且见；桀之不仁，闻且见矣。夫何去就之亟耶？"柳子曰："恶！是吾所以见伊尹之大者也。"

彼伊尹，圣人也。圣人出于天下，不夏、商其心，心乎生民而已。曰："孰能由吾言？由吾言者为尧、舜。而吾生人尧、舜人矣。"退而思曰："汤诚仁，其功迟；桀诚不仁，朝吾从而暮及于天下可也！"于是就桀。桀果不可得，反而从汤。既而又思曰："尚可十一乎？使斯人早被其泽也！"又往就桀。桀不可而又从汤。以至于百一、千一、万一。卒不可，乃相汤伐桀，俾汤为尧、舜，而人为尧、舜之人。是吾所以见伊尹之大者也。

仁至于汤矣，四去之；不仁至于桀矣，五就之。大人之欲速其功如此！不然，汤、桀之辨，一恒人尽之矣，又奚以憧憧圣人之足观乎？吾观圣人之急生人，莫若伊尹，伊尹之大，莫若五就桀。作伊尹五就桀赞：圣有伊尹，思德于民，往归汤之仁。曰仁则仁矣，非久不亲，退思其速之道，宜夏是因。就焉不可，复反亳殷。犹不忍其迟，亟往以观，庶狂作圣，一日胜残。至千万冀一，卒无其端。五往不疲，其心乃安，遂升自陑，黜桀尊汤，遗民以完。大人无形，与道为偶。道之为大，为人父母。大矣伊尹，惟圣之首！既得其仁，犹病其久。恒人所疑，我之所大。呜呼远哉！志以为诲。

茅坤曰："尹之五就桀处，尹知之，吾不能言之。然而子厚揣摩，亦绰有入思致处。"

二、伊尹论（宋·苏轼）

办天下之大事者，有天下之大节者也。立天下之大节者，狭天下者也。夫以天下之大而不足以动其心,则天下之大节有不足立,而大事有不足办者矣。

今夫匹夫匹妇皆知洁廉忠信之为美也，使其果洁廉而忠信，则其智虑未始不如王公大人之能也。惟其所争者，止于箪食豆羹，而箪食豆羹足以动其心，则宜其智虑之不出乎此也。箪食豆羹，非其道不取，则一乡之人，莫敢以不正犯之矣。一乡之人，莫敢以不正犯之，而不能办一乡之事者，未之有也。推此而上，其不取者愈大，则其所办者愈远矣。让天下与让箪食豆羹，无以异也。治天下与治一乡，亦无以异也。然而不能者，有所蔽也。天下之富，是箪食豆羹之积也。天下之大，是一乡之推也。非千金之子，不能运千金之资。贩夫贩妇得一金而不知其所措，非智不若，所居之卑也。

孟子曰："伊尹耕于有莘之野，非其道也，非其义也，虽禄之天下，弗受也。" 夫天下不能动其心，是故其才全。以其全才而制天下，是故临大事而不乱。古之君子，必有高世之行，非苟求为异而已。卿相之位，千金之富，有所不屑,将以自广其心,使穷达利害不能为之芥蒂,以全其才,而欲有所为耳。后之君子，盖亦尝有其志矣，得失乱其中，而荣辱夺其外，是以役役至于老死而不暇，亦足悲矣。

孔子叙书至于舜、禹、皋陶相让之际，盖未尝不太息也。夫以朝廷之尊，而行匹夫之让，孔子安取哉？取其不汲汲于富贵，有以大服天下之心焉耳。

夫太甲之废，天下未尝有是，而伊尹始行之，天下不以为惊。以臣放君，天下不以为僭。既放而复立，太甲不以为专。何则？其素所不屑者，足以取信于天下也。彼其视天下眇然不足以动其心，而岂忍以废放其君求利也哉？

后之君子，蹈常而习故，惴惴焉惧不免于天下，一为希阔之行，则天下群起而诮之。不知求其素，而以为古今之变时有所不可者，亦已过矣夫。（选自《唐宋八大家散文广选·新注·集评》苏轼卷）

三、重修伊尹祠碑（明·曹县教谕安佐）

略曰：“天生圣贤岂偶然哉；将欲用世以安天下也。伊尹挺生于空桑，优游于莘野，朝罔暮垄雾烟笠蓑，诵诗读书以尧舜之道，而利禄之念不萌。及汤三聘，幡然而起，以尧舜君民为己任。其视枉道狗人，衔玉求售者何如。汤崩，太甲不明，尹放于桐宫，处仁迁义，复迎归于亳。多方匡救，克终允德，洎复政告老，犹以一德陈戒，此其青天白日之心也。视世之备员持禄者何如。宜其芳声懋烈与皋夔并隆也。宣德间，苏郡范使君来宰是邦，欲追崇而祀之，又闻邑东南二十里许有尹墓，高丈余，墓前旧有祠，爰徙建于墓上，而塑像其中。若范公亦可谓知道者矣。岁久易湮，不无颓敝，祠前歧路，地势低洼，一着雪雨，行者患之。里人李福毅然以修筑自许，募缘庸力，不惮胼胝，如是者三年，而厥功告成。欲树填石，以识不朽，而来征记。佐故摭伊尹行实而碑之，以为慕圣人乐修筑者之饩羊耳。”

四、道谒伊祠记（清·朱世楚）

道光九年岁在已丑，六月，予自邵村往姻家，道经殷庙。殷庙者，汤右相伊尹墓前之庙也。土人不敢直言，故呼为殷庙云。史言，伊尹葬于亳，吾曹合济阴楚丘为一邑，楚丘即亳故地，故元圣之墓祠在焉。予下车谒其祠，拜其遗像，见其庙貌凋残，旁置木石，问之土人云，将以来月兴修也。予历览庙中诸碑，见其所叙兴废之由甚悉，而诸碑中，皆言元圣之神，威灵显着，凡有水旱祷之辄应。予怦然有动于中，不禁慨而言曰，元圣之泽吾民，固至今未谒哉。今去元圣之世已数千年，胡以其灵不泯、爱民若是之深耶。盖当日出应汤聘，以先知觉为己责，匹夫匹妇，有不与被尧舜之泽者，若已，推而纳诸沟中，是其心直有福天下，泽万事之量，宜其恤民之疾，救民之灾，历千万年，虽身已殁而不息也。又况此地原属畿甸，尤当年精神，眷注倍殷之区乎？嗟乎！近世士大夫，谋身过切，自为布衣，已置君民于不问，一旦出身加民，专务营私，于斯民疾苦，漠不相关，虽号呼泣诉，若罔闻知。观元圣之殁而庇民，则彼生而在位，殷无恩泽及人者，其将何以自立哉。可见历民自养，富贵于一日，不若施人行惠，遗爱于万年也。素餐尸位，酣豢于当时，不若俎豆馨香食报于后世也。吾愿吾邑士人，深体元圣之心，卓立元圣之志，穷居道义自闲，不愧为取与不苟之士；他年为民父母，不愧为先知先觉之人，庶不负近伊祠而居也。又愿此邑之民，事神求福好营祠宇者，恍然于先圣先贤自能降祥，而无惑于淫祠，使圣贤之祠庙常新，庶不愧为仁者之举矣。

第二节　伊尹的颂扬诗歌

一、浪淘沙·伊吕两衰翁（宋·王安石）

伊吕两衰翁，历遍穷通。
一为钓叟一耕佣。
若使当时身不遇，老了英雄。

汤武偶相逢，风虎云龙。
兴王只在谈笑中。
直至如今千载后，谁与争功！

二、谒伊尹祠（明·陈策）

路转曹城北，翘瞻元圣祠。丹青垂壮丽，麟凤睹贞姿。
落日空抔土，高云砌石碑。明良感殊遇，立马起长思。

三、伊尹祠次陈韵（明·王崇俭）

秋林落寒叶，下马阿衡祠。遥想格天业，纵观元圣姿。
风云连异木，鬼物护穷碑。岁月嗟迟暮，空山万古思。

四、伊尹荒祠（明·王崇献）

陈迹荒凉叹黍离，风尘空掩圣臣祠。
泥金剥落留遗像，鸟篆模糊认断碑。
吊伐义声真不泯，唐虞世道亦堪悲。
汤陵咫尺深山里，千古明良有所思。

五、过莘冢谒商相祠（明·徐笃）

古柏阴森昼景幽，阿衡祠庙枕荒丘。
高踪漫忆耕耘地，遗像犹存社稷忧。
五就择君皆至爱，四征徯后岂私谋。
谁期口实传来世，放伐纷纷卒未休。

六、伊尹古祠（明·吴伯胤）

元圣祠堂莘冢边，崔嵬结构自何年。
残碑遗像多今古，落日空山拜几筵。
三聘长怀出处略，两朝终赖保衡贤。
南巢口实桐宫事，万岁千秋志故然。

七、伊尹祠二首（明·刘恺）

三聘临门一欠伸，格天功业在君民。
谁云太甲当年暗，总己犹能听老臣。

汤相祠堂莘冢边，刘郎堤外水连天。
敢将一檄达河伯，莫遣蛟龙犯圣贤。

八、伊莱遗庙次韵《八景旧咏》（明·万爱民）

协力揪天商业开，何知遗像对蒿莱。

岘山有泪犹堪堕，未可无诗向此裁。

九、伊莱遗庙（明·兰近伦）

草昧殷邦是孰开，当年王佐说伊莱。

双祠并祀南山曲，荆棘凭谁一剪裁。

十、秋日谒伊尹祠（明·孙似馨）

白苹石案野尊香，亳社勋名未可忘。

几度秋风凭吊处，漫从榱桷溯空桑。

十一、过莘冢寺（明·徐笃）

寺厂高原上，门当野水滩。丛花明碧殿，垂柳映朱栏。

云锁谈铉室，台铺礼佛坛。何时同衲子，煮茗坐蒲团。

十二、 过莘野二首（明·万维檀）

三聘当年起有莘，沟中凋瘠尽回春。

于今齐鲁成饥馑，谁任阿衡拜紫宸。

回天事业竟谁如，道左残碑识旧居。

数亩耕云何处问，空叹往迹驻征车。

十三、莘野春耘（清·韩志杰）

优游乐道自耕莘，待聘原为席上珍。

指日且随民怨夏，锄云先养黍生春。

圣王未遇功名淡，野老相逢笑语亲。

畎亩幡然终一去，徒留鸦嘴话津津。

十四、莘野春耘（清·徐本荣）

漫以齐氓比，躬耕道自隆。三春芸下土，一德赞元功。

尧舜君民乐，风云畎亩中。迄今莘野望，庙貌峙苍穹。

十五、莘野春耘（清·徐强恕 ）

一朝相业力宏开，霖雨苍生莘野来。

会合纵无三聘主，虽终畎亩不尘埃。

十六、莘野春（清·董味清）

漫羡历山并渭滨，阿衡耕处未埋湮。

道传尧舜存真乐，迹仿巢由远俗尘。

此日一犁同牧竖，他年三聘作元臣。

迄今野畔寻遗冢，满眼蓬蒿尽是春。

十七、伊尹墓怀古（清·陈嗣良）

至德法唐虞，千秋垂圣模。商廷元宰辅，莘野旧耕夫。

君可三年放，臣惟一德敷。要汤休置辩，此老必然无。

十八、谒伊尹祠（清·贾乃筵）

古木萧森暮景寒，登堂展拜肃衣冠，

首开将相千秋易，再似君臣一德难。

庐墓桐宫君岂放，造攻牧室国同安。

祥桑更有回天力，两世勋名取次看。

第三节　伊尹的戏曲形象

一、杂剧·立成汤伊尹耕莘（元·郑光祖）

楔　子

（冲末扮东华仙领仙童上，云）玉阙光辉满太玄，琼楼霞彩自幽然。昆仑照彻灵虚境，别是蓬壶一洞天。贫道乃东华帝君是也。贫道秉青华至真之气化生，号曰木公，于瀛海之东，苍灵之墟，主阳和发生之气，理于东方，亦号东华木公。太极毓秀玄奥，东方溟涬之中，分大道纯精之气成形，与西池金母，共理二气，陶钧万物，养育群生。大凡天上天下，三界十方男子，得道登仙，悉皆掌管。盖凡升天之时，先参贫道，授予仙诀。大彻大悟后，方得升九天朝真而观元始。贫道职居紫府，统三十五司命，迁去灵官校品真仙。今朝上帝，因见下方自大禹之后，孔甲无仁不道；帝癸之后，诸侯多叛，暴戾顽狠，残忍伤生，至于禽鸟走兽不安。奉上帝着贫道遣文曲星下降，投胎于义水有莘赵家庄上，十月满足，其母不肯收留，送于空桑之内。后伊员外收留，养大成人，名为伊尹，佐于成汤，建都于亳邑。仙童，与我唤将文曲星来者。（仙童云）理会的。文曲星安在？上仙有请。（正末扮文曲星上，云）吾神乃上界文曲星是也。上仙呼唤，不知有甚事，须索走一遭去，可早来到也。仙童报复去，道有文曲星来了也。（仙童云）理会的，报的上仙得知，有文曲星来了也。（东华仙云）着他过来。（仙童云）理会的，过去。（正末做见科，云）上仙呼唤小圣，有何法旨？（东华仙云）文曲星，令请你来别无事，因为下方自孔甲以来，后至履癸，不修德政，暴戾顽狠，诸侯多叛，至于禽鸟走兽不安，民生涂炭。上帝敕命，着你降于下方，投胎义水有莘，隐于空桑之内，有伊员外收留抚养，习成事业，名曰伊尹。辅佐成汤，伐桀救民，解除苍生倒悬之苦，不必久停，即便往下方走一遭走。（正末云）既有上帝敕命，不敢久停，则今日便往下方去也。（唱）

【仙吕】【赏花时】今日个奉敕亲蒙圣帝差，（东华仙云）降生人间，辅佐于清朝，尔为仕途良相也。（正末唱）待教我谪降尘寰做将相才。（东华仙云）则今日离了紫府仙班，便索长行也。（正末唱）拜辞了玉阙共金阶，离了这仙坛世界。（东华仙云）上帝着你出离仙骨，托化凡胎，为世间辅弼之臣也。（正末唱）待教我出仙骨我今日去托凡胎。（下）

（东华仙云）文曲星去了也。贫道驾起祥云，回上帝话，走一遭去。当朝纲贤良出世，送空桑暂时隐匿。驾祥云独赴天庭，禀清词亲朝玉帝。（同下）

第一折

（外扮旦儿抱俫儿上，云）绀发荆钗一布衣，平心贤淑自能齐。村庄桑女无余事，守定催功织女机。妾身是这义水村有莘里人氏，姓赵名淑女。父母在堂，今皆年老。家中颇有些钱谷，人将俺父亲长者呼之。妾身年当二十岁，父母严教，不出闺门。不想我夜作一梦，梦见斗来大小一块红光，从天降下，落在妾身房门前，滚入房内，渐渐小了，被妾身擎在手中，不由的吞入腹中。撒然惊觉，可是南柯一梦。日久渐觉腹怀有孕，十月满足，生了这个孩儿。俺父母言道，俺家是有名人家，富贵闺女，不曾出嫁匹配，生此小的，恐人议论，不宜存留。抱着这小的来到这西庄伊员外家庄后，东观西望，无有一人，我将这小的放在这空桑里面，妾身回家去。哥哥也，你活也自活，死也自死。因孩儿颜貌奇绝不可当，光飘满室敬清香，只争室女难收养，送赴空桑天主张。（下）（外扮王留同伴哥上）（王留云）俺虽是庄农田叟，闲游北疃南庄。新捞的永饭镇心凉，半截稍瓜蘸酱。哩，哩，哩。伴哥，老员外言语，着俺四下里看田禾去来。（伴哥云）哩，哩，哩。咱往庄里看一看去，哪里这般异香拂鼻？（王留做闻科，云）好香也，好香也！（伴哥云）你看那枯桑底下满地红光。（做见惊科，云）王留，可怎么空桑树里一个小孩儿啼哭？咱不可隐讳，报与老员外去来。（同下）（正末扮伊员外同李老人上）（正末云）老夫姓伊，双名致祥，乃义永有莘人也。幼年颇看经书，隐居不仕，惟以务农为活。积蓄多年，广有钱谷，家业颇丰。又见老夫年高，人皆以老员外呼之。这个是俺当村里老弟兄李老人。早饭已罢，俺同看田禾去来。（李老人云）去来，咱在这槐荫直下少坐片时。好田禾也！老汉想来，自古三皇五帝，开创乾坤，教民稼穑耕种，富国养民，其功德不小也。（正末云）老人，若说五帝之时，你可也是不知道，你听我说与你也呵！（唱）

【仙吕】【点绛唇】混元始宇宙洪荒，二仪四象。天差降，五帝三皇，安排定百二山河壮。

【混江龙】把乾坤开创，教民耕种定纲常。疏河源功高大禹，行庠序重德尧王。那其间尧用一夔兴礼乐，公孙甲子论阴阳。端的便察地理占天象，留心于社稷，运用于穹苍。

（李老人云）想五帝之时，尧帝怎生存心于天下，加志于治民也。（正末云）老人不知，自古圣君至德至圣，端的有感也。（唱）

【油葫芦】想当日至德仁明掌万邦，用贤良定四方。用天之道理之常，弘敷五典无偏党。劳心尽思行温让，致令的四时和雨露均，八方宁士庶康，人心悦天意同和畅，因此上万国尽来降。

（李老人云）老员外是读书的君子，通达古今，若不说呵，老汉怎生知道，有如此大圣大德也。（正末唱）

【天下乐】那其间四野桑麻禾稼穰，百姓每讴歌将天祭享。军无战争民户昌，顺民心减税科，应天心绝逸荒，端的是普天下尊圣皇。

（王留、伴哥慌上科）（王留云）走走走！来到也。兀的不是老员外。（做见科，云）老员外，您孩儿同伴哥看田禾去，俺家庄后空桑之中，一个小孩在里头啼哭，异香拂鼻，红光满地。您孩儿每不敢隐讳，特来报与老员外知道。（正末唱）

【醉中天】他每都争急言情状，语句意慌张。（伴哥云）老员外，一个小小婴孩，在多年的空桑树里头里。（正末唱）他道是年小孩童在古树里藏。（王留云）特来报与老员外知道，并不虚言。（正末唱）

更说道并不言虚诳。我这里心中暗想，今日个事从天降。（伴哥云）谁敢不报与老员外知道。（正末唱）一一诉真情细说行藏。

（云）那空桑在哪里？（王留云）在俺庄后面。（正末云）来来来，您跟老夫，指与我那空桑，我试看咱。（做走科）（王留云）老员外，这里便是也。（正末做见保儿科）（李老人云）老员外，这空桑中，便怎生得这个小孩儿来？此子生得非凡也。（正末云）果然如此，好是傒幸人也。（唱）

【金盏儿】你看他青渗渗秀眉长，高耸耸俊鼻梁。拳挛着手脚精神爽，潜形古树在村庄。生得来清奇面似雪，肤体白如霜。却怎么不教存画阁，莫不他举意隐空桑。

（云）下次小的每，与我抱起来。（王留云）理会的。（做抱俫儿科，云）好个小厮儿，不要哭，与员外做儿，你是有福的。员外，我着他打个能能。（李老人看科，云）此子生的形容端正，骨格清奇，非等闲之人也。（正末云）好奇异的形象也。（唱）

【醉中天】他生得神彩非凡相，美貌更端详。莫不是谪降天宫坠下方？不由我心欢畅。（李老人云）此子生得眉清目朗也。（正末唱）真乃是眉清目朗，可怎生流落在村庄深巷？他那里叫吖吖两泪成行。（云）王留、伴哥，好好地抱到家中，便寻觅奶母，好生将养着，也是好的勾当。（李老人云）此子若长成，必然贵重也。（正末唱）

【尾声】你与我诚心儿好温存，用意相将傍。看寒暑温凉作养，乳哺依时要忖量，另立所避风寒大厦高堂。莫张荒，等得他那气血方刚，那其间着志求贤将师道访，习练得才高智广，文强武壮，恁时节扶持王业尽忠良。（同老人下）

（王留云）老员外去了也。抱着这孩儿交与俺奶奶去来。休笑野庄家，地里去沤麻。转在庄后头，拾了个小娃娃。（同下）

第二折

（净扮陶去南领乔卒子上，云）我做元戎实是美，见阵交锋敢对垒。昨日教场去点军，吊下马来跌了腿。某姓陶名去南，在于履癸部下，为元帅统军之职。今有天乙，在履癸手下，为方伯之职。此人背了履癸之恩，自领一支人马，与俺交锋，谅你湫洼之水，一捻微尘，谅他到的那里！左右，与我唤将副帅躲入巢来者！（卒子云）理会的。（做唤科，云）副将军，元帅有请。

（净扮躲入巢上，云）我做将军诡诈，临敌上阵不怕，若还逢着好汉，当时跪下回话。某乃副将躲入巢是也。我小子文武兼济，酒肉中停。大人见我好汉，抬举我做一个副帅。前日在教场里射垛子，使的气力大了些，垛子也射不中，把我仰不刺叉跌下马来。在家正贴膏药，元帅呼唤，须索走一遭去。可早来到也。小校报复去，道有副帅老躲来了也。（卒子云）理会的。喏！报的元帅得知，有老躲来了。（陶去南云）着他过来。（卒子云）理会的。过去。（躲入巢云）元帅，呼唤小将哪里使用？（陶去南云）副将，唤你来不为别，为因方伯天乙，背了履癸，聚起雄兵，要来与俺交锋。我想来。咱这里无什么人马，履癸的命，着你起九夷之师，来合兵一处，与他拒敌。则今日便索长行。（躲入巢云）老子也，着我老躲去！我说我则起的九夷人马来，等拒敌天乙，可免了我出去罢。今日个领了将令，点本部下人马，便去起九夷之师，走一遭去。领将驱兵武艺高，机谋战策我曾学。九夷兵至擒方伯，免我区区走一遭。（下）

（陶去南云）副帅去了也，等他起的九夷兵至，与方伯天乙交锋，走一遭去。天乙兴心起战敌，英雄陶帅敢相持。全凭于下能征将，砍破天乙脸上皮。（下）（外扮方伯天乙领卒子上，云）积祖坚心立大唐，教民功德赐为商。自从简狄吞遗卵，契生累代至成汤。某天乙是也，先事履癸，官拜方伯，某祖是唐虞大司徒契，教民有功，封于商，赐姓子氏，契生昭明，昭明生相土，相土生昌若，昌若生曹圉，曹圉生冥，冥生振，振生微，微生报丁，报丁生报丙，报丙生主壬，主壬生主癸，主癸生小官，是名天乙。仕于履癸，是为方伯，因履癸不道，诸侯多叛，暴戾顽狠，残虐军民，禽鸟走兽，为之不安。

今无故兴兵征伐，某背了他，自领一支人马，招安英杰，征伐不道。今闻义水有莘之野，有一人姓伊名尹。此人察风云以辨天时，望气色而观地理，有经济之才，安天下之手。某曾举荐与履癸，不能任用。此人复归有莘，见今耕于有莘之野。欲待征聘此人去，争奈无人可当此事。早间使人请仲虺去了，等他来时，一同商议。这早晚敢待来也。（外扮仲虺上，云）健顺依时佐国王，恤民定治岂非常。

调和鼎鼐遵仁德，燮理盐梅式大纲。小官仲虺是也，官居右丞相之职。因履癸不仁无道，暴戾顽狠，残虐生民，诸侯多叛。今又兴兵，与方伯相拒。小官正在私第，忧疑此事，方伯使人来请，须索走一遭去。可早来到也。小校，报复去。道有仲虺来了也。（卒子云）理会的。（报科，云）喏！报得方伯得知，有右丞相在于门首。（方伯云）道有请。（卒子云）理会的。有请。（仲虺见科，云）大人呼唤小官，有何事也？（方伯云）今请你来，为因履癸不道，暴戾顽狠，残虐生灵。今又兴兵与某相拒，某欲兴师，奈无军师。今闻义水有莘之野，有一人姓伊名尹，此人有经济之才，见今耕于有莘之野。某欲征聘此人，可教谁人可去为使？（仲虺云）别人也去不的，可差汝方持着宣命，征聘此人，走一遭去。（方伯云）斯言良哉！左右门首望者，汝方来时，报复某知道。（卒子云）理会的。

（外扮汝方上，云）忠义悬悬皆隐袖，文雄浩浩以冲虚，民心安妥差科减，圣主施恩自有余。小官汝方是也，佐于方伯天乙手下，官拜上大夫之职。正在公馆理事，方伯呼唤，不知有甚事，须索走一遭去。可早来到也。左右报复去，道有汝方来了也。（卒子云）理会的。（报科，云）喏！报得方伯得知，有汝方大夫来了也。（方伯云）道有请。（卒子云）理会的。有请。（做见科）（汝方云）大人呼唤小官，有何事也？（方伯云）汝大夫，今请你来不为别，因履癸失政，无故兴兵，某欲率师征伐，以除民患，奈无军师。今闻义水有莘，有一人姓伊名尹，此人有经济之才，安邦之策。欲令你去征聘此人，意下若何？（汝方云）公子之命，不敢有违，小官愿往。（方伯云）既是你去，将着紫泥丹诏，玄纁玉帛，束带朝章，你领着驷马高车，伞盖仪仗，直至彼地，请命贤士伊尹，以攻暴桀，速救苍生之难也。（汝方云）谨遵君命。将玄纁丹诏，束带朝章，驷马高车等项，不敢久停久住，则今日直至有莘，请命伊尹，走一遭去。征聘深谋去意坚，有莘之野力耕田，乾坤多感天乙德，四海皆闻伊尹贤。（下）

（仲虺云）大人，汝方此一去，将着厚礼朝章玉帛，况汝方是能文大儒，到于有莘，见了伊尹，必然征聘临朝，共同辅佐。小官无甚事，回私宅去也。伊尹忠良有大才，耕锄田野久沉埋。一朝入省为卿相，四海消除黎庶灾。（下）（方伯云）仲虺去了也，安排人马，接待伊尹。无甚事，且回后堂中去。夏桀无仁动远征，人心全失苦苍生。只因天怒兴戈甲，万里山河一战成。（下）（正末扮伊尹同隐士余章上）（正末云）小生姓伊名尹，乃义水有莘人也。前者方伯将小生举荐于夏，夏不能用，小生复归有莘，无志功名，

习学务农，播种耕耘，倒大来好是悠哉也。（余章云）哥哥，想你学成经纶济世之策，立国安邦之谋，若列朝纲，凭此大才，得受官爵显扬于世，可不强如耕种为活也！（正末云）隐士兄弟，你不知难于进用！想五帝之世，求贤用士，立业安邦，你是不知也！（余章云）你兄弟实不知也。（正末云）兄弟，你听我说一遍也。（唱）

【中吕】【粉蝶儿】想当日挚逝封尧，善能行圣人之道，以全图禹任皋陶。他每都应天心，行正法，将黎民抚教。自履癸临朝，运糟粕信从贪暴。

【醉春风】可怜见致涂炭庶和民，适灾危禽共鸟。见如今天乙修德有谁如，端实是少，少。上应天心，外施仁义，内存纯孝。

（余章云）哥哥若肯为官，吃堂食，饮御酒。门排画戟，户列簪缨，紫袍簌地，象简当胸，不强似在这山间林下，受此寂寞也！（正末云）兄弟，你不知我的心事也。（唱）

【迎仙客】我则待习农务耕绿野，趁农时效锄刨。（余章云）

似这等不肯进身，哥哥高见为何？（正末唱）这的是老生涯养拙一世了。（余章云）似此可是怎生也？（正末唱）一任待卧烟霞，眠绿草，醒来时浊酒相邀。（余章云）哥哥差矣。似此怎么了得身事也。（正末唱）这的是伊尹穷安乐。

（汝方蜕马儿领卒子头答捧敕书、礼物上）（汝方云）小官上大夫汝方是也。奉方伯之命，征聘伊尹。左右摆开头答者！（余章云）哥哥，你见嘛，远远尘土起处，一簇人马飞星也似来，不知为何也。（正末唱）

【石榴花】我则见扬尘蔽日罩荒郊，（余章云）哥哥，人马来的近了也。（正末唱）更和那人马可便闹䆗铎。（余章云）当前一匹马，走得至紧。（正末唱）当头里一匹骏马甚咆哮。（汝方云）左右，摆开头答齐整者！（正末唱）见从人列着，畅好是英豪。（汝方云）可早来到也。左右接了马者。莫非是伊尹贤士吗？（正末唱）见一人下马连声叫。（慌科，云）小生是，小生是。（汝方云）贤士休惊莫怕，小官奉方伯之命，请贤士入朝为官哩。（正末唱）唬得我魄散魂飞。（汝方云）小官赍持紫泥丹诏，请贤士勿得怠慢也。（正末唱）他道是赍擎着一纸征贤诏。（汝方云）不必推辞，即便临朝。（正末唱）你着我疾快便临朝。

（汝方云）受了束带朝章者。（正末唱）

【斗鹌鹑】着我受束带朝章，怎发付这儒冠布袄？（汝方云）更有驷马高车，请升车到朝中，加升官职也。（正末唱）摆列下驷马高车，奉天建爵。又不曾燮理阴阳将鼎鼐调，退夷狄边塞遥。拜辞了草舍茅庵，受用的兰堂画阁。

（余章云）应聘而起，国家用人之际，乃君臣庆会之时。哥哥去朝中安邦定国，展你那胸中才调，扶持主上，可不强似在此耕种也。（汝方云）闻知贤士，识风云气色，观地理经纶，怀济世之才，安天地主手。奉命征聘贤士，辅安天下也。（正末云）量小生有何德能？不敢当，不敢当。（唱）

【上小楼】我无那擎天动作，又无那惊人才调。（汝方云）据贤士经济之才，俊伟之器，堪为将相也。（正末唱）我不会辨别星斗，嗅土闻风，云雾低高。（汝方云）贤士疾忙而起，贤臣遇明主而出。正谓此也。（正末唱）止不过播种耕耘，力习农务，攻锄田稻。（汝方云）见有丹诏敕文在此。（正末唱）怎消得紫泥宣一封丹诏。

（云）山野村夫，何以敢当。乞请大人收回成命。（余章云）哥哥，大人将着束带朝章，哥哥是必换了衣冠，休违王命，走一遭去。（正末唱）

【幺篇】你着我忙除了儒士冠，疾脱了粗布袍。（汝方云）左右伺候，头答摆得齐整者！贤士请登程途。（正末唱）他将水罐银瓶，伞盖头答，摆列周遭。（汝方云）贤士，你穿用紫袍金带，骑坐着那白马红缨，端的是显威严也。（正末唱）你道是白马红缨，紫袍金带，施威显耀。（汝方云）贤士为官，贤士的妻房情受五花官诰，为贤德夫人也。（正末云）荆布之妇。（唱）怎消受五花官诰。

（余章云）哥哥，既有宣命，不可固辞。（汝方云）贤士怀才抱德，方今用人之际，大丈夫生于天地之间，济世安民，忠君报国，乃是男儿所为。沉埋田野，可惜了你那盖世英才。贤士不必苦辞，岂不闻君命召，不俟驾行。若坚持固辞，是故违君命，罪有所归也。（正末云）罢罢罢！则今日跟大人去来。（唱）

【耍孩儿】看一番指磨日月兴宗庙，拣士马驱兵战讨。经纶天地定皇朝，保持得社稷坚牢。调和那盐梅燮理阴阳顺，致令得天地和同风雨调。休想我污婪矫权狡，托赖着一人有庆，稳情取万姓歌谣。（云）大人，俺去来。（唱）【尾声】慑伏的四夷朝帝京，八蛮贺圣朝。遍乾坤丰稔黎民乐太平表。（同下）

（余章云）哥哥去了也，这一去必然重用。无甚事，回我庄上去也。无分居官位，有志在桑麻。伊尹征聘去，我却自还家。（下）

第三折

（净陶去南领乔卒子上，云）我做元帅世罕有，六韬三略不离口。近来口生都忘了，则记烧酒与黄酒。某乃履癸部下大元帅陶去南是也。如今方伯兴兵征伐，难与他取胜，某令副将起九夷之兵去了，未知如何。小校，帅府门首望者，但有一应军情事，报复某知道。（卒子云）理会的。

（净躲入巢上，云）区区副将躲入巢，打差不避路迢遥。九夷兵马不肯与，枉着我去走一遭。某乃躲入巢是也。去九夷借兵回来了也，见元帅走一遭去。可早来到也。小校报复去，道有躲叔来了。（卒子云）躲叔，我则叫你小躲儿。（躲入巢打科，云）我则是副帅，叫我小躲儿！（卒子做报科，云）休要打我，报复去。喏！小躲儿来了也。（陶去南云）道有请。（卒子云）躲叔，有请。（躲入巢做见乔礼拜科）（陶去南云）借兵如何？（躲入巢云）不要说，我到那里，卑辞厚礼，央他那军长，他坚意不肯借兵，着我使性子来了。元帅，我想起来，俺两个文武不济。（陶去南云）是文武兼济。（躲入巢云）哦，文武兼济，要那九夷怎么！则咱两个也擒了他。（陶去南云）你也说的是，则今日点就本部人马，你为先锋，我为合后，下将战书去，单搦方伯出马。你为兵，先与方伯交锋，某来接应。小心在意者。

（躲入巢云）得令！大小三军，听吾将令：我是副将实英杰，临敌对阵莫乜斜。若是输了下的马，跪下叫他方大爷。（下）（陶去南云）某不必久停，奉履癸之命，统着人马，接应副帅，走一遭去。我的机谋武艺深，英雄胆略强似人。若是方伯威势大，跑到家里关上门。（下）

（方伯同仲虺领卒子上）（方伯云）士马纷纷离乱间，黎民涂炭实难看。几回奋志除残暴，剑气冲天牛斗寒。某乃方伯天乙是也。为因履癸无道，某兴兵征伐他去。仲右丞，闻知履癸调九夷之兵，不肯从他。（仲虺云）便调了来，托公子洪福，也不惧他。（方伯云）今与他拒敌，必然要下毒手，大除残暴，以平天下，以安生民。奈无人运智铺谋，已差汝方去征聘伊尹去了，未知如何。（仲虺云）公子，汝方必然征聘伊尹来也。（方伯云）左右门首望者，但有军情事，报复我知道。（卒子云）理会的。（正末同汝方领卒子上）（正末云）小生伊尹是也。奉方伯公子之命，令汝方大人，持玄纁玉帛征聘小生，须索走一遭去。（汝方云）贤士，小官想来，贤士居于有莘之野，耕种为活，受如此辛勤，今蒙征聘为官，可不强似在山间林下也。（正末云）若论为官，端的受用；在山林之下，可也有一种快乐也。（唱）

【正宫】【端正好】再不见青霭霭柳荫浓，高耸耸山叠翠。乐耕锄拽耙扶犁，我如今受皇宣着我居官位，端的也衣紫身荣贵。

（汝方云）贤士，想为官立一人之下，入则雕墙峻宇，出则大纛高牙，兀的不头答两行，银盆水罐，伞盖车马，端的是威严也。（正末唱）

【滚绣球】我则见头答左右随，公人前后围。慢腾腾缓行着骏骑，喜孜孜列鼎而食。辅佐得中华社稷安，指磨得乾坤日月辉。展经纶补完天地，尽忠减心若金石。（汝方云）聘贤士入朝，可也不轻也。（正末唱）凭着这两支手掌扶王业，稳情着百二山河壮帝基，四海传檄。

（汝方云）贤士，来到也。小官先过去报知。左右报复去，道有汝方征聘的伊尹来了也。（卒子云）理会的。（报科，云）喏！报得方伯得知，有汝大夫征聘的伊尹来了也。（方伯云）着他过来。（卒子云）理会的。过去。（做见科）（汝方云）小官奉命，征聘将伊尹来了，见在门首。（方伯云）道有请。（汝方云）理会的，贤士有请。（正末见科）（方伯云）远劳贤士不弃降临，适因履癸不道，暴戾顽狠，残虐生灵。他又兴兵，某欲剪伐。奈孤军寡和，知贤士有经济之才，知天时，谙地利，善人和，久屈于陇亩，特遣使以玄纁玉帛，卑辞厚礼，专为征聘，望贤士运神机，施妙策？指顾三军，保乾坤奠安，解生民涂炭。惟望贤士高鉴，实某之幸也！（正末云）量小生田野村夫，岂知安邦之策也！（唱）

【倘秀才】我本是田野中愚浊村鄙。（仲虺云）特请贤士辅于公子，着贤士权临八府，印掌三台，为柱石之臣也。（正末唱）怎做的相府内贤良宰职。（方伯云）据贤士之才德，堪可为国家柱石也。（正末唱）道我是立地擎天大柱石。（汝方云）因贤士超越今古，智识高明，特赐象简紫衣，则是着贤士尽忠诚辅弼也。（正末唱）则这白象简，紫罗衣。（方伯云）全凭你高才大手，安邦定国也。（正末唱）待教我安邦定国。（汝方云）贤士，今欲兴师，未彻兵家用事，贤士展神鬼不测之机，兴一旅之师，辅佐公子，以成大事。（正末云）小生是一扶犁叟，岂知兵家之事也！（仲虺云）论贤士之智能，觑夏桀有何难哉！（正末唱）

【滚绣球】止不过乐山林景色奇，向桑麻禾稼畦。（方伯云）休谦辞，久已知贤士之能，胸怀妙用，腹隐神机也。（正末唱）你着我率军卒运谋施智。（方伯云）贤士，用人之际，正当展布大才也。（正末唱）你着我定乾坤施展兵机。（方伯云）俺这里有军兵百万，安下营寨，枪林剑洞，如铁桶相似，则是少个运谋的人，全凭贤士为之也。（正末唱）你道是齐臻臻的摆开阵势，明晃晃列着剑戟，闹垓垓密排着军队，映穹苍号带旌旗。（仲虺云）贤士，他那里兵势可也不小，亦有定计铺谋的将帅。（正末唱）者莫他坐中设下千条计，岂不闻阃外将军八面威，智勇无及。

（方伯云）某孤陋寡闻，如今临敌对阵，怎生排兵布阵，下寨安营，必然取胜，贤士略举其一二，以释愚蒙。（正末云）行兵大略，为将者智通万物，勇冠三军，坐于边陲，守而必固，布于行阵，战而必胜。此是为将之大略也。（唱）

【呆骨朵】向垓心战讨驱征骑，喊声高戈甲排齐。（方伯云）怎生下寨安营，排兵布阵，贤士必有奇正方略也。（正末唱）我与你兵列八方，军分四壁，依地势排军队，觑方位安形势，这的是行兵立阵谋，先识那临敌攻战机。

（方伯云）贤士不说，某怎知也！到来日点就三军，与他交锋，走一遭去。（正末唱）

【脱布衫】统雄兵劈面相持，驱貔虎扯鼓夺旗。恶狠狠扬威显武，气昂昂奋扬威势。（方伯云）更有甚行兵妙略，贤士再说一遍咱。（正末唱）

【梁州】阵列八门生最奇，为将须知。军卒未饭帅休食，以此能伏制，甘苦共同宜。

【幺篇】怒无加责欢无会，士无衣将与重衣。这的是恤士功，安心计。能明此义，万众总归依。（方伯云）到来日某同贤士亲临战阵，与他交锋，务要剪伐大夏也。（正末云）论公子如此大德，将士效力，小生少助微智，临阵自有奇谋，量他到的那里也！（汝方云）此一去必然成功，皆赖贤士之能也。（正末云）放心。（唱）

【尾声】到来日安营下寨施才智，布阵排兵显武威。骨剌剌列绣旗，闹垓垓战马嘶。舍死忘生恶战敌，定乱除危攻夏畿。辅佐坚心立帝基，肱股忠良四海知。龙虎风云同际会，严定这一统乾坤万万里。

（下）（方伯云）贤士去了也。（汝方云）他此去小歇小歇。（方伯云）人马已点就了也，左右，与我唤将费昌来者。（卒子云）理会的。（做唤科，云）费昌安在？（外扮费昌上，云）胆气冲冲智有余，过人骁勇有谁知。文雄武壮能攻守，定乱除危大丈夫。某乃费昌是也，公子部下都护将军。今因大夏失政兴兵，与公子拒敌，公子令汝方将玉帛征聘了伊尹来。正在帅府戟门听令，公子呼唤，须索走一遭去。可早来到也。小校报复去，道有费昌来了也。（卒子云）理会的。（报科，云）喏！报的方伯得知，有费将军来了也。（方伯云）着他过来。（卒子云）理会的，过去。（费昌见科，云）公子呼唤小将，那厢使用？（方伯云）费昌，如今夏国兴兵，与某争战，你统大兵前去拒敌。某新聘了伊尹贤士来，听他军前支拨。剪大夏，伐履癸，不可怠慢，小心奋勇，则要成功，不可怠忽。（费昌云）得令！统领大势人马，与他拒敌，走一遭去。袍染猩红砌锦花，剑含秋水出寒匣。枪刀耀日金光起，旗影翩翻映彩霞。昂昂勇烈相争斗，凛凛威风共战伐。来朝两阵相交处，管教贼子丧黄沙。（下）（方伯云）费昌统大兵去了，某同军师伊尹统领三军接应他，走一遭去。大德高才贯古今，施谋运智鬼神钦。剿除不道兴殷室，抚定苍生失望心。（下）

（仲虺云）汝方，才观伊尹，果有大才，此一场必然得胜，平定暴乱。无甚事，咱且回私宅去来。（汝方云）右丞，咱同回去来。（仲虺云）只因履癸性暴强，荒淫无益动刀枪。天遣贤人诛无道，故教民庶得安康。（同下）

（净躲入巢蜕马儿领乔卒上，云）戴上傒子盔，穿上匙头甲。他每争闲气，着我去厮杀。某乃副帅老躲是也。统人马征战方伯，先领五千游兵引战，没奈何看事色，得手缥了为上计。大小三军，摆开阵势，如今两阵对圆，大家用心，袖子里袖上些石头，到阵上丢了枪刀，着石头打。这其间敌兵敢待来也。（费昌领卒子蜕马儿上，云）某乃大将费昌是也。奉公子之命，某领着人马，列下大营，与敌兵交锋。大小三军跟我来，径奔他营门去。（躲入巢云）来者何人？（费昌云）某乃大将费昌，是你爹爹。（躲入巢应科，云）哎！（费昌云）这厮无礼！尔乃何人？（躲入巢云）某乃履癸手下副将躲入巢是也。你弃了夏国，顺了方伯，我正要拿你这匹夫哩。（费昌云）这厮开这等大言，操鼓来！（做战科）（净陶去南蜕马儿领卒子上，云）大小众将，一齐地围上来，休着走了费昌也！（正末同方伯蜕马儿领卒子打旗号上）（正末云）公子，这个是奇门阵，大小三军，往前攻杀，休要走了此贼者！（陶去南云）怎么又走将两个来？哦，那个便是伊尹，量你个使牛的村夫，怎敢与某对敌！（正末云）这厮好无礼也！（做调阵子科）（唱）

【仙吕】【赏花时】俺这里耀武扬威胆气雄，勒马横枪豪气冲。（躲入巢云）赶得慌怎么了？（费昌赶科，云）那里去！（陶去南云）不好了，赶得我马不停蹄，我死也！（正末唱）凭着我方略立奇功，使不着你军雄将勇。

（陶去南云）副帅，不好了，倒干戈逃命，走走走！（同下）（方伯云）二贼子大败亏输，走了也。（正末唱）则消的一阵定疆封。（同下）

第四折

（外扮殿头官同仲虺、汝方领卒子上）（殿头官云）燮理阴阳赞圣威，经纶天地就中奇。身近丹墀传敕命，调和鼎鼐理盐梅。小官殿头官是也。因为履癸不道，暴虐生民，诸侯多叛，天下哀怨，起无名之师，拒有道之国。方今有方伯，原是契之世孙，商家苗裔，大起义兵，招安兵将，征聘有莘伊尹为军师，大军临一鼓而下，将履癸放于鸣条。公子正位，如今同费昌，须索走一遭去。（费昌云）履癸不仁，残害生灵，鸟兽不安，主人用玉帛辞厚袂，征聘军师到此，用计伐夏救民，其功不小也。（正末云）谁想有今日也呵！（唱）

【双调】【新水令】脱白衣平步上云衢，离尘途奋身独步。罗襕白象简，玉带挂金鱼。胸卷江湖，得志也叩銮舆。

（云）可是来到也。左右报复去，道有伊尹、费昌来了也。（卒子云）理会的。（报科，云）喏！报得大人得知，有伊尹、费昌来了也。（殿头官云）道有请。（卒子云）理会的。有请。（做见科）（正末云）大人，小官每来了也。（殿头官云）军师鞍马上劳神也。（正末云）既蒙聘取而来，今为臣下，岂辞劳苦。正当竭力尽忠，少图补报也。（殿头宫云）今日尔等筹策神谋，伐夏兴汤，天下大定，军民乐业。奉圣人命，与您众公卿加官赐赏，列土分茅。（正末云）量伊尹有何德能，敢受赏封官。少罄蝼蚁之心，偶尔剪夏安民，乃圣人洪福，非臣子之能也。（唱）

【沉醉东风】往常我着布衣深居白屋。（殿头官云）如今身登八位，职列三台，名标青史，显耀乡闾也。（正末唱）今日落清名显耀乡间。（殿头官云）如今奉命，将你官上加官，禄上加禄也。（正末唱）高官又赠官，禄重又加禄。（殿头官云）门排画戟，户列椒图，索是荣显也。（正末唱）列门庭画戟椒图。往常时蓑草为裀就地铺，今日个划地住兰堂画屋。（殿头官云）似你这般立大功勋，剪除暴夏，复立大汤，重整江山，竭力尽心，真乃是肱股良臣也。（正末唱）

【雁儿落】你道是立江山真肱股。（殿头官云）论你之功，如擎天玉柱，架海金梁也。（正末唱）又道我扶社稷为梁柱。（殿头官云）为臣者尽忠良于国，堪比良金美玉也。（正末唱）你道我尽忠心如美金，布德政如白玉。

（殿头官云）久闻军师行兵，察风云，辨气色。善用机谋也。（正末唱）

【得胜令】呀！你道我战讨善机谋。（殿头官云）真个是剑呼风雨降，笔走鬼神惊，识尽军机枢要也。（正末唱）你道我笔下见赢输。（殿头官云）马到处剪除暴夏。（正末唱）你道我剪除残暴夏。（殿头官云）一阵成功，辅天乙位，都于亳邑也。（正末唱）你道我平扶立帝都。（殿头官云）论功行赏，图形麟阁。标入功劳簿，遗芳万年。美哉伊尹也！（正末唱）这功绩纤需，要将我标入功劳簿。论谋略荒疏，怎消得凌烟阁上图。

（殿头官云）你众官望阙跪者，听圣人之命；都只为夏履癸不道无仁，发顽狠暴虐黎民。是处处人心嗟怨，使鸟兽不得安存。方伯怒起兵征讨，聘伊尹运智行军。四下里攻围鏖战，仗神机得胜全赢。收取了州城国邑，散仓粮府库金银。放履癸鸣条修德，明正典责罚奸人。今日个论功行赏，赐官爵以励忠臣。伊尹升太师左相，仲虺升太师右丞，汝方与进阶二品，费昌为天下总兵。赐重爵身登八位，列簪缨光显门庭。论功次加官赐赏，一齐的拜谢天恩。

二、山东梆子·伊尹拜相（蒋友亮）

商王宫后厨。几位庖人上。

（齐白）有请庖正大人！

庖正（白）来了！

庖正（白）你们都准备好了没有？

众庖人（白）准备好了！

庖正（白）好！

庖正（唱）

煎炒烹炸手艺全，

掌管御厨二十年。

今一天咱家大王办喜宴，

众庖人（唱）

大人要显显本事露露脸！

庖正（白）咱们把喜宴办好，到时大王面前给你们领赏去。

众庖人（白）好！

庖人甲（白）大人！大人！大事不好了！

庖正（白）喊啥喊，没有一点稳当劲儿！今天是大王的喜宴庆典，你净说不吉利的话，小心我抽你几个大耳刮子！

庖人甲（白）大人，今天喜宴的大厨换人了，不叫你当了！

庖正（白）啊？！你说啥？

庖人甲（白）新来的王后从有莘国带来了一个大厨，大王传下旨意，今天的喜宴叫他主灶。那大厨正在门外等着呢。

庖人乙（白）大人，你先别急。等那小子来喽，咱给他下个圈套，让他当场难看。

众庖人（白）对！

庖正（白）慢！他可是王后带来的人，咱们要见机而做。唤他来见！

众庖人（白）是！

伊尹（唱）

实感念成汤王诚心一片，

礼贤下士不耻下问，

风尘仆仆三次访贤。

这些年我身处庖厨观世相，

知汤王讲仁义爱民如山。

扮随从当家奴来到北亳，

进膳房做御厨巧妙周旋。

伊尹（大笑）哈哈哈哈！（白）本人不是什么高官贵人，只是个庖厨，怎能担得起众位隆重的接待仪式？多谢！多谢！

众庖人（冷笑）

庖正（白）你就是有莘国来的庖厨吗？

伊尹（白）正是。小人拜见庖正大人。

庖正（嘲笑）（白）原来是个嘴上没毛的小孩子！

伊尹（白）大人说笑了！

庖正（白）你从有莘国来到俺商国，莫非要和我争这庖正之职吗？

伊尹（白）岂敢！岂敢！小人只不过烧粥煮饭而已，哪有当庖正的本事。

庖正（白）过谦！弯刀对着瓢切菜，咱们是同行。既然是同行，就得要互相切磋点厨艺。

伊尹（白）奥，大人是在考我？

庖正（白）不是考，是切磋。你可知膳食之中何为百味之王？

伊尹（白）这……小人不知，还望庖正大人多多示教。

庖正（白）你……当真不知？

伊尹（白）当真不知。

庖正（大笑）（白）盐乃百味之王！俗话说得好，咸鲜淡无味。连这个道理你都不懂，你能当这御膳房的主灶吗？轰了出去！

侍卫（白）大王到！

商王（白）王后啊！（唱）

御膳房自有那庖正掌管，

这小事何劳你挂在心间？

王后（唱）

今日是大王婚宴非一般，

有差错朝野上下落笑谈。

王后（白）这事咱得管！

商王（白）好！咱得管！管！

庖正、伊尹（白）见大王！

商王（白）快去拜见新来的王后！

庖正（白）小人拜见王后！王后你想吃啥，只管吩咐，小人保证精心料理。

王后（白）好！本宫在有莘国早就耳闻庖正大名，今日一见，果然不凡。

庖正（白）多谢王后夸奖！

商王（白）庖正！这位先生是随王后来到商国，今日婚宴要他主灶。让宫中大小官员，都品尝一下这莘国名厨的手艺。

庖正（白）大王！小人本应诚心让他主灶，他实在是徒有虚名，我是怕把大王您的婚宴办砸了。

商王（白）唉！王后说这先生精通烹饪之道，怎会如此不堪？你可不要嫉贤妒能、故意刁难！

庖正（白）大王要是不信，这里锅碗瓢盆油盐酱醋俱全，让他做上俩菜，您品评品评。

伊尹（白）有您庖正大人在此，小人怎敢出手？

庖正（白）怎么？难道光敲梆子不卖油，是个假厨子？

商王（白）大胆！（唱）这先生定然是技艺精湛，岂容你说三道四吐狂言。

王后（白）大王！（唱）

你就让这先生厨艺施展，

看一看是真是假，一目了然。

王后（白）大王，就按庖正说的办，考考这又如何呢？

伊尹（白）王后当真要考小人？

商王（白）好！王后说考，咱就考！

王后（白）你就按大王旨意而办！

庖正（白）大王和王后说考，那就考考吧！

伊尹（白）好！点灶！

（女声伴唱）

锅灶生火腾烈焰，

勺铲飞舞上下翻。

（男、女声伴唱）

做一道五谷丰登民之所盼，

做一道喜鹊登枝喜事连连。

做一道莲下渔舟清风拂面，

做一道月上柳梢四海安澜。

伊尹（白）这道菜我故意把重盐放。四道菜已做好，请大王品尝！

商王（白）庖正！接过炊具！

伊尹（白）饭菜已做好，请大王品尝！

商王（白）好！今天我就品尝一下你这莘国名厨的手艺！好！不错！太好了！王后！这先生不愧是你莘国的名厨。

王后（白）只要大王满意就好。

伊尹（白）大王！这道菜还未曾品尝。

王后（白）既然还有一道菜未品尝，就请大王品尝品尝！

商王（白）好！今天做多少，我就品尝多少。庖正，你尝尝。

庖正（白）呸！退下！大王！这菜咸得没法下嘴。我看他是故意要搅您的喜宴，您传旨把他立马赶出商国。

伊尹（白）大王！

商王（白）王后，这头道菜倒还可口，为什么偏偏这道菜做得却难以下咽？莫非他是有意蔑视孤王？难道说他是个假先生？

王后（白）大王莫气！看座！大王仁德及于四海，借他个胆子，他也不敢啊！先生厨艺娴熟，不会有此失误，这其中定有原因。

伊尹（白）回大王，王后说得对。刚才庖正大人言道，盐乃百味之王，小人正是依照庖正大人的教导而为。

商王（白）庖正！可有此事？

庖正（白）大王！他…他这是巧言辩解。刚才，我是说，盐乃百味之王，但那也得适可而止，放多了也是腌心。他手上一点准头也没有，不过是沽名钓誉之辈罢了。

王后（白）我就知道这其中定有原因。大王！这样你不会再生疑了吧？

商王（大笑）不生疑！不生疑！庖正！这就是你传教不力！

伊尹（白）大王！庖正大人言之有理，治国如同烹饪，其道殊路同归。这就叫物无美恶，过则生灾。

商王（白）哦，治国如同烹饪，有意思！有意思！

王后（白）大王！你就让这先生说说这物无美恶、过则生灾之奥妙。

商王（白）好！好！你就说说你的烹饪之道。

伊尹（白）大王！（唱）

烹饪小技非寻常，
蕴含着智慧和思想。
五味调和度为贵，
过或不及生灾殃。
稀了紧大火，稠了快添汤，
酸甜加米醋，辛辣用生姜，
制成这人间美味四海飘香。
治大国如同烹小鲜，
也需要君臣佐使，纲举目张。
君为国之主，臣为国栋梁。
君臣融一体，万民拥八方。
创一片和谐乾坤，民安国昌。

商王（唱）

这一番庖厨之论滋味悠长，
听得我心激荡豪情飞扬。

王后（唱）

他怎知

这先生就是伊挚。

伊尹（唱）

他有问我有答，

才学胸中藏。

商王（唱）

观此人不卑不亢

气宇轩昂。

王后（唱）

揭谜底说实情，

让他如愿以偿。

商王（白）王后，我观这先生气度不凡，他真的是个庖厨吗？

王后（白）他是个庖厨，但也是个胸怀谋略的先生。

商王（白）哦？

王后（白）大王！（唱）

这先生自幼生长在有莘，

贫寒也不坠壮志青云。

求天理学尧舜，

思正道问人心。

千磨万难更坚韧，

胸藏锦绣大乾坤。

大王你慧眼识人访伊尹，

黄土地里掘真金。

我敬你求才若渴，不耻下问。

打动我情窦初开，一往情深。

我向父王请御命，

带阿挚嫁商国服侍圣君。

我真心盼你们君臣携手，

也算是一段佳话流传后人。

商王（白）王后，他？

王后（白）他就是你三访而不得见的伊挚先生。

商王（白）奥，伊…尹，怎么，你就是伊尹？

伊尹（白）小人正是伊尹。

商王（白）闻听先生谋多智广，我曾三次访你，你为何避而不见？

伊尹（白）第一，大王慕名造访小人，不知用意，所以避而不见。

商王（白）二？

伊尹（白）二，大王问政天下，小人深恐力不胜任，又是避而不见。

商王（白）这三？

伊尹（白）小人感于大王的一片诚心，本想随大王而来。但我家有莘王不舍小人，小人只好又是避而不见。

商王（白）那你怎么又来了？

伊尹（白）我家公主仰慕大王雄才大略，不忍看大王求贤不得。特向有莘王告请，命小人陪嫁而来。

商王（白）好！来得好！来得好！（大笑）王后！闻听先生胸怀谋略，才华过人。你倒说说如何才能够治国安邦？

伊尹（白）大王！（唱）

我久闻大王你志向高远，

一颗心为黎民勇于承担。

刚才我故意而为做粥饭，

把韬略隐藏在五味之间。

臣有心助大王宏图大展，

四道菜含四策治国鸿篇。

第一策，施仁德，万民期盼。

居有所，老有养，耕有其田。

第二策，定律令，人心教化。

循有规，蹈有矩，知方守圆。

第三策，强军备，以战止战。

固边疆，平内乱，四海安澜。

第四策，萌诸侯，以诚相见。

结友邦，睦四邻，和谐平安。

到那时商亳大地花灿烂，

安居乐业尽开颜。

以民为本是关键，

铁打的江山万万年。

商王（白）先生一席话真是令我茅塞顿开！王后！你给我带来了一个好相才呀！庖正，你可听得明白？

庖正（白）回大王！这伊尹左一个为民，右一个为民，不正与大王您仁德治国同为一理吗？

王后（白）大王！看来这庖正还不算糊涂啊。

商王（大笑）

庖正（白）大王！以后他就是这御厨的庖正，我情愿给他打杂。

商王（白）唉！先生岂是庖正之才，孤王要高搭拜台，拜伊先生为相。

伊尹（白）大王！万万不可，小人怎敢担此大任啊？

商王（白）先生，你这以民为本四个字，道尽了治国真髓，不愧尧舜之谋，就足称国相啊！

王后（白）大王！这御厨之内现成的就有切菜的石案，用这切菜石案权当拜相台如何？

商王（白）好！正合我意。庖正！予伊先生更装，取兵符相印。

庖正（白）是！

商王（白）伊尹！接印！

伊尹（白）谢大王！

商王（白）孤王今封伊先生为大商国相，统领一切军国要务。

百官（白）大王英明！

庖正（白）吉时已到，喜宴开桌！起菜喽！

君臣欢宴。

（女声伴唱）

以民为本永不忘，

仁德治国永珍藏。

众人拾柴烈火旺，

携手同心复兴大商。

全剧终。